U0529412

江西理工大学优秀博士论文文库

宋朝与高丽往来人员研究

王 霞 著

中国社会科学出版社

图书在版编目(CIP)数据

宋朝与高丽往来人员研究 / 王霞著. —北京：中国社会科学出版社，2018.11
ISBN 978-7-5203-3426-6

Ⅰ.①宋⋯ Ⅱ.①王⋯ Ⅲ.①中外关系—友好往来—国际关系史—朝鲜半岛—宋代 Ⅳ.①D829.312

中国版本图书馆 CIP 数据核字(2018)第 245602 号

出 版 人	赵剑英
责任编辑	刘 艳
责任校对	陈 晨
责任印制	戴 宽

出　　版	中国社会科学出版社
社　　址	北京鼓楼西大街甲 158 号
邮　　编	100720
网　　址	http://www.csspw.cn
发 行 部	010-84083685
门 市 部	010-84029450
经　　销	新华书店及其他书店
印　　刷	北京明恒达印务有限公司
装　　订	廊坊市广阳区广增装订厂
版　　次	2018 年 11 月第 1 版
印　　次	2018 年 11 月第 1 次印刷
开　　本	710×1000　1/16
印　　张	20.25
插　　页	2
字　　数	287 千字
定　　价	88.00 元

凡购买中国社会科学出版社图书，如有质量问题请与本社营销中心联系调换
电话：010-84083683
版权所有　侵权必究

序　言

王霞博士的大著《宋朝与高丽往来人员研究》一书即将由中国社会科学出版社出版，她发来邮件，希望我为新著撰写序言。虽然每年年末的两个月异常繁忙，但作为王霞的硕博指导老师，对于学生的著作出版，从心底还是感到高兴和鼓舞，因而愿意通过撰作序言，回顾王霞在学校学习研究往事，点评新著得失，并谈谈自己的一些看法。

2005年，王霞考上陕西师范大学东亚史方向硕士研究生。学习过程中，她就显示出一股不服输的劲头。2006年正好有去韩国留学的机会，经过选拔和考察，王霞获准前往韩国金刚大学留学。在韩国的一年中，她不仅查阅了很多古代中韩关系史方面的珍贵资料，而且取得韩国语中级证书，不仅能进行韩语口头交流，还可从事论文翻译。因为学习勤奋，为人真诚，得到韩国著名佛教史研究专家金相铉教授的好评。回国后又抓紧时间准备硕士论文，并顺利通过论文答辩，硕士毕业后联系到赣南师范学院科技学院任教。

硕士毕业生能进入高校工作，应该还是比较好的去向，但她并不满足。2012年，已经成家的王霞又考上陕西师范大学中外关系史专业方向博士研究生。此后的三年中，王霞身负家庭、孩子及学业的多重压力，选择宋与高丽关系研究领域，如饥似渴地投入到学习研究之中，以至于撰写博士论文最后阶段竟然大病一场，足见其学习研究投入程度之深。2015年，她如愿以偿取得历史学博士学位，随后入职江西理工大学，从事教学科研工作。

那么，本书的撰写情况如何，其中又有什么亮点或者值得推崇的东西？

众所周知，宋朝与高丽关系是古代中国与朝鲜半岛关系史上的重要转型期，中国大陆分裂的政治格局决定了这一时期宋丽关系的特殊性。有关宋与高丽的研究，学界近十年来已取得了较为丰硕的研究成果。王霞硕博阶段一直以古代中国与朝鲜半岛关系作为主要研究方向，所著《宋朝与高丽往来人员研究》一书着眼于宋朝与高丽间的往来人员，把微观研究、专题研究和宏观研究结合起来，通过对使节、商人、留学生、求法僧、移民这五类人群进行微观考察，把握他们的群体特征，勾勒出这一时期宋丽间全方位交往的生生样像，是一部颇为深入的宋与高丽关系研究的专门之作。

全书分为五部分，紧紧围绕宋与高丽间的往来人员主题展开研究，此与以往研究成果多选取宋与高丽政治、经济、军事、文化等方面的交流着眼点不同，本书选题角度新颖，史料运用合理，为重新诠释宋丽关系涉及问题提供了可能。通观全书，笔者认为有以下几点值得关注：

首先，作者在对基本文献材料的梳理和解读上下了一番功夫，并据此澄清了一些问题。比如通过史料考证，得出宋与高丽首次交往的时间是961年，而非学界一般认为的962年。同时，作者还重视使用史料统计的研究方法，得出令人信服的结论。全书制作表格多达21幅，以表格的方式展现宋丽交往过程中往来的各色人群，既有史料数据分析，又有理论阐述，更有合理的推证，其得出的结论更具说服力。与此同时，全书资料运用合理，即在利用现存正史、编年史等常见典籍的同时，也注意到宋人文集、类书方志、笔记小说、奉使游记，乃至从考古材料中找寻史料，并且关注到《高丽墓志铭集成》、《高丽使节要》等韩方石刻墓志史料。值得注意的是，上述两部资料在以往国内学者的研究中几乎从未被使用过，作者以此为基础，以解读墓志的方式引入移民个案研究，成为本书的一大亮点。如书中探讨韩国保存的几方北宋移民墓志，其中对出自福建沿海一带移民蔡仁范、林光、刘载、刘志诚墓志的研究尚属首次，并填补了该领域的空白，这些都是值得大书特书之处。

其次，本书深入探讨宋丽双方官方使节、民间商人、留学生、求法僧和移民五大人群涉及问题，得出的结论为把握多元政治格局下宋丽关系的真实面貌提供了重要参考，为重新定位宋丽关系在中国与朝鲜半岛交往史上的地位提供了核心依据。作者在研究结论中把宋与高丽关系的"独特性"总结为一种外在交流模式的转换。宋代以前，中国与朝鲜半岛的交往主要表现为中国对朝鲜半岛的认可与接纳，是"迎进来"模式，进入宋代，这种"迎进来"模式发生改变，逐渐被"走出去"模式取代，以商人和移民为代表的宋人纷纷"走出去"。"迎进来"模式下的中韩交往，中方是被动接受者，而"走出去"模式下的中韩交往，中方是主动发起者。这一结论是本书值得关注的亮点。

再次，本书得出研究结论而又不拘泥于此，作者较好的总结了宋丽关系对以后中国与朝鲜半岛关系的影响。第一是交通，宋代使中国与朝鲜半岛的交通真正进入了"海洋时代"。第二是海上贸易，宋商开古代中国商人大规模赴朝鲜半岛贸易之始。第三是移民，中国古代移民在朝鲜的具体活动，史书记载较详者自宋代开始。第四是留学生，朝鲜半岛向中国派遣留学生自宋代开始进入低潮。作者通过勾勒这些动态的人群活动，向读者展示出一幅鲜活生动、多面立体的宋丽关系画卷，值得读者驻足浏览。

本书值得称道的地方应还有许多，笔者在此就不一一列举。当然，尽管王霞博士有留学韩国的经历，并粗通韩语，但从整体看，除过《高丽史》、《高丽史节要》、《高丽墓志铭集成》等原始史料，以及国内外目之所及、韩国老师、朋友提供的高丽时代研究成果之外，因为获得韩国方面最新研究成果的渠道有限，其对韩国学界研究动态的掌握运用仍有进一步加强的必要，这应是从事中外关系史研究学者面临的共同问题之一。相信随着中韩两国学术交流的深入扩展，在以后的教学研究中，这些问题均会迎刃而解。

无疑，这是王霞博士出版的第一部学术专著，期待其再接再厉、发愤图强，在以后的教学科研中发掘潜力，深耕已有研究领域，开拓新的研究阵地，做出更多更大的成绩！

拜根兴
2018 年 11 月 22 日
于西安南郊陋室

目　　录

绪论 …………………………………………………………（1）

第一章　多元格局下的宋丽关系及航路 …………………（3）
第一节　北宋、高丽、辽的三角关系 ……………………（4）
　　一　宋初三十年（962—994） ……………………………（5）
　　二　澶渊之盟前后三十年（999—1030） ………………（8）
　　三　北宋后期五十年（1071—1127） ……………………（11）
第二节　南宋、高丽、金的三角关系 ……………………（16）
　　一　女真的崛起及高丽称臣 ……………………………（16）
　　二　宋"假道高丽迎二圣"失败 …………………………（17）
　　三　金南下攻宋和吴敦礼使高丽 ………………………（20）
第三节　宋与高丽的海上航路 ……………………………（22）
　　一　北路 …………………………………………………（23）
　　二　南路 …………………………………………………（25）

第二章　宋与高丽官方使节的派遣 ………………………（31）
第一节　使节概况 …………………………………………（31）
　　一　使团的构成 …………………………………………（31）
　　二　使节统计 ……………………………………………（34）
第二节　互使状况分析 ……………………………………（51）
　　一　典型朝贡关系下的使节往来 ………………………（53）
　　二　高丽单方面遣使与北宋的不干涉政策 ……………（56）

三　宋"联丽制辽"构想下的使节往来 …………………… (56)
　　四　南宋收缩政策下的使节往来 ……………………………… (58)
第三节　对高丽使节的群体考察 ……………………………………… (60)
　　一　官职品阶分布 ……………………………………………… (60)
　　二　学识及家族出身 …………………………………………… (62)
　　三　品行道德 …………………………………………………… (65)
　　四　外交能力 …………………………………………………… (67)
第四节　对宋使节的群体考察 ………………………………………… (69)
　　一　官职品阶及分类 …………………………………………… (69)
　　二　学识及家族出身 …………………………………………… (71)
　　三　品行道德 …………………………………………………… (74)
　　四　外交能力和奖惩 …………………………………………… (76)
第五节　使节往来中的几个具体问题 ………………………………… (78)
　　一　宋丽首次官方往来时间 …………………………………… (78)
　　二　使者时赞关联问题 ………………………………………… (83)
　　三　使节往来中的"交际诗" ………………………………… (87)

第三章　宋丽间往来的民间商人 …………………………………… (92)
第一节　商人活跃的条件 ……………………………………………… (93)
　　一　经济因素 …………………………………………………… (94)
　　二　政治因素 …………………………………………………… (96)
第二节　宋商的构成 …………………………………………………… (100)
　　一　身份构成 …………………………………………………… (100)
　　二　对宋商的统计 ……………………………………………… (102)
第三节　对宋商的群体考察 …………………………………………… (113)
　　一　出航人数和次数 …………………………………………… (113)
　　二　出航时间 …………………………………………………… (118)
　　三　宋商个人信息相关 ………………………………………… (121)
　　四　宋商在高丽的贸易情况 …………………………………… (127)
　　五　南宋中后期宋丽贸易衰退的原因 ………………………… (131)

第四节　宋丽交往中宋商的作用……（134）
 一　促进宋丽经济交流……（134）
 二　充当"兼职使节"……（136）
 三　充当各阶层人员往来的"渡海人"……（140）
 四　文化及其他领域的媒介作用……（141）

第五节　高丽商……（143）
 一　构成及特点……（144）
 二　高丽商的沉浮……（145）
 三　宋对高丽遇难商船的救助……（153）

第四章　留学生和求法僧……（159）
第一节　来宋的高丽留学生……（160）
 一　科举制和宾贡科……（160）
 二　高丽官派留学生群像……（166）
 三　高丽官派留学生群体特征……（178）

第二节　求法僧的互动……（184）
 一　宋丽佛教典籍交流……（185）
 二　高丽僧人群像……（192）
 三　对高丽僧的群体考察……（206）
 四　赴高丽弘法的宋僧……（211）
 五　宋丽海道上的佛教信仰……（214）

第五章　定居高丽的宋朝移民……（218）
第一节　宋人移民高丽的可行性条件……（219）
 一　"归化"和"投化"的含义……（219）
 二　宋人积极的高丽观……（221）
 三　宋人移民高丽的时代背景……（223）
 四　其他可行因素……（225）

第二节　对宋移民的群体考察……（226）
 一　宋移民事例统计……（226）

二　宋移民相关事项分析 …………………………………（235）

第三节　高丽对移民的政策及宋移民贡献 ………………（244）
　一　高丽对移民的接收 …………………………………（244）
　二　高丽对移民的管理 …………………………………（247）
　三　宋移民对高丽的贡献及影响 ………………………（256）

第四节　墓志铭所见宋移民事例 …………………………（265）
　一　移民高丽的泉州人蔡仁范 …………………………（265）
　二　移民高丽的漳州人林光 ……………………………（272）
　三　移民高丽的泉州人刘载 ……………………………（279）
　四　移民高丽的扬州人刘志诚 …………………………（283）
　五　移民事例总结 ………………………………………（287）

结语　重读宋丽关系 ………………………………………（289）

参考文献 ……………………………………………………（298）

后记 …………………………………………………………（311）

图表目录

图1　两宋与高丽海上航路图 ………………………（29）
图2　高丽庆源李氏家系分布图（部分） ………………（65）
图3　蔡仁范墓志铭 …………………………………（271）
图4　刘志诚墓志铭 …………………………………（286）
表1　宋朝出使高丽使节统计表 ……………………（34）
表2　高丽出使宋朝使节统计表 ……………………（41）
表3　宋与高丽互使次数统计表 ……………………（53）
表4　赴高丽贸易宋商统计表 ………………………（103）
表5　宋商团人数统计表 ……………………………（114）
表6　多次出航宋商人员统计表 ……………………（117）
表7　北宋商人出航年份密度统计表 ………………（118）
表8　宋商出航月份统计表 …………………………（120）
表9　宋商籍贯地统计表 ……………………………（121）
表10　宋商姓氏统计表 ………………………………（123）
表11　宋对高丽遇难漂流民救助统计表 ……………（154）
表12　入宋高丽留学生统计表 ………………………（178）
表13　高丽宾贡进士归国情况统计表 ………………（182）
表14　入宋求法高丽僧人统计表 ……………………（193）
表15　高丽僧人在宋求法寺院统计表 ………………（207）
表16　定居高丽宋人移民统计表 ……………………（227）
表17　宋人移民高丽时期分布表 ……………………（238）
表18　宋移民身份统计表 ……………………………（240）

表 19　宋移民籍贯地统计表 ………………………………（242）
表 20　宋移民官职变迁表 …………………………………（256）
表 21　宋移民姓氏统计表 …………………………………（263）

绪　　论

自公元四世纪始中国便与朝鲜半岛建立了密切关系，双方经历了魏晋南北朝迄唐初与高句丽、百济、新罗的关系，唐与统一新罗关系，宋、辽、金与高丽关系，明、清与朝鲜王朝关系四个发展阶段。其中，宋与高丽的关系是古代中国与朝鲜半岛关系的转型期，特点鲜明。

首先，宋丽关系打破传统外交模式，一元朝贡关系出现多元化倾向。伴随辽、金的相继崛起，中国北方形势剧变，宋王朝逐步丧失把握东亚政局的能力，高丽称臣纳贡的对象不只是宋，还有辽和金。这一时期的宋丽关系不能用简单的封贡体系来概括。多政权格局下宋与高丽的人员往来亦具有特殊的时代特征，相较于政权稳定的大一统时代，这一时期双方的往来人员在种类、构成、目的等各方面都更加复杂，产生的影响也呈多样化。特殊的政治格局决定了这一时期人员往来的"相对自由"，很多时候双方的互动只是基于彼此的实际需要，与官方无关。因此，即便是在宋丽官方断交期，宋丽之间的民间往来仍可以进行得如火如荼。

其次，这一时期宋改变了古代中国与朝鲜半岛交往中中国的传统定位。宋代以前，中国与朝鲜半岛的交往主要表现为中国对朝鲜半岛的认可与接纳。为吸收中国的先进文化，朝鲜半岛各种人员纷至沓来、络绎不绝，中国以兼容并蓄之风积极接纳来自朝鲜半岛的人、物，这种交往模式为"迎进来"。进入宋代，这种"迎进来"的交往模式发生改变，逐渐被"走出去"的交往模式取代，以商人和移民为代表的宋人纷纷"走出去"。"迎进来"模式下的中韩交往，中方是被动接受者；而"走出去"模式下的中韩交往，中方是主动发起者。就十至十三世纪的宋丽关系而言，尽管宋朝丧失了掌控东亚政局的能力，宋与高丽的官方往来时断时续，宋对高丽使节的派遣没有体现出主动性，有时甚至是连被动接受也无法完成，但这并不影响这一时期宋丽民间往来的热情，宋商和宋移民就是这一时期主动前往高丽的代表人群。

再次，宋与高丽突破以往以官方交流为主的局面，开创了民间交往的盛世。传统的东亚朝贡册封体系发生动摇，宋的中心地位和绝对权威受到来自各方的挑战。在宋丽官方交往时断时续的情况下，双方民间往来仍络绎不绝，商人、移民、僧侣、留学生等形形色色的人员流动成为此时宋丽关系的亮点。他们频繁奔波在宋丽海道上，担当宋丽各方面交流的"搬运工"，是这一时期宋丽交流的主角。这一时期宋与高丽的交往在广度和深度上实际都已超越前代，具有明显的时代特征，形成一种变动社会下的外交新模式，展现了多政权时代下两国自由往来的独特风貌。

最后，宋与高丽关系在宋对外关系中最具代表性和典型性。由于东亚世界的剧变及宋朝国力不足所限，与宋直接发生外交关系的国家锐减。终宋一代，与近邻日本没有官方的外交往来。尽管宋政府曾多次借宋商之手拉近与日本的关系，试图对其进行册封，但日本对与宋朝的"名分"问题十分敏感，从日方的角度看，日本其实是在刻意回避与宋建立国家关系。这一时期与宋建立直接而密切外交关系的国家，无非东有高丽、南有交趾和占城。而在这些国家中，没有任何一个国家能像高丽一样重要到足以与宋王朝的安危存亡息息相关。为强化在东亚的独立生存环境，宋与高丽一度选择结盟。尽管由于局势的变动，宋丽间的结盟并未产生实际的效果，但一旦出现危机，双方都会把对方作为首要的争取对象，这一点毋庸置疑。

本书对宋丽关系的研究，所选对象不是宋丽交流所产生的结果，而是动态的往来人员，通过对五类人群进行微观考察，把握他们的群体特征，以这些研究结论为画笔勾勒这一时期宋丽交往的真实面貌。

第一章 多元格局下的宋丽关系及航路

> 雪余天色更清明，野店忽闻鸡一声。地里山川从禹画，人情风俗近燕京。
>
> 渔阳父老尚垂涕，燕颔将军谁请缨。容覆不分南与北，方知圣德与天平。
>
> ——彭汝励《过虎北口始闻鸡》

十至十三世纪中国大陆形势剧变，北方少数民族政权辽、金先后崛起，宋王朝作为中原汉族政权逐步丧失了把握东亚政局的能力。随着高丽向辽、金称臣纳贡，原本以政治臣属为特征的宋丽朝贡关系发生了重大变化。"高丽从传统的对中原汉族王朝的朝贡开始演变为对中国北族王朝朝贡的时期"①，这一时期的宋丽关系不能用简单的封贡体系来概括。由于辽、金的先后介入，宋与高丽关系常受制于第三方，故而变得十分复杂。除辽、金外，日本对这一时期的宋丽关系也有一定影响，但由于宋、日之间始终未建立正式的外交关系，故论述宋、丽所处的国际格局时未涉及日本。有关宋丽关系史的分期问题②，中韩学界有诸多分法。本书在探讨宋丽关

---

① 魏志江：《中韩关系史研究》，中山大学出版社2006年版，绪论。
② 有关宋与高丽关系的分期，主要有以下几种分法：首先是国内学界，杨渭生分成三个时期（杨渭生：《宋丽关系史研究》，杭州大学出版社1997年版，第30—31页）；李立分成四个时期（李立：《宋朝与高丽的外交关系》，《城市研究》1995年第5期）；吴玉亚、包伟民分成五个时期（吴玉亚、包伟民：《变动社会中的外交模式》，《山东

系时参考前人成果,依据影响当时双方关系的国际局势的变迁状况,以宋对高丽政策的演变轨迹为主线,将宋与高丽关系分为四个阶段:北宋与高丽关系分为三个小阶段,即宋初三十年,澶渊之盟前后三十年,北宋后五十年;南宋与高丽关系独立作为第四阶段。

第一节 北宋、高丽、辽的三角关系

十世纪中叶至十二世纪初是北宋、高丽、辽三国并存的时代。"高丽在朝鲜半岛上奉行北进政策,一心想恢复高句丽昔日盛况,实现太祖王建的夙愿;辽在东北蠢蠢欲动,想进攻中原和朝鲜半岛;北宋则在中原费尽心机,欲非统一中国不可。"①同一时期,东北亚三大政权为达到各自目的展开了一场激烈的较量,出现了北宋、高丽、辽复杂而微妙的三角政治关系。三国之中高丽最弱,高丽的外交政策不仅须视宋、辽的外交政策而定,而且还要充分考虑宋、辽两国间的关系。北宋力图"联丽制辽",对高丽采取了优待和联合的策略;辽则凭借其自身强大的军事实力,以外交手段或直接以武力迫使高丽称臣纳贡。在这种情况下,高丽根据形势的变化不断调整外交策略,在北宋与辽之间以求自保。"高丽在事大外交的名义下,实质上追求的是实利外交,亦是善于适应既成事实而随机应变的适应外交。"②

师范大学学报》2004年第1期);徐连达将北宋与高丽关系分成三个阶段(徐连达:《10世纪中叶到11世纪初北宋与高丽王朝的友好关系》,载复旦大学《韩国研究论丛》第1辑,上海人民出版社1995年版,第134—136页)。其次是韩国学界,全海宗分成五个时期([韩]全海宗:《论宋交流》,载全善姬译《中韩关系史论集》,中国社会科学出版社1997年版,第257页);申採湜分成三个时期([韩]申採湜:《宋代官人的高丽观》,载林天蔚、黄约瑟编《古代中韩日关系研究》,香港大学亚洲研究中心1987年版,第138页);朴龙云分成三个时期([韩]朴龙云:《高丽与宋朝交聘问题探讨》,载北京大学韩国研究中心《韩国学论文集》第4辑,社会科学文献出版社1995年版,第134页)。

① [韩]卢启铉:《高丽外交史》,紫荆、金荣国译,延边大学出版社2002年版,第31页。
② 同上书,中译本序言。

一　宋初三十年（962—994）

宋初三十年指宋太祖建隆三年（962，高丽光宗十三年）到宋太宗淳化五年（994，高丽成宗十三年）。五代十国废墟上建立的北宋王朝，雄心勃勃地以汉、唐正统的合法继承者自居，试图把高丽完全纳入传统的封贡关系中，但由于缺少强势军事实力的支撑，宋不像汉、唐那样对东亚地区有足够的控制力和影响力，所以宋、丽结成的朝贡关系并不稳定。宋太祖建隆三年十二月，高丽遣广评侍郎李兴祐等入宋献方物，次年（963）春宋太祖遣使册封光宗王昭（949—975）为高丽国王。宋太祖降制曰：

> 古先哲后，奄宅中区，曷尝不可同文轨于万方，覃声教于四海？顾予凉德，猥被鸿名，爰至宾王，宜优锡命。开府仪同三司、检校太师、玄菟州都督、充大义军使、高丽国王昭，……可加食邑七千户，仍赐推诚顺化保义功臣。①

同年（963）十二月高丽行宋年号，标志着宋丽封贡关系正式确立。对高丽而言，出于自身安全的考虑需要来自宋廷的认可与册封；对宋而言，与高丽建立封贡关系是明确其宗主国地位的基本方式。自此双方聘使不绝，封贡关系一直持续到宋太宗淳化五年（994）高丽断绝与宋的官方往来为止。这一时期宋方使节大都为册命使，高丽则以朝贡使为主，这表明宋与高丽仍保持着传统意义上的宗主国与藩属国的关系。

太平兴国三年（978）宋太宗决定征伐北汉，派张洎出使高丽通告北伐并加封高丽王。此举一方面有拉拢高丽之意，另一方面也有向高丽炫耀和展示大国之威的意思。"对宋而言此次北伐确实具有摧枯拉朽的必胜之势，而这个必胜之势之变成现实，关键在于

---

① （元）脱脱等：《宋史》卷487《高丽传》，中华书局1985年标点本，第14036页。（以下均用此版）

'围城打援'，即挫败契丹的援军。"① 第一次北伐的结果喜忧参半，北汉虽被灭亡，但宋却未成功收复幽蓟之地。太平兴国四年（979），也就是北伐失利后，宋又遣王僎出使高丽加封高丽王，"四年，复遣供奉官、阁门祗候王僎使其国"②。宋这样做的用意十分明显，一是担心伐辽失利会影响高丽对宋的归附之心，二是以此来掩饰伐辽失利的尴尬，毕竟此时的宋还有以天朝上国自居的心态。

宋太宗雍熙三年（986，高丽成宗五年），宋为收复幽蓟之地发动第二次对辽战争。高丽与辽接壤，是辽背后一股重要的牵制力量，故宋遣监察御史韩国华赍诏至高丽，要求高丽出兵。《高丽史》卷3记载：

> 宋将伐契丹收复燕蓟，以我与契丹接壤，数为所侵，遣监察御史韩国华赍诏来谕曰："……惟王久慕华风，素怀明略，效忠纯之节，抚礼仪之邦，而接彼犬戎，……可申戒师徒，迭相掎角，协比邻国，同力荡平……"③

高丽从本国安全考虑，对宋伐辽一事表现得十分冷淡，只是观望战争形势。原因有如下几点：第一，从地缘上看高丽与辽境土相接，若发兵与宋西会，一旦失败将会给高丽带来严重后果；第二，高丽对辽的军事实力有着较为清醒的认识，并非像宋那样盲目乐观，在高丽看来当时宋军的实力还未强大到足以灭辽的程度；第三，辽灭掉渤海后一直怀有进攻高丽、扩张领土的野心，高丽自知实力难与之抗衡，所以一贯采取十分警惕的防范策略；第四，高丽正在积极开拓鸭绿江流域，与女真的关系紧张，如果贸然渡江击辽，侧后方可能会受到女真的威胁。所以高丽王一直"迁延不发

---

① 漆侠：《宋太宗第一次伐辽——高梁河之战》，《河北大学学报》1991年第3期。
② 《宋史》卷487《高丽传》，第14037页。
③ [朝鲜]郑麟趾等：《高丽史》卷3《成宗世家》，朝鲜科学院古典研究出版委员会1957年整理本，第38页。（以下均用此版）

兵",这主要是基于对现实威胁的考量。但韩国华"谕以威德",提醒他们须遵守作为臣子的节操,感念朝廷的威严与恩德,否则朝廷军队东下,罪责难逃。此种状况下高丽王无言以对,只能口头许诺"发兵西会",但此次口头上的宋丽军事联盟并非是两厢情愿的产物。与此同时,辽大概得知了宋与高丽的动向,特意"遣厥烈来[高丽]请和"①,目的就是阻止宋丽联盟、避免两面作战。

第二次北伐的结果以宋的惨败告终,高丽虽先前许诺出兵,但并无实际行动。值得注意的是,事后宋不仅没有责备高丽,反而于端拱元年(988)、淳化元年(990)、淳化四年(993)连续三次颇具戏剧性地加封高丽王。"此时宋对高丽王的册封,不再是出于结盟目的,而只是为了维护名分上的宗藩关系,册封已沦为宋朝维护天朝上国脸面的遮羞布。"② 两次北伐失利使宋丧失了进攻的主动权,逐步陷入消极防御、被动挨打的局面。"宋不得不暂时放弃武力收复燕云之地的打算,对辽采取守内虚外的政策"③,北宋与辽遂形成南北对峙的局面。宋辽战争结束后,辽迅速把矛头转向高丽,淳化四年(993)辽大举进攻高丽并大获全胜。翌年春双方通过谈判协定以鸭绿江为界,辽实现了迫使高丽臣服的意图,辽统和十二年(994)高丽"始行契丹统和年号"④。同年(994)六月,高丽"遣元郁如宋乞师,以报前年之役,宋以北鄙甫宁,不宜轻动,但优礼遣还"⑤。面对辽的强压,高丽在无宋援助的情况下不得不选择奉辽为宗主国,并断绝了与宋的关系。辽于统和十三年(995)完成了对高丽国王的册封,辽、丽敌对状态暂时结束。

北伐失败后,宋朝在政治上、军事上都开始收缩,对高丽的政策由原来的积极争取,转变为用一种怀柔的外交策略定位两国之间的关系。从高丽方面看,在遭到辽的第一次入侵后便积极要求与宋

---

① 《高丽史》卷3《成宗世家》,第39页。
② 齐廉允:《宋朝的高丽政策》,硕士学位论文,山东师范大学,2008年,第25页。
③ 魏志江:《中韩关系史研究》,中山大学出版社2006年版,第44页。
④ 《高丽史》卷3《成宗世家》,第45页。
⑤ 同上书,第46页。

联盟，并把与宋保持紧密联系作为维持其政治地位的制衡力量。但辽为避免宋和高丽结成同盟而陷于两面作战的困境，总是单独对一方采取行动，孤立另一方，使得宋丽同盟之路十分坎坷。

二 澶渊之盟前后三十年（999—1030）

澶渊之盟前后三十年，指从宋真宗咸平二年（999）高丽遣使入宋，到宋仁宗天圣八年（1030）宋丽官方断交。辽实现了迫使高丽臣服的意图后，很快对宋发动了新一轮的进攻。辽统和十七年（999）九月辽侵入宋境，宋辽双方互有胜负，十二月辽撤回北方。宋辽大战爆发之际，高丽于宋咸平二年（999）冬十月秘密"遣吏部侍郎朱仁绍如宋，帝特召见，仁绍自陈国人思慕华风，为契丹劫持之状"①。在宋辽关系如此特殊而敏感的时期，高丽不惜获罪于辽而遣使入宋，目的就是希望促成宋丽联盟。高丽不甘被辽控制，利用辽攻宋的短暂时期加强战备，在鸭绿江东筑六城，同时再次遣使赴宋。咸平六年（1003）高丽派户部侍郎李宣古来，言"晋割幽蓟以属契丹，遂有路趋玄菟，屡来攻伐，求取不已，乞王师屯境上为之牵制"②，再次显示了强烈的结盟意愿。但时局瞬息万变，对于高丽的结盟意愿，宋还未来得及有所回应，就再次遭到辽的入侵。

景德元年（1004）辽大举南下，次年与宋媾和。宋真宗畏敌，以岁输银十万两、绢二十万匹的代价与辽签订了澶渊之盟，并约定宋辽两国为"兄弟之好"、"平等之邦"。澶渊之盟以盟约形式确定了宋辽两国以白沟为界，燕山要区成为辽统治地区的一部分，辽成为实质上的赢家。盟约签订后，宋辽之间维持了八十余年的和平，对东亚国际局势产生了重大影响。姚从吾先生高度评价了澶渊之盟的历史价值，"助成了东亚区域内东北草原文化与中原农业文化的彼此交流混合，契丹人很自然地归入中原汉、唐文化的主流，广义的

---

① 《高丽史》卷3《穆宗世家》，第48页。
② 《宋史》卷487《高丽传》，第14042页。

中华民族实奠基于这个辽宋对峙的时期"①。但就澶渊之盟对宋辽关系的影响而言，并非全部都是积极的，其中有关"岁币"的约定以及双方领土的分歧，又为这种"友好"关系的发展埋下了隐患。"可以说，澶渊之盟给宋辽关系带来的影响是平等与不平等并存、友好与不友好并存、和谐与争斗并存。"②澶渊之盟后，高丽即遣使向辽致贺。"以中原汉族王朝为中心的东亚国际秩序开始发生动摇，被视为夷狄的辽王朝，终于取得了与素以华夏正统自居的宋王朝对等的国际地位。"③辽统和二十五年（1007），辽圣宗遣使册封高丽王，"春二月，契丹遣耶律延贵来加册王为守义保邦推诚奉圣功臣、开府仪同三司、守尚书令兼政事令、上柱国食邑七千户，食实封七百户"④。高丽密切关注宋辽双方的较量，并将筹码投向实力更强的一边，有力地表明高丽外交乃是一种动态的实利外交。

虽然高丽并未成为辽对宋战争中的绊脚石，但高丽秘密结宋的做法仍招致了辽的极度不满。为进一步加强对高丽的控制，统和二十八年（1010）辽再次征伐高丽，并且在问罪书中质问高丽为何东结构于女真，西往来于宋国。伐丽前辽故技重施，特意向宋告知，宋朝此时紧守澶渊之盟，不愿介入其间。

这次辽对高丽的征伐断断续续近十年，高丽一面采取战和兼备的策略，一面积极寻求外援，一直为结宋抗辽而努力。宋大中祥符七年（1014，高丽显宗五年），"八月甲子，遣内使舍人尹徵古如宋，献金线织成龙凤鞍幞、绣龙凤鞍幞各二，良马二十二匹，仍请归附如旧，宋帝诏登州置馆于海次以待之"⑤。次年（1015）十一月，高丽又"遣民官侍郎郭元如宋献方物，仍告契丹连岁来侵"，并明确请求宋对高丽进行军事援助，"借以圣威，示其睿略，或至

---

① 姚从吾：《姚从吾先生全集》（二）《辽金元史讲义—甲：辽朝史》，台北正中书局1972年版，第179页。
② 赵永春：《试论"澶渊之盟"对宋辽关系的影响》，《社会科学辑刊》2008年第2期。
③ 魏志江：《中韩关系史研究》，中山大学出版社2006年版，第45页。
④ 《高丽史》卷3《穆宗世家》，第49页。
⑤ 《高丽史》卷4《显宗世家》，第57页。

倾危之际，预垂救急之恩"①。然宋婉言拒绝，宋帝诏曰："朕位居司牧，志存安民，虽分域以有殊，惟推诚而无间，念卿本道固深，轸于怀思，眷彼邻封，亦久从于盟好，所期辑睦，用泰黎蒸。"②可见，宋对辽丽战争的态度是务实的，不愿贸然介入。宋对辽作战屡遭败绩，在失去东亚军事强国地位的同时，宋亦对自身的实力有了初步清醒的认识，不再像宋初那样抱有堪比汉唐的雄心壮志。为求自保，宋对高丽与辽的纠葛避而远之，对高丽采取了不干涉的策略。大中祥符九年（1016），高丽自行恢复行用宋年号，此举既可以向宋廷表明高丽欲与辽决裂的决心，又试图在舆论上将宋朝拉向自己一边。此后，自高丽显宗八年（1017）至显宗十三年（1022），高丽每年都遣使至宋献方物，尽管如此，宋仍表现冷淡，并未对高丽做出进一步回应。

高丽显宗九年（1018），高丽击退辽军，丽辽战争逐渐停止。显宗十一年（1020）双方达成停战协议，结束了长达十年的战争状态。宋乾兴元年（1022），高丽停用宋"天禧"年号改用契丹"太平"年号。宋天圣八年（1030），高丽王遣御事民官侍郎元颖等奉表入宋，"贡金器、银罽刀剑、鞍勒马、香油、人参、细布、铜器、硫黄、青鼠皮等物"，之后再度断绝对宋朝贡，"其后绝不通中国者四十三年"③。

在宋丽断交的四十余年间，宋丽双方都曾为打破僵局做过努力，但因各种原因，通使一事一再被搁置。宋庆历元年（1041）辽屯兵宋边境，以武力相要挟，求取关南地。宋枢密院副使富弼根据与辽交涉经验，上《河北守御十三策》，在守御十三策第四条中回顾了淳化至天圣间（990—1032）宋朝四次拒绝高丽之请，以致为辽所用的历史，并提出"联丽制辽"之策。富弼指出："朝廷若能许高丽进贡，正遂其志，则必反为我用矣，契丹何能使之耶？臣熟知高丽虽事契丹而契丹惮之……朝廷若得高丽，不必俟契丹动而

---

① 《高丽史》卷4《显宗世家》，第58页。
② 同上。
③ 《宋史》卷487《高丽传》，第14045页。

求助，臣料契丹必疑高丽为后患。卒未尽而南，只此以为中国大利也。"① 富弼第一次提出了完整而系统的"联丽制辽"蓝图，但书上未及一月，富弼便被排挤出朝廷，其建议也未被采纳。宋庆历六年（1046）九月，宋枢密院奏请派人到登州与知州刘涣秘密商议，想通过高丽客商捎带消息，秘密侦察沟通两国外交关系的渠道。

与宋一样，高丽也为宋丽复交开始采取行动。高丽靖宗十二年（1046）五月，靖宗薨，文宗（1046—1083）即位。文宗王徽是高丽著名的英主贤王，他十分崇慕宋朝的先进文化，甚至祈愿来世能生在中国。1058年，文宗欲在耽罗及灵岩伐木造大船以通宋，然遭大臣极力反对。《高丽史》卷8记载：

> 王欲于耽罗及灵岩伐材造大船，将通于宋，内史门下省上言："国家结好北朝，边无警急，民乐其生，以此保邦上策也。昔庚戌之岁，契丹问罪书云东结构于女真，西往来于宋国，是欲何谋？又尚书柳参奉使之日，东京留守问南朝通使之事，似有嫌猜，若泄此事，必生衅隙。且耽罗地瘠民贫，惟以海产乘水道经纪谋生，往年秋伐材过海，新创佛寺劳弊已多，今又重困，恐生他变。况我国文物礼乐兴行已久，商舶络绎，珍宝日至，其于中国实无所资，如非永绝契丹，不宜通使宋朝。"从之。②

慑于辽的威胁，高丽对与宋复交一事十分谨慎。宋丽外交关系中断后，民间贸易成为两国交流的主要渠道，宋丽关系以非官方的方式得以延续，为日后两国复交奠定了基础。

三 北宋后期五十年（1071—1127）

北宋后期五十年，指从宋神宗熙宁四年（1071）高丽遣使入宋

---

① （宋）李焘：《续资治通鉴长编》卷150，庆历四年六月戊午，中华书局1985年标点本，第3652页。（以下均用此版）

② 《高丽史》卷8《文宗世家》，第115页。

恢复外交，到宋钦宗靖康二年（1127）北宋灭亡。这一时期由于宋在内政和外交方面均陷入困境，因此不得不开始调整对外战略，宋再次把高丽纳入宋的整体防御战略构想之中。宋积极打造新一轮的"联丽制辽"方案，对待高丽采取了招徕与厚待的策略。如设立亭馆接待高丽来使，提高接待规格，保护高丽使臣的经济利益，厚赐高丽国王等。这次"联丽制辽"战略是伴随神宗年间的熙宁变法而出现的，是熙宁变法对外政策的重要组成部分，但这也注定了这一外交策略多舛的命运。

熙宁元年（1068）宋神宗即位，被搁置了二十余年的"联丽制辽"方案重新启动。宋神宗励精图治，起用王安石实行变法，在对待高丽的问题上采取了积极主动的方针。加上此时辽因内部争斗走向衰落，"联丽制辽"方案逐渐提上日程。同年（1068）宋神宗令福建转运使罗拯派人赴高丽商议复交，罗拯委托商人黄慎赴高丽，向高丽文宗表明宋欲复交之意。《高丽史》卷8记载：

> （文宗二十二年）秋七月辛巳宋人黄慎来见，言皇帝召江淮、两浙、荆湖南北路都大制置发运使罗拯曰：高丽古称君子之国，……暨后阻绝久矣，今闻其国主贤王也，可遣人谕之，于是拯奏遣慎等来传天子之意。王悦，馆待优厚。①

罗拯派遣商人黄慎对高丽做复交的试探，宋熙宁二年（1069）黄慎返回，同时带回了高丽礼宾省的回牒。高丽表示愿意通使，但提出恢复宋丽关系的原则是保持丽辽关系现状不变，继续向辽称臣纳贡，在此前提下发展与宋的友好关系。宋恐信息不准确，命罗拯再次派黄慎前往高丽报信，"宋湖南、荆湖、两浙发运使罗拯复遣黄慎来"②。高丽在获悉宋的复交意向后，于文宗二十五年（1071，宋熙宁四年）三月庚寅，"遣民官侍郎金悌奉表礼物如宋"③。宋神

---

① 《高丽史》卷8《文宗世家》，第123页。
② 同上书，第124页。
③ 同上书，第125页。

宗对金悌一行款待甚优、赐物丰厚，金悌返回高丽时带回宋神宗敕书竟达五通之多，足见此次宋复交的诚意。宋丽复交后，辽即生事端，不但挑起宋辽边界之争，而且通过东京留守向高丽提议勘查鸭绿江以东疆界。尽管如此，也未能影响宋丽已经复交的事实。

为进一步联络高丽，宋神宗于元丰元年（1078）正月命安焘、林希出使高丽，出使前宋下令在明州造两艘巨舰，一曰"凌虚致远安济神舟"，一曰"灵飞顺济神舟"，作为出使高丽专用。同年（1078）五月庚子，高丽文宗遣工部尚书文晃、户部尚书崔思训迎安焘一行于安兴亭，六月安焘抵达礼成江，文宗命兵部尚书卢旦为筵伴至西效亭，又遣中枢院使、刑部尚书金悌为筵伴入顺天馆，以知中枢院事、户部尚书金良鉴及礼部侍郎李梁臣为馆伴，且命太子至顺天馆接待，款待甚殷。安焘出使高丽是宋丽外交的大事，因为从淳化四年（993）刘式、陈靖出使高丽以来，八十余年间宋朝再未遣使高丽。宋经过熙宁年间的改革，外交上再度展现实力与活力，试图联合高丽突破辽的压制，安焘出使就是宋这种策略下的产物。

元丰八年（1085）神宗去世，哲宗（1085—1100）即位，宋对高丽的积极态度有所下降。整个哲宗时期，宋没有派使臣出使高丽，这与宋国内政治的演变有关。哲宗时期新旧党争激烈，最终演变为权力之争，宋与高丽的外交事宜降为次要目标。相反，高丽于哲宗时期却频频来朝，除了朝贡贸易为其带来经济利益外，双方文化交流也发展迅猛。

宋元符三年（1100）哲宗崩，徽宗（1100—1126）即位。徽宗继承了神宗时对高丽的政策，一改哲宗时期只来不往的做法，宋崇宁二年（1103）诏"户部侍郎刘逵、给事中吴拭往使"[①]。高丽得到宋的特殊眷顾，从睿宗六年（1111）至睿宗十三年（1118）共派出五批使臣至宋，宋朝在这期间也提高了高丽使团的接待规格，升其为国信使，礼在夏国之上。

---

① 《宋史》卷487《高丽传》，第14049页。

徽宗中期以后女真逐渐崛起，宋政和五年（1115）女真首领完颜阿骨打建国，国号金。金建国后立即举兵攻辽，辽统治危机四伏、节节败退，宋看到辽的衰败之势，欲联金抗辽，于是打算借高丽之手向金转达意图，并希望由高丽携金使同来。睿宗十一年（1116）七月，高丽派谢礼使李资谅到宋，宋徽宗召一行人赐宴并作诗示之。李资谅将还，密谕曰："闻汝国与女真接壤，后世来朝，可诏谕数人偕来。"李资谅奏曰："女真人面兽心，夷貊中最丑，不可通上国。"宋宰臣闻之曰："女真地产珍奇，高丽素与互市，不欲分利于我，故阻之，陛下于高丽爱之如子，今负德如此，可遣一介之使招女真，不必借高丽。"①

政和七年（1117），宋以买马为名与女真联络，约共同伐辽。政和十年（1120），宋派赵良嗣使金，双方最后商定：金取辽之中京大定府，宋取辽的燕京析津府，灭辽后宋将过去每年给辽的岁币转给金国，双方还约定不能与辽讲和，史称宋金的"海上盟约"。翌年起，宋金开始联合作战夹攻辽朝。高丽对辽金战争持中立态度，但对宋金联盟颇感忧虑。作为友邦，高丽想提醒宋朝防备金，但又不愿卷入其中，于是睿宗决定用求医的方式向宋朝示意。《宋史》卷487记载：

> 俣之在位也，求医于朝，诏使二医往，留二年而归，楷语之曰："闻朝廷将用兵伐辽。辽兄弟之国，存之足为边扞。女真虎狼耳，不可交也。业已然，愿二医归报天子，宜早为备。"归奏其言，已无及矣。②

此时宋正沉醉于"联金抗辽"的幻想，根本听不进高丽的提醒。政和七年（1117），金寄书高丽，表示双方结为兄弟以成世世无穷之好。金的意图在于稳住高丽，全力进行对辽战争。高丽对金

---

① 《高丽史》卷95《李子渊传附李资谅》，第97页。
② 《宋史》卷487《高丽传》，第14049页。

的阴谋早已识破,所以不予理睬,只是增筑长城三尺以巩固边防。

睿宗十七年(1122)四月高丽睿宗卒,仁宗(1122—1146)即位。宋遣给事中陆允迪、中书舍人傅墨卿入高丽吊慰,言"大观年间所降诏书内,特去权字,以示真王之礼,今此御札,亦示殊恩,但先王为已受辽册命,故避讳耳,今辽命已绝,可以请命朝廷"①。可见,宋想重新正式确立对高丽的宗主国地位,但高丽谨慎的态度一如既往,并未贸然请命宋朝,而是选择进一步观望。仁宗答曰:"所谓册命,天子所以褒赏诸侯之大典也,今尤制未终,而遽求大典,于义未安,实增惶愧,冀于明年遣使谢恩,并达微诚,惟公等善为敷奏。"② 高丽以"尤制未终,遽求大典,于义未安"婉言拒绝了宋朝前来请命的建议。

金太宗天会三年(1125),金灭辽后便发兵大举攻宋,宋徽宗匆匆将皇位让给钦宗。危急时刻宋欲结高丽以抗金,靖康元年(1126)七月丁卯宋遣阁门祗候侯章、归中孚等赍诏至高丽,诏以恩义,希望高丽共同伐金以缓解金对宋的军事压力。但高丽仁宗言:

> 以中国之大而如此,况小国孤立,其将安恃乎……今诏书委曲御示,此实血旧耻报大恩之日也。然以残弊之兵,当新胜之虏,恐非勉强所能及也。③

高丽仁宗以内外疲敝为由,拒绝了宋夹攻金的要求,"这既是拒绝助宋攻金,又是对宋害怕金兵不行抗金的批评"④。1127年宋全面溃败,金兵攻破开封,掳徽、钦二宗北上,北宋灭亡。宋朝置高丽的警告于不顾,取得燕云之后盲目乐观,终致酿成靖康之祸,但在这一点上高丽较为务实,"于辽、金、宋三方关系激荡之中保

---

① 《高丽史》卷15《仁宗世家》,第220页。
② 同上。
③ 同上书,第225页。
④ 杨渭生:《宋丽关系史研究》,杭州大学出版社1997年版,第161页。

持着理性和克制"①。

第二节　南宋、高丽、金的三角关系

十二世纪初女真异军突起，先后灭掉辽和北宋，并迫使高丽称臣纳贡，在东亚大陆构建起以金为中心的国际新秩序。1127年赵构建立南宋，与金形成南北对峙之势。在南宋、高丽、金构成的三角关系中，金占据主动，把握着新建的东亚格局；高丽为求自保向金称臣纳贡，并根据宋金关系的演变不断调整对外策略，在夹缝中艰难生存；南宋偏安一隅无意进取，对高丽充满了疑虑与防范，政策也日趋封闭保守，宋丽关系渐行渐远，最终于宋孝宗隆兴二年（1164）断交。

一　女真的崛起及高丽称臣

据《金史》记载，金的祖先可能是"羁縻或依附"高丽的女真人，其始祖函普"初从高丽来，年已六十余矣"②。女真在立国前经常向高丽进贡，甚至称臣，双方关系十分密切。"自高丽定宗三年（948）至睿宗十六年（1121），东西女真各部先后派人到高丽活动，或献名马方物，或聚众投归，或相联络，多达342次。"③《高丽史》卷14记载，"（生女真）其地西直契丹，南直我境，故偿事契丹及我朝。每来朝，以麸金、貂皮、良马为贽，我朝亦厚遗银币，岁常如此"④。对女真归附高丽的情况，宋人亦有记载，"（女真）今有首领三十，分领其众，地多良马，常至中国贸易，旧隶契丹，今归于高丽"⑤。

女真建国（1115）后，随着军事和政治力量的增强，它与高丽

---

① 李立：《宋朝与高丽的外交关系》，《城市研究》1995年第5期。
② （元）脱脱：《金史》卷1《始祖函普》，中华书局1975年标点本，第2页。
③ 杨渭生：《宋丽关系史研究》，杭州大学出版社1997年版，第172页。
④ 《高丽史》卷14《睿宗世家》，第201页。
⑤ （清）徐松：《宋会要辑稿》蕃夷三之一，中华书局1957年整理本，第7711页。

的关系也发生了实质性的变化，女真不但停止了对高丽的朝贡，而且多次动用武力骚扰高丽。"东西女真与高丽的战争（包括疆界纠纷）至少有49次。"① 辽乾统四年（1104，高丽肃宗九年）女真以曷懒甸女真归属问题②为由，发动了对高丽的战争，直至辽乾统九年（1109）双方议和。面对金日益强大的国力，高丽不得不开始调整对金策略，高丽仁宗三年（1125）五月"遣司宰少卿陈淑、尚衣奉御崔学鸾如金"，试图结好金国，但金太宗"以国书非表，又不称臣，不纳"③，可见金对高丽的态度十分强硬。强压之下，仁宗四年（1126）夏四月丁未高丽"遣郑应文、李侯如金，称臣上表"④；仁宗七年（1129）十一月"遣庐令琚、洪若伊如金进誓表"⑤。至此，金丽之间的宗藩关系正式确立。

二 宋"假道高丽迎二圣"失败

偏安江南一隅的南宋政权在金的威胁下惶恐不安，为避免重蹈北宋和辽的覆辙，同时也试图阻止高丽向金靠拢，宋高宗（1127—1162）决定主动发展与高丽的关系。"高宗即位，虑金人通于高丽，命迪功郎胡蠡假宗正少卿为高丽国使以间之。"⑥ 宋高宗建炎二年（1128），又遣杨应诚假刑部尚书出使高丽，欲借高丽道迎回被金人掳去的徽、钦二帝。杨应诚认为由高丽至女真，"路甚径"，于是"请身使三韩，结鸡林以图迎二圣"⑦。杨应诚等一行给高丽国王带去了诸物金帛，以道德大义和宋丽双方传统的友好关系来感召高丽，希望高丽应允宋朝的借道要求。《高丽史》卷15记载：

---

① 杨渭生：《宋丽关系史研究》，杭州大学出版社1997年版，第172页。
② 关于金、丽之间曷懒甸之战的具体情况，可参见魏志江：《女真与高丽曷懒甸之战考略》，载氏著《中韩关系史研究》，中山大学出版社2006年版，第71—87页；[韩]金渭显：《契丹的东北政策》，台北华世出版社1981年版，第150—155页。
③ 《高丽史》卷15《仁宗世家》，第222页。
④ 同上书，第223页。
⑤ 《高丽史》卷16《仁宗世家》，第236页。
⑥ 《宋史》卷487《高丽传》，第14050页。
⑦ 同上。

> 窃惟贵国在海东最号为大，世著忠顺。自通使以来，本朝待遇贵国，恩礼加厚，未始小衰。比者时遇艰难，国家多事，不料狄人用诈，遂劝二圣远征，上下忧劳，莫遑宁处。重念贵国秉礼重义，而又本朝恩遇积有岁年，非他国之比。方兹缓急，义富责望，正仗大义勤王时也。今皇帝初登宝位，遣使抚问国王，就烦津发迎请二帝。……若使由贵国之路迎请二帝，则不亏二百年忠顺之义，亦以报列圣眷遇之恩。①

从宋提升杨应诚官职、命其假刑部尚书出使，可以看出宋廷对这次出使寄予厚望。但事情的发展并非如宋高宗所希望的那样，高丽的反应完全出乎宋朝君臣的预料。高丽王罗列了各种理由，委婉拒绝了宋的借道要求。《高丽史》卷15记载：

> （金）近者，陷没大辽，侵犯上国。自此兵威益大，抑令小国称臣。……然其俗好战，常疾我乐率上国……如闻使节假道入境，必猜疑生事，非特如此，必以报聘为名，假道小邦，遣使入朝，则我将何辞以拒？苟知海道之便，则以小国之保全难矣！而（宋）淮南两浙缘海之地，得不虑其窥觎耶？苟为不然，小国岂敢恬不从命？兹事实大，非敢饰言，惟使副曲查情衷，少回雅意，归奏阙下。②

与宋朝所秉持的道德大义相比，高丽当然更看重自身的国家安全，把不能借道的理由归结为三点：其一，由高丽前往女真道路险阻，不可前行；其二，如果借道与宋，金亦可能由此道发兵攻宋；其三，借道与宋会触怒金，招来祸患。对此杨应诚尽管一一辩驳，但高丽君臣仍明确表示"虽旷日持久，更不改他议"，并令杨应诚

---

① 《高丽史》卷15《仁宗世家》，第230页。
② 同上书，第230—231页。

限期离境。杨应诚等无奈悻悻而归,为表愤怒,"遂不受附表,例赠宴币、衣对、礼物亦皆不纳而去"①。

同年(1128)十月杨应诚返回宋,带回高丽王拒绝借道的消息。宋君臣大怒,宋高宗认为高丽辜负了宋对其数世厚恩,右仆射黄潜善甚至放言征伐高丽。此时的南宋政权在金的进攻下自顾不暇,即便高丽同意"借道",南宋恐怕也很难迎回二帝。高宗之所以如此积极地"借道",恐怕也含有以此来检验高丽的忠心和试图拉拢高丽的意图,正因如此,宋君臣在被拒绝后才勃然大怒,而出兵征讨高丽也只能是一句气话。高丽虽然拒绝了宋的借道要求,但给宋皇帝的表文依然执礼甚恭,并将无法借道的原因一一列举。不仅如此,杨应诚刚刚启程回国,高丽即派礼部侍郎尹彦颐出使宋朝,当面向宋高宗解释不能借道的原因。高丽在给宋的上表中说无法借道实为金所逼,但慕华之心永恒不渝,请天朝多多体谅。"此次高丽派遣使节赴宋上表陈述困境,旨在谋求建立和维持具有两面性—对宋和金不偏不倚的实利外交关系"②,并为日后发展宋丽关系留下了回旋的空间。

高丽对宋借道一事的处理灵活得体,宋虽有不满,但亦无进行横加指责之理由。为表不满,宋以徽、钦二宗尚未归国,宴会不能用乐为由,降低了对高丽使节的接待规格,只在殿门外设宴接待。这次高丽对宋借道要求的拒绝,虽然表面上没有在宋丽间产生嫌隙,但却使双方关系蒙上了一层阴影。宋君臣开始对高丽产生不信任感,宋建炎三年(1129)八月,上谓辅臣曰"闻上皇遣内臣、宫女二人随高丽贡使来,朕闻之悲喜交集",但吕颐浩曰"此必金人之意,不然高丽必不敢,安知非窥我虚实以报",于是诏止之。③之后,宋对高丽的不信任感与日俱增,惧其为金充当间谍,宋对高

---

① 《高丽史》卷15《仁宗世家》,第231页。
② 林国亮:《高丽与宋辽金关系比较研究》,博士学位论文,延边大学,2011年,第33页。
③ 《宋史》卷487《高丽传》,第14051页。

丽的外交政策也由此开始转向。

随着金对南宋攻势的加强，南宋政权处境愈益艰难，自顾不暇的南宋自然再无与高丽交聘的心思。加之此时金丽间的朝贡关系较为密切，这令宋顾虑重重，担心金假手高丽刺探宋朝情报。建炎三年（1129）九月，宋辞却高丽入贡之请，甚至"罢高丽国信使地位，复元丰旧仪，地位与夏同"①，宋丽关系陷入低潮。

三 金南下攻宋和吴敦礼使高丽

1129年，金开始南下攻宋，金将兀术领兵十万分两路渡河，长驱直入，宋高宗被迫从临安奔越州（绍兴）、明州、温州。面对金兵南下，南宋军民奋勇抗击，最终迫使金兵北退。绍兴元年（1131）宋高宗从温州返回越州，并改元"绍兴"。同年（1131）四月，宋都纲卓荣将宋渡江击破金军、高宗驻跸越州及改元的信息传递给高丽。高丽仁宗深感不安，曰：

> 前者侯章、归中孚来请援，不能从，又杨应诚欲假道入金，又不从，自念祖宗以来与宋结好，蒙恩至厚，而再不从命，其如信义何？②

尽管高丽仁宗对连续拒绝宋请求抱有愧意，但仍未见有援宋抗金的实际行动。仁宗十年（1132）二月高丽遣礼部员外郎崔惟清、阁门祗候沈起入宋，带来金百两、银千两、绫罗二百匹、人参五百斤，委婉地说明了高丽左右为难的境遇，并再三表示其心向中朝之意。对高丽的态度，宋似乎也早已预料，厚赏使者后，"只答以温诏遣还"③。

绍兴五年（1135）六月，宋遣迪功郎吴敦礼使高丽。当时正值

---

① （宋）叶梦得：《石林燕语》，中华书局1984年标点本，第95—96页。
② 《高丽史》卷16《仁宗世家》，第241页。
③ 《宋史》卷487《高丽传》，第14051页。

高丽西京发生妙清之乱①，吴敦礼曰"近闻西京作乱，倘或难擒，欲发兵十万兵相助"②，且提到了假道高丽兴师伐金之事。高丽仁宗对此深感不安，仔细分析了"助兵平乱、假途伐金"的后果，认为这不但可能会招致金朝的报复，而且还会引火烧身，因此婉拒了吴敦礼的提议。仁宗十四年（1136）二月妙清之乱被平定，同年十月高丽遣持牒官金稚圭、刘待举来，但宋廷"惧其与金人为间"，因此"赐银帛遣之"③。继拒绝宋借道请求后，高丽又婉拒吴敦礼助平叛乱和兴师伐金的提议，这给宋丽关系再次投下阴影。此后两国交往渐少，宋不再派使节赴高丽，双方联系及信息传递皆由宋商承担，而高丽也很少遣使来宋。

绍兴三十二年（1162）六月，宋孝宗（1162—1189）即位，意欲恢复故土。次年（1163）宋分道出击金兵，同时谋求联络高丽，派商人徐德荣传递消息。"宋都纲徐德荣等来献孔雀及珍玩之物，德荣又以宋帝密旨献金银盒二副，盛以沉香。"④ 第二年（1164），高丽遣赵冬曦等至宋，"献鍮铜器，报徐德荣之来也"⑤。但由于宋在前一年与金的符离之战（1163）中败北，宋廷中对金主和势力抬头，且又有反对高丽使节入宋的声音，此种情况下宋决定停止高丽使入贡。隆兴二年（1164），宋金最终达成"隆兴和议"，随着这一纸盟约的签订，宋金之间又维持了数十年的非战争状态。

南宋的高丽政策经历了一个由开放到封闭的转变过程，引起转变的最直接原因是东亚政局的变化以及宋、高丽、金之间实力强弱

---

① 妙清为高丽仁宗时僧人，生年不详，他通晓阴阳之术，以诡诞不经之说惑众。高丽仁宗时大臣金安、文公仁等皆称妙清为圣人，深信其说，仁宗亦颇信之，且为建道场。妙清曾建议仁宗由上京（开城）迁都西京（平壤），但因朝臣反对而未实现。仁宗十三年（1135），妙清、赵匡等叛乱，国号大为，改元天开，自称天遣忠义军。翌年平乱，妙清等皆伏诛，叛军也被金富轼指挥的官兵所镇压。可参见《高丽史》卷16 仁宗十三、十四年记事。
② 《高丽史》卷16《仁宗世家》，第249页。
③ 《宋史》卷487《高丽传》，第14052页。
④ 《高丽史》卷18《毅宗世家》，第277页。
⑤ 同上书，第277—278页。

的转移。每当宋金出现战事，出于结盟的需要，宋廷总会积极争取高丽介入，但高丽出于自身安全考虑，无法全力配合。而一旦宋金达成和议，暂无战争之忧时，宋廷多会放弃联丽之举，两国关系亦随之疏远。宋、丽、金三国之中高丽最弱，但其外交眼光十分敏锐，总能根据宋金关系的演变，在恰当的时机以合适的策略最大化地维护自身利益。同时，金十分注意防范宋丽之间可能出现的联盟，以免遭南北两面夹攻。金每有南下之意，总会首先解决与高丽的关系，为南下攻宋提供安定的后方，而一旦宋金关系稳定，金又会全力攻略高丽。总之，宋丽关系在宋金之间战与和的演变下摇摆不定。宋金和战不定，金丽境土相接且关系日益密切，这使宋朝对高丽充满了怀疑与防范，宋丽关系渐行渐远，直至断绝。

第三节　宋与高丽的海上航路

宋与高丽之间的往来路线有三条：一条陆路和两条海路。陆路由于须经过辽境，所以实际已废弃不用，双方间的交通主要依靠海路。徐兢《宣和奉使高丽图经》对宋丽之间的交通做了基本概括：

> 其国［高丽］在京师（汴京）之东北，自燕山道，陆走渡辽而东之，其境凡三千七百九十里。若海道，则河北、京东、淮南、两浙、广南、福建皆可往。今所建国，正与登、莱、滨、棣相望。自元丰以后，每朝廷遣使，皆由明州定海放洋，绝海而北。舟行，皆乘夏至后南风，风便不过五日即抵岸焉。①

《宣和奉使高丽图经》所载"河北、京东、淮南、两浙、广南、福建皆可往"，指的不是从这些地方出海东渡，而是指从各地

---

① （宋）徐兢：《宣和奉使高丽图经》卷3《封境》，朴庆辉标注，吉林文史出版社1991年标点本，第5—6页。（以下均用此版）

出港顺着沿海至京东、两浙，即至山东、扬子江口等地方以后，由此出发可抵达朝鲜半岛。海路可分为东路和南路两条，"自礼成江泛海而南，至于登州或至明州，前者曰东路，后者曰南路"①。又《萍洲可谈》卷2曰："高丽人泛海而至明州，则由二浙溯汴至都下，谓之南路。或至密州，则由京陆行至京师，谓之东路。"② 可见，东路的主要港口在登州、密州，南路的主要港口在明州。

东路又称北路，由于宋辽的敌对关系，北宋中前期以北路为主，北宋末期及南宋改走南路。宋神宗熙宁四年（1071），金悌使团入宋，高丽开始恢复向宋朝遣使。熙宁七年（1074）为躲避辽的干扰，高丽使臣金良鉴向宋正式提出使团由明州入境的请求，"欲远契丹，乞改涂由明州诣阙"③，宋廷从之。从此，宋丽两国之间的交通路线由山东半岛登州、密州到瓮津（礼成江口）的北方航路改为从礼成江到黑山岛、明州定海的南方航路。姜吉仲认为，"这不是单纯的航路变迁，而是意味着宋、辽、丽三国之间的秩序变化以及宋丽关系的萎缩"④。

一　北路

北路可分别从山东登州和密州板桥镇（今胶县）启航。登州至朝鲜半岛的海路，唐时已有，即唐人贾耽（730—805）所著《古今郡国县道四夷述》所记载的"登州海行入渤海、高丽道"。"这一航路从山东登州（蓬莱）出发，往东北经大谢岛（今长山岛），再往北到乌胡海（老铁山水道），然后往东经青泥浦（大连湾附近）到鸭绿江口（乌骨城），再往南沿着海岸及韩半岛西海岸南下，经乌牧岛（平安北道宣川郡）、大同江江口和翁津湾

---

① 宋晞：《宋史研究论丛》第五辑，台北中国文化大学出版部1999年版，第50页。
② （宋）朱彧：《萍洲可谈》卷2，中华书局2007年标点本，第143页。
③ 《宋史》卷487《高丽传》，第14046页。
④ ［韩］姜吉仲：《宋与高丽海上交通路线之演变及其原因》，台湾《大陆杂志》1989年第78卷第6期。

江华岛、德积岛，到达南阳湾（今京畿道的南阳）。"① 这条路线是唐代与新罗来往的主要航路，尽管航路遥远、耗时长，但因沿着近海沿岸或岛屿而航行，比较安全，所以直至新罗灭亡前一直利用该海道。

北宋初期，登州港仍为宋与高丽海上交通的首选港口，从登州出发经芝罘岛（今烟台），东航至朝鲜半岛西岸海州的瓮津登陆，再由陆路至海州、阎州、白州，再往东可至高丽国都开城。淳化三年（992）二月，宋廷派遣秘书丞陈靖、刘式出使高丽，"靖等自东牟趣八角海口，得思柔所乘海船及高丽水工，即登舟自芝罘顺风泛大海，再宿抵瓮津口登陆，行百六十里抵高丽之境曰海州，又百里至阎州，又四十里至白州，又四十里至其国"②。宋初高丽使节来贡也经由登州上岸，"往时，高丽人往返皆自登州"③。为接待高丽使者，宋廷于大中祥符八年（1015）在登州设立专门机构负责外事活动，"诏登州置馆于海次，以待使者"④。后由于北宋与辽敌对，这条航线受到严重影响。《庆历编敕》和《嘉祐编敕》中有关市舶的条法，曾明文规定禁止商旅从登、莱前往高丽，稍后的《熙宁编敕》甚至规定违反者徒刑二年。熙宁七年（1074），高丽派使臣金良鉴向宋廷提议更换路线。为保证登州的稳定和安全，杜绝辽国奸细进入，朝廷下令封闭登州港，严禁商人前往贸易，改由南方明州港登陆。登州丧失商港的作用，逐渐转化为军港，如"宋徽宗政和七年（1117）开始约金攻辽的军事活动就是通过登州纵渡渤海海峡的航海往返进行的"⑤。

密州至朝鲜半岛的航线，从密州板桥镇启航，出胶州湾，东渡黄海，直航朝鲜半岛西海岸。元祐五年（1090），"杭州市舶司准

---

① [韩]金文经：《七一十一世纪新罗与江南文化交流》，文涛译，载《中国江南社会与中韩文化交流》，杭州出版社1996年版，第58页。
② 《宋史》卷487《高丽传》，第14040—14041页。
③ 同上书，第14046页。
④ 同上书，第14043页。
⑤ 章巽：《中国航海科技史》，海洋出版社1991年版，第369页。

密州关报,据临海军状申,准高丽国礼宾院牒,据泉州纲首徐成状称,有客商王应升等冒请往高丽国公凭,却发船入大辽国买卖"①。海商王应升假托往高丽领取公凭出海,实往辽国贸易,这一事件是由密州临海军申报,可知王应升是由密州板桥镇出海的。密州板桥镇是宋丽来往使臣和商人的必经之地,商人在此登陆到彼国经商,使节从板桥镇出发或停驻,还有很多文人、僧人也由此入宋。高丽名僧义天就是由密州板桥镇登陆入宋,且曾在密州的高丽馆暂住。

密州港的繁荣与北宋曾在这里设置市舶司有关,"由于形势变化,北方边疆政局和形势的关系,登州港不可能有充分的发展,山东半岛南部的密州板桥镇于宋哲宗元祐三年设司,而隋唐至北宋均相当发达的登州港终无设司之说"②。元祐三年(1088),北宋在板桥镇设置市舶司,升板桥镇为胶西县,管理对外事务,兼临海军使,并筑高丽馆于城外。历史上与朝鲜半岛的交通往来,最值得利用的港口虽是登、莱二港,但由于宋、辽的敌对,这二港未能充分发挥其应有的作用。这样,密州板桥镇作为港口便进一步发展起来,跃居登州、莱州之上,成为宋与高丽北方航线的另一个重要出海口。北宋末年,由于金的扩张,海道受到极大限制,到宋徽宗政和时期(1111—1118),宋政府不仅禁往登州、莱州出海,而且禁往密州。密州板桥市舶司自设置到此时仅活跃了二十六年。

二 南路

北宋中前期,北方、南方航路都在使用。但到了北宋中后期,出于政治上的原因,宋丽之间不得不舍弃北方航路。当时宋辽南北对峙,且辽占攻势,考虑到登州、密州濒临辽境,发往高丽的船舶易受攻击,于是宋丽双方便选择更换港口,登岸地点南移至浙江明州(今宁波)。从此以后,北宋前往高丽的使臣,皆由明州定海县出发,越东海、黄海沿朝鲜半岛西海岸北上,到礼成港口岸,再陆

---

① (宋)苏轼:《苏轼文集》卷31《奏议》,乞禁商旅过外国状,孔凡礼点校,中华书局1986年标点本,第888页。

② 单兆英、寿杨宾:《登州古港史》,人民交通出版社1994年版,第124页。

行至开京。高丽使来朝的话，先渡海到明州，再入运河北上至宋汴京。南方航路取代北方航路，成为宋朝与高丽往来的主要海上通道。

南方航路相对北方航路而言，路程险远，不大容易往来，因为从明州至高丽航线要经过黄水洋险区，而登州则不必，海上交通更为顺畅。但当时人们已掌握了利用自然季风的技术，南路航线如能利用季风，也能快速到达。"由于宋人气象知识丰富，航海技术高明，经行这条海路是利用季风。我国东南沿海海岸和朝鲜半岛西部海岸，呈南北走向，这与东南季风、西北季风的风向几乎一致，宋人正是掌握了季风规律，扬帆经由两国南北沿岸海面，横渡辽阔的黄海，进行政治联系和经济文化的交流。"① 同时明州具备优越的港口条件，有前代通航的传统基础。"明州港在唐代已有日本遣唐使和留学生、学问僧乘坐的船进出，高丽船最早何时抵明州，尚未考出，至迟在唐太和年间（827—835）半岛三国之一的新罗国张保皋商团的船来过明州港。"② 北宋末至整个南宋时期，明州港长期成为宋朝对高丽唯一开放的口岸，往来便捷，使节商旅络绎不绝。

"南方航路由明州（宁波）经昌国沈家门（浙江普陀县）、蓬莱山（大衢岛），向北进入大海，与海岸线平行，过淮河入海口，大约在莺游山附近洋面转而向东，进入黑水洋，直趋朝鲜半岛西南的黑山岛（今名大黑山岛），然后沿半岛西海岸北上，进入礼成江，至开城。"③ 这条航路在《续资治通鉴长编》卷399、《宋史》卷487、《文献通考》卷325等文献中都有记载，但寥寥数语，过于简略，难以窥测全貌。有关南路最详细的记载见于徐兢《宣和奉使高丽图经》卷34至卷39"海道"条，其途经的地名等问题，王

---

① 王文楚：《两宋和高丽海上航路初探》，载《古代交通地理丛考》，中华书局1996年版，第42页。
② 施存龙：《两宋时期明州为枢纽港的中朝航海》，载《宁波与海上丝绸之路》，科学出版社2007年版，第183页。
③ 陈波：《近世中国与朝鲜半岛的海上航线》，载刘迎胜编《中韩历史文化交流论文集》第3辑，延边人民出版社2007年版，第286页。

文楚先生在《两宋和高丽海上航路初探》①一文中已做了详尽的考证。据徐兢记载，他们一行所走的南方航路路线如下：

1. （宣和五年，1123）5月16日自明州出发，19日达定海县（今浙江镇海）招宝山；24日自招宝山启航，25日抵沈家门（今浙江舟山普陀沈家门），26日入梅岑（今普陀山）候风，28日过海驴礁、蓬莱山（今大衢山）、半洋礁（今黄龙山之半洋礁），29日过白水洋、黄水洋、黑水洋（今东海、黄海）。

2. 6月2日抵夹界山（今小黑山岛），3日过五屿（今大黑山岛西南五小岛）、排岛、白山（今荞麦岛）、黑山（济州岛西北之黑山岛）、月屿（今朝鲜全罗北道兴德里西之海中）、阑山岛、白衣岛、跪苫。

3. 6月4日过春草苫，经槟榔礁、菩萨屿，至竹岛（今朝鲜前、后曾岛），5日到苦苫苫（今扶安西南之猬岛），6日到群山岛（今群山群岛），7日到横屿。

4. 6月8日自横屿出发，过富用山（今元山岛）、洪州山（今安眠岛上之承产里）、鸦子苫（今安兴西贾谊岛附近）、马岛（今泰安西之安兴）。

5. 6月9日过九头山、唐人岛、双女礁（今安兴以北海域），午后过和尚岛（今大舞衣岛）、中心屿（今龙游岛）、聂公岛、小青屿（今永宗岛以南小岛）至紫燕岛（今仁川西之永宗岛）。

6. 6月10日自紫燕岛起航，午后至急水门（今朝鲜黄河南道礼成江口），抵蛤窟（急水门锚地）抛泊。

7. 6月11日经分岭，至龙骨（礼成江口锚地）再抛泊。

8. 6月12日，随潮至礼成港（今开城西礼成江畔），旋入碧澜亭。

---

① 王文楚：《两宋和高丽海上航路初探》，载《古代交通地理丛考》，中华书局1996年版，第31—46页。

9. 6月13日，至于王城。①

徐兢所记南路航线的起讫、途经十分清楚，由高丽至宋也经此海路，并且此海路的利用一直到南宋末。徐兢此行去程共花18天，但回程虽走同一航路，却花了一倍多的时间，这是由于他们当年返航时处于西南季风与东北季风交替转换之际，中途遇上"东南风暴，复遇海动"，故不得不在沿途找地方逗留。当时的船只为帆船，故如何顺利利用季风十分重要，一般是夏季东南风时从宋起航至高丽，秋季西北风时自高丽返航。

南方航路在江南沿海另有两条支线，一是长江入海的海门县（今江苏启东县东北）、江阴县，二是福建泉州港。海门县位于长江海口料角嘴岸边，此处为海道航行必经之处，因而海门县也是当时北宋港口，高丽船舶由此登陆。如熙宁四年（1071）入宋的金悌一行就是在海门县登陆，"通州言，高丽使民官侍郎金悌等入贡，至海门县，诏集贤校里陆经假知制诰馆伴，左藏库副使张诚一副之"②。北宋中期以后，料角嘴海岸不断向外伸展，海门县失去了作为海港的自然条件，此后高丽船只便不再经此港。"长江通往大海的另一港口是江阴（今江苏江阴县），北宋时外国船舶常由此进出，这条航线在长江海口之外，与海路南线相接，属南方航路的支线。"③

泉州港位于福建东南海滨，扼晋江下游，在江海交汇之处，拥有优良港湾，是宋与高丽南线通航的重要港口。宋哲宗元祐二年（1087），在泉州设立市舶司。元祐四年（1089），泉商徐戬载高丽僧寿介等来到杭州，后来他们要返回高丽时，宋地方官将他们送到明州，"令搭附因便海舶归国"，但"访闻明州近日少有因便商客

---

① 李玉昆：《〈宣和奉使高丽图经〉与宋代的海外交通》，《中国航海》1997年第1期。
② 《续资治通鉴长编》卷223，熙宁四年五月丙午，第5432页。
③ 王文楚：《两宋和高丽海上航路初探》，载《古代交通地理丛考》，中华书局1996年版，第44页。

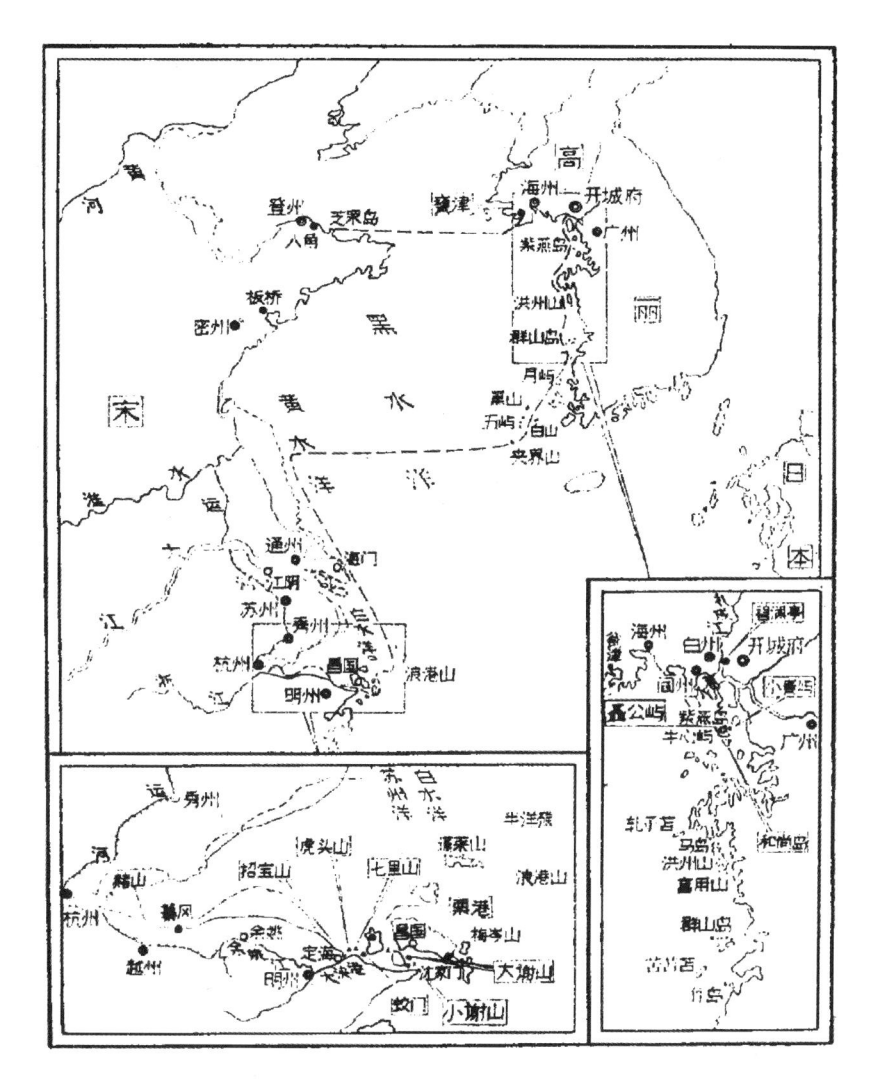

图 1　两宋与高丽海上航路图

资料来源：王文楚：《两宋和高丽海上航路初探》，载《古代交通地理丛考》，中华书局1996年版，第34页。

入高丽国"，而"泉州多有海舶入高丽往来买卖"①，于是不得不又

---

① （宋）苏轼：《苏轼文集》卷30《奏议》，乞令高丽僧从泉州归国状，孔凡礼点校，中华书局1986年标点本，第859页。

将他们送至泉州，搭附泉商的船归国。可见，当时往返于泉州与高丽的船只有很多。南宋迁都杭州后，因泉州与杭州交通便利，加上大宗出口的瓷器产地也多在闽、浙两地，泉州海外贸易得到空前发展，因此南宋时高丽船舶常至泉州。除明州、泉州外，还有杭州乃至广州都可至高丽，但主要港口仍是明州和泉州。

第二章　宋与高丽官方使节的派遣

　　东夷从古慕中华，万里梯航今一家。夜静双星先渡海，风高八月自还槎。鱼龙定亦知忠信，象译何劳较齿牙。屈指归来应自笑，手持玉帛赐天涯。官是蓬莱海上仙，此行聊复看桑田。鲲移鹏徙秋帆健，潮阔天低晓日鲜。平地谁言无险阻，仁人何处不安全。但将美酒盈船去，多作新诗异域传。

　　——苏辙《送林子中安厚卿二学士奉使高丽二首》

　　使节是宋与高丽往来人员中见于史书记载最多的人群。使节的派遣不仅取决于宋丽两方，而且直接受到北方辽、金政权的影响。对使节相关问题的考察，不仅是出使次数、人数，还包括使节的各项具体信息，如官职、学识、出身、外交能力等，这些具体信息亦可以从侧面反映当时宋丽交往的真实状态。

第一节　使节概况

一　使团的构成

　　宋使团人员包括正使、副使和随从人员，随从人员分为上、中、下三节，称"三节人"，此外还有仆人、马夫、驿卒等承担各种杂役的服务人员。宋与高丽官方关系时断时续，外交使团的规模、组成、人员等会因每次出使任务的不同及宋丽关系的和谐程度而略有差异，但基本构成不变。一般来说，一个使团的人数在百人左右。

(一) 正、副使节

正、副使是使节团中的最高长官。正使代表君主进行外交交涉，对整个使团负主要责任；副使负责处理使团的日常事务，保证使团的正常运作。正、副使一般都是从在职官员中挑选，所谓"盖中朝礼法所出，将命出疆，众所瞻仰，稍复违失，即致嗤诮"①，因此必须精选使臣，才能不辱君命。宋向高丽派出的正、副使大部分出自各中央官署，且需经过严格的遴选，一般是先由中书、枢密院共同商议选定，然后上报皇帝批准，最后经枢密院差遣。可选拔正、副使节的官署较多，包括东宫官、东西上阁门、御史台、光禄寺、将作监、司农寺、秘书省、太常寺、礼部、门下省、户部、中书省、刑部等。宋对正、副使节的选拔没有出身官署的限制，而且官职也是由从九品至从二品不等。但在宋丽关系非常时期，也有遣低级地方官、医官甚至是商人出使的情况。

高丽向宋派出的正、副使也是出自各中央官署，包括尚书六部，中书门下省郎舍、御史台、枢密院、翰林院、礼宾寺、太仆寺、秘书省等，都是高丽的核心官署。官职品阶由正八品至从二品不等，正使基本是集中在三品、四品之间，比宋使官阶明显更高，这与宋丽之间宗藩的定位有关。高丽对使节的选拔也是以人为本，并不限制官署，由于他们本身所属官署及品阶较高，所以高丽使节在出使回来后很多人都能晋升至宰相级别。

(二) 三节人

外交使团中除正、副使外，使团的主体成员是上、中、下三节人。"上节都辖一员，指使二员，书表司二员，礼物六员，引接二员，医候一员。中节职员四员，亲属、亲随六员，执旗信三员，小底二员。下节御厨工匠二人，翰林司二人，仪鸾司一人，文思院针线匠一人，将校二人，管押军员二人，军兵六十人，教骏二人等。"② 如此计算，宋使团的人数有一百零一人之多。具体到每次

---

① 《续资治通鉴长编》卷64，景德三年十一月乙巳，第1433页。
② （清）徐松：《宋会要辑稿》职官五一之十一，中华书局1957年整理本，第3541页。

出使，三节人的组成人数会有所变动，但在正常外交条件下规模都在百人左右。宋三节人的遴选由枢密院负责，"自今奉使所辟三节人，具名申三省枢密院，次第审量，仍命国信所觉察"①。选派的途径有三条："一是由主管往来国信所从各处挑选熟悉外交仪范和出使过的人，上报三省、枢密院审批；二是由三省、枢密院直接选任，一般来说主要是上节人员；三是正使、副使自辟，不过自辟的人员也要通过三省和枢密院审查，然后再由国信所进行考核，最后才能被任命。"②

乾道七年（1171）诏："今来奉使所差三节人内，都辖礼物官、引接仪范、指使、执旗、报信、医官、小底共十二员，令枢密院将国信所见管，并曾出疆，及三省枢密院等处，惯熟仪范人置籍，从上铨择取旨。差书状官、书表司、亲属亲随指使职员共十员，令正副使选差。下节四十人，令枢密院于三衙并皇城司等处选择差。"③三节人中，都辖、提辖以及书状官的身份最为显著，都辖和提辖负责在正式外交场合捧诏，书状官负责撰写往来文书。宋代在外交使团中设置了严格的监察制度，不仅责令外交正、副使节对三节人严加管束，而且允许三节人对正、副使节进行监督，三节人之间也互相监督。

高丽使团的构成，在正、副使之下主体成员也是三节人。熙宁九年（1076）张方平上奏《请防禁高丽三节人事》，明确提到了高丽使团中的三节人，"臣切闻高丽国进奉使下三节人，颇有契丹潜杂其间"④。由于高丽与辽之间极为敏感的地缘关系，宋尤其注意核查高丽三节人人员的身份，唯恐有辽间谍混在使节队伍中。楼钥《北行日录》中详细描述了高丽三节人的衣冠，"上节

---

① （宋）李心传：《建炎以来系年要录》卷171，绍兴二十六年二月丙子，中华书局1956年点校本，第2814页。
② 吴晓萍：《宋代外交制度研究》，安徽人民出版社2006年版，第118—119页。
③ （清）徐松：《宋会要辑稿》职官三六之五七，中华书局1957年整理本，第3100页。
④ （宋）张方平：《乐全集》卷27，景印文渊阁四库全书，台北商务印书馆1983年影印本，第1104册，第282—283页。

幞头，犀偏带；中节折上巾，犀束带；下节献项巾，犀束带，皆紫衫"①。程大昌《演繁露》在记载幞头时也提到了高丽使节的服饰问题，"其正使着窄袖短公服，横乌正，与唐同制，其上节亦紫服，同正使惟幞头则垂脚，疑唐制以此为等差，故流传新罗者如此也"②。

二 使节统计

为更直观清晰地展现这些往来于宋与高丽间的使节，以及动态地把握宋与高丽在不同时期的互使情况，按照本书第一章对宋丽关系的四阶段划分，分别对宋与高丽的使节进行统计。

表1　　　　　　　　宋朝出使高丽使节统计表

时间/使命	姓名	官职/品阶	科举	家族关系	备注
第一阶段：宋初三十年（962—994）					
976.11/册封高丽王	○于延超	左司御副帅/从八品			
	□徐昭文	司农寺丞/正八品			
978.4/通告北伐	○张洎	太子中允/从七品	进士及第	祖父张蕴为上转运巡官，父亲张煦为滁州司法掾	少有才俊；文采清丽，博览道释书；好攻人之短；有文集50卷
	□勾中正	著作郎直史馆/从七品			
979.6/加封高丽国王	○王僎	供奉官、阁门祇候/从八品			

---

①（宋）楼钥：《攻媿集》卷110《北行日录》景印文渊阁四库全书，台北商务印书馆1983年影印本，第1152册，第700页。

②（宋）程大昌：《演繁露》卷12，景印文渊阁四库全书，台北商务印书馆1983年影印本，第852册，第171页。

第二章　宋与高丽官方使节的派遣

续表

时间/使命	姓名	官职/品阶	科举	家族关系	备注
982.12①/册封高丽王	○李巨源	监察御史/从七品			
	□孔维②	国子博士	九经及第	开封雍丘人	通经术，高丽王问礼，得到赞誉
985.5/册封高丽王	○王著③	翰林侍书	明经及第	父亲为万州别贺	善攻书，笔迹甚媚
	□吕文仲④	著作佐郎	进士及第	父亲为虔州录事参军	预修太平预览，富词学、器韵淹雅，使高丽善于应对，清静无求
985.5⑤/要求高丽发兵	○韩国华	监察御史/从七品	进士及第	相州安阳人	伟仪观，性纯直，有时誉
988.4⑥/改元，加封高丽王	○吕端	考功员外郎兼侍御史知杂事	荫补	父亲为兵部侍郎	少敏悟好学，资仪瓌秀、有器量、宽厚多恕，善与人交往，轻财好施
	□吕祐之⑦	起居舍人/从六品	进士及第	父亲为本州录事参军	纯谨长者，不喜趋竞；备顾问，不能有所启发

---

① 《高丽史》卷3记载李巨源一行的出使时间为成宗二年（983）三月，这个时间疑为他们抵达高丽的时间，另《高丽史》记载李巨源官职为"大中大夫、光禄少卿"。
② 此据《宋史》卷431，另《高丽史》卷3记载孔维官职为"朝议大夫、将作少监"。
③ 此据《宋史》卷296，另《高丽史》卷3记载王著官职为"太常卿"。
④ 此据《宋史》卷296，另《高丽史》卷3记载吕文仲官职为"秘书监"。
⑤ 此据《高丽史》卷3，《宋史》卷487《高丽传》记载韩国华出使时间是雍熙三年（986），且《宋史》卷277《韩国华传》记载其官职是"假太常少卿"。关于韩国华出使高丽的时间，可参刘强《韩国华出使高丽及其影响》（《文史哲》2000年第6期）一文。
⑥ 此据《宋史》卷281，另《高丽史》卷3记载吕端出使时间为十月，疑为其抵达高丽的时间，官职为"银青光禄大夫尚书礼部侍郎"。
⑦ 此据《宋史》卷296，另《高丽史》卷3记载吕祐之官职为"银青光禄大夫左谏议"。

续表

时间/使命	姓名	官职/品阶	科举	家族关系	备注
990.1①/加封高丽王	○柴成务	户部郎中	进士甲科	父亲为兵部员外郎	有词学，博闻稽古；士人重其文雅，撰修《太宗实录》，有文集20卷
	□赵化成	兵部员外郎直史馆②			
992.6③	○陈靖	秘书丞直史馆		父亲为泉州别驾	多建画，而于农事尤详
	□刘式	秘书丞		袁州人	
第二阶段：澶渊之盟前后三十年（999—1030）					
这一阶段，宋未向高丽遣使					
第三阶段：北宋后期五十年（1071—1127）					
1068.7和1070.8/传达通好之意	黄慎	商人			
1072.6/为高丽王医病	王愉	医官			
	徐先	医官			
1074.2/传消息	罗拯				
1074.6/为高丽王医病	马世安	扬州医助教等八人			

---

① 此据《续资治通鉴长编》卷31，《宋史》卷306记载柴成务出使时间是3月，《高丽史》卷3记载出使时间是6月，并记载柴成务官职为"光禄卿"。
② 此据《宋史》卷487，另《高丽史》卷3记载赵化成官职为"太常少卿"。
③ 此据《高丽史》卷3，《宋史》卷426记载时间是淳化四年（993）二月，这个时间疑为陈靖一行回宋的时间，另《高丽史》卷3记载陈靖、刘式二人官职分别为"秘书少监"和"光禄卿"。

续表

时间/使命	姓名	官职/品阶	科举	家族关系	备注
1078.3/传达国信	○安焘	左谏议大夫/从四品	进士及第	开封人,父亲为三班院吏	幼警悟
	□陈睦	起居舍人/正七品			
	△丰稷	书状官	进士及第		
	△宋球	西头供奉官、阁门祗候	荫补	父亲为步军副都挥使	为人谨密
	△郑晞韩	书状官			
1078.4/报遣使通信之意	○顾允恭	明州教练使			
1079.7/为王徽医病	○王舜封	阁门通事舍人/从七品			
	△邢慥	翰林医官			
	△朱道能	翰林医官			
	△沈绅	翰林医官			
	△邵化及	翰林医官			
1080.7/为国王医病	马世安	医官			
1083.9/祭奠	○杨景略①	承议郎、左司郎中			
	□王舜封	供备库副使兼阁门通事舍人			
	○钱勰	朝散郎	荫补	祖父是左司郎中、翰林学士;父亲是知谏院	13岁制举之业成,使高丽不取赠物
	□宋球	西头供奉官、阁门祗候	荫补	父亲为步军副都挥使	为人谨密

① 此据《宋史》卷487,另《高丽史》卷10记载杨景略、王舜封、钱勰官职分别为"左谏议大夫"、"礼宾使"、"右谏议大夫"。

续表

时间/使命	姓名	官职/品阶	科举	家族关系	备注
不详（宋哲宗元祐初）	○王钦臣	工部员外郎	进士		
1093.2/报信	黄仲	明州报信使			
1103.2/传达信息	张宗闵	明州教练使			
	许从				
	杨照				
1103.5①/赐物、带医官	○刘逵	户部侍郎/从三品	进士高第		无他才能，附蔡京
	□吴拭	给事中			
	△王云	书状官			著有《鸡林志》
	△孙穆	书状官			著有《鸡林类事》
1109.12/传达信息	任郭	教练使、明州都知兵马使			
1110.6/赐物、传诏	○王襄	兵部尚书/从二品	进士及第	邓州南阳人	
	□张邦昌	中书舍人/正四品	进士及第	永静军东光人	叛臣，即伪位
1118.7/为国王医病	○曹谊	阁门祗候/从八品			
	□杨宗立	医官			
	△成湘				
	△陈宗仁				
	△蓝苗				
1120.7/传达信息	许立	承信郎/从九品			
	林大荣	进武校尉			

---

① 此据《宋史》卷487，另《高丽史》卷12记载刘逵出使时间为1103年6月。

续表

时间/使命	姓名	官职/品阶	科举	家族关系	备注
1121.3/传达信息	姚喜	进武校尉			
1122.6/传达信息	姚喜	进武校尉,持牒使等69人			
1122.9/传达国信兼祭奠吊慰	○路允迪	给事中①			
	□傅墨卿	中书舍人/正四品			
	△徐兢	荫叙			著《宣和奉使高丽图经》
	△秦梓				
1123.1/转达消息	许立	持牒使			
1126.7/要求高丽兴师伐金	○侯章	阁门祗候/从八品			
	□归中孚				

第四阶段：南宋（1127—1279）

时间/使命	姓名	官职/品阶	科举	家族关系	备注
1127.5/侦察金丽关系	○胡蠡	迪功郎假通直郎中正少卿/从九品			
	□黄钺	承节郎假阁门宣赞舍人			
1127.7/传达消息	张诜	教练使明州副使	进士及第	建州蒲城人	性孝友,廉于财
1128.3/赍宋高宗即位诏至高丽	蔡世章	宋纲首			

① 此据《宋史》卷487,另《高丽史》卷15记载路允迪官职是"礼部侍郎"。

续表

时间/使命	姓名	官职/品阶	科举	家族关系	备注
1128.3/转达国信	○杨应诚	浙东路马步军副总管假刑部尚书/从二品			
	□韩衍	齐州防御使			
	△孟健	书状官			
1130.4/告知高丽停止来聘	王正忠	进武校尉			
1131.4/传达宋破金兵的消息	卓荣	都纲			
1135.6/传达平西京叛乱	吴敦礼	迪功郎/从九品			
1138.3/通报徽宗及皇后死于金	吴迪	商人			
1162.3/传达宋战况	侯林	商人			
1162.5/传达消息	徐德荣	商人			
1163.7/传达宋帝密旨	徐德荣	商人			
1173.6/传达消息,此后宋丽遣使断绝	徐德荣	进武副尉			

（○正使，□副使，△属官及随从等）

表 2　　　　　　　　　　高丽出使宋朝使节统计表

时间/使命	姓名	官职/品阶	科举	家族出身	备注
第一阶段：宋初三十年（962—994）					
962.10/朝贡	○李兴祐	广评侍郎			
	□李励希				
	△李彬				
963.9/朝贡	○时赞①				
965.2/献方物	○王辂	内奉令			
972.8/献方物	○徐熙	内议侍郎（宋赐加检校兵部尚书）	进士及第	利川徐氏，内议令徐弼之子门下侍中徐讷之父亲	性严格，曾与契丹谈判
	□崔业	内奉卿（宋赐加检校卫司农卿并兼御史大夫）			
	△康礼	广评侍郎（宋赐试少府少监）			
	△刘隐	广评员外郎（宋赐加检校尚书金部郎中）			
976.9/奉土贡，袭位上表	○赵遵礼				
976.11/贺即位	遣使				
977.12/献方物	○元辅			王子	
978.10/献方物	遣使				

---

① 关于时赞的身份和出使时间等问题，详见本章第五节。

续表

时间/使命	姓名	官职/品阶	科举	家族出身	备注
980.6/贡方物	遣使				
981.4/献良马等	遣使				
981.12/献弓、漆甲等方物	遣使				
982.9/献方物	○金昱	侍郎/正四品			
984.5①/贡方物	○韩遂龄				
984.10/贡马,遣人入国学	遣使				
984.12/贡龙凤袍等	遣使				
986.10/贡方物,遣学生入学	遣使				
988.11/贡马、方物	遣使				
989.12/朝贡	○韩蔺卿	侍郎/正四品（宋授金紫光禄大夫）	状元及第	显宗之宫人韩氏之父	
	□魏德柔	兵部郎中/正五品			
	△李光	少府丞/从六品			
990.10/贡马、漆弓等	遣使				
990.12/谢恩,求印佛经	○韩彦恭	兵部侍郎/正四品		湍州韩氏,光禄少卿聪礼之子	性敏好学

① 此据《高丽史》卷3,另《宋史》卷487记载韩遂龄入宋的时间是984年10月,疑为其抵达宋境的时间。

续表

时间/使命	姓名	官职/品阶	科举	家族出身	备注
991.2/贡方物	遣使				
991.10①/谢赐藏经	○白思柔	翰林学士/正四品	状元及第	稷山白氏	
992.10/贡方物	遣使				
994.6/乞师	○元郁				
第二阶段：澶渊之盟前后三十年（999—1030）					
997.10/候宋朝德音	徐远	兵校			
999.10②/陈思慕华风，状告契丹	○朱仁绍	吏部侍郎/正四品			
1003.8/乞师	○李宣古	户部郎中/正五品			
1004.12/奉贡	遣使				
1014.8③/入贡，请求恢复外交关系	○尹徵古	内史舍人/从四品	进士及第	树州尹氏	性沉重严毅，美风仪，善楷书
1015.8④/状告契丹	○郭元	民官侍郎/正四品	状元及第	清州郭氏	性清廉，工文词

---

① 此据《高丽史》卷3，另《宋史》卷487记载白思柔入宋的时间是993年正月。

② 此据《高丽史》卷3，另《宋史》卷487记载朱仁绍入宋时间是咸平三年（1000），身份是吏部侍郎赵之遴之牙将。

③ 此据《高丽史》卷4，另《宋史》卷487和《续资治通鉴长编》卷83记载尹徵古入宋的时间为1014年12月。

④ 此据《高丽史》卷94《郭元传》，另《续资治通鉴长编》卷85记载郭元入宋的时间为1015年11月。

续表

时间/使命	姓名	官职/品阶	科举	家族出身	备注
1017.7①/献方物	○徐讷	刑部侍郎/正四品	状元及第	利川徐氏，内史令徐熙之子，显宗妃元穆王后父	
1019.8②/贡物、贺正	○崔元信	礼宾卿/从三品	状元及第	庆州崔氏，平章事崔亮之子	
	□李守和	左补阙关③/正六品			
1020.12/不详	○金猛	给事中④/从四品	进士及第	梁州金氏，给事中金赞之子	
1021.6⑤/谢恩、请书	○韩祚	礼部侍郎/正四品			
1030.12/贡方物	○元颖	民官侍郎/正四品			
1036.7/途中船破而还	○金元冲	尚书右丞/从三品			
第三阶段：北宋后期五十年（1071—1127）					
1071.8/奉表礼物	○金悌	民官侍郎/从四品			

---

① 此据《高丽史》卷94《徐讷传》，另《续资治通鉴长编》卷90记载时间为1017年11月，疑为徐讷等入见崇政殿的时间。

② 此据《高丽史》卷4，另《续资治通鉴长编》卷94记载崔元信入宋的时间是1019年11月。

③ 李守和出使时（显宗十年）官职无资料可查，但他在显宗七年官拜正六品左补阙关，十一年又被任命为从五品起居郎，推测他出使时的官职是左补阙关。

④ 显宗十一年（1020）金猛出使宋朝时官职无据可查，但他在九年五月被任命为给事中，推测他此时的官职是给事中。

⑤ 此据《高丽史》卷4，另《续资治通鉴长编》卷97记载韩祚入宋的时间是1021年9月。

第二章　宋与高丽官方使节的派遣

续表

时间/使命	姓名	官职/品阶	科举	家族出身	备注
1073.8①/谢恩兼献方物	○金良鉴	太仆卿/从三品	进士及第	光阳金氏，平章事金廷俊之子，同知中书院士金义元之父	
	□卢旦	中书舍人/从四品	进士及第		
1076.8/谢恩兼献方物	○崔思谅②	工部侍郎/正四品	进士及第	海州崔氏，门下侍中崔冲之孙，仆射崔惟吉之子	仪表端雅，主文柄，名重一时
1080.1/进奉	○柳洪	户部尚书/正三品		贞州柳氏，参知政事柳仁著之父	
	□朴寅亮	礼部侍郎/正四品	进士及第	平山朴氏，参知政事朴景仁之父	文词雅丽，南北朝告奏、表状皆出其手
	△金觐		进士及第	庆州金氏，新罗宗姓，金富轼兄弟之父	
1081.4③	○崔思齐	礼部尚书/正三品	进士及第	海州崔氏，门下侍中崔冲之孙，平章事判吏部事崔惟善之子	
	□李子威	吏部侍郎/正四品	进士及第		

---

①　此据《高丽史》卷9，另《宋史》卷487记载金良鉴入宋时间为熙宁七年（1074）。

②　此据《高丽史》卷9，另《宋史》卷487记载其姓名为"崔思训"。

③　此据《高丽史》卷9，另《续资治通鉴长编》卷321记载崔思齐入宋的时间是1081年12月。

续表

时间/使命	姓名	官职/品阶	科举	家族出身	备注
1085.8/吊慰、贺登极	○金上琦	户部尚书/正三品	进士及第	江陵金氏,仆射金阳之子,门下侍中金存仁之父	
	□崔思文	礼部侍郎/正四品			
	○林槩	工部尚书/正三品		沃沟林氏,平章事林有文之父	清直廉谨,有大臣风
	□李资仁	兵部侍郎/正四品	进士及第	庆源李氏,门下侍中李子渊之孙,门下侍中李颢之子	
1090.7/谢恩兼进奉	○李资义	户部尚书/正三品		庆源李氏,李资仁之弟	谋乱伏诛
	□魏继廷	礼部侍郎/正四品	进士及第		以文章名,清廉謇直
1090.12/入贡	遣使				
1091.2/进贡	遣使				
1092.11/入贡、请书	○黄宗悫	兵部尚书/正三品			
	□柳伸	工部侍郎/正四品	进士及第	全州柳氏	以清谨名
1098.7/告嗣位、进方物	○尹瓘	中书舍人①/从四品	进士及第	坡平尹氏,政堂文学尹彦颐之父	少好学女真征伐
	□赵珪				
	△安稷崇		进士及第		少好学

---

① 《高丽史》和《高丽史节要》只记载了尹瓘姓名,但在与他同行的安稷崇的墓志铭中(《高丽墓志铭集成》卷27,第59页)记载尹瓘的官职是中书舍人。

续表

时间/使命	姓名	官职/品阶	科举	家族出身	备注
1100.6①/吊慰	○任懿	尚书/正三品	进士及第	安定任氏,门下侍中任元敩之父	为人廉正谨慎
	□白可臣	侍郎/正四品			
1100.7/贺登极	○王嘏	尚书/正三品			
	□吴延宠	侍郎/正四品	进士及第	海州吴氏	力学,善属文女真征伐
	△金富佾	直翰林院	进士及第	庆州金氏,门下侍中金富轼之兄	为人宽厚俭约,文章华赡,凡辞命,必命润色
1104.7/谢恩、进方物	○崔弘嗣	枢密院使/从二品	进士及第		以文行闻
	□郑文	秘书监/从三品	状元及第	草溪郑氏,中枢使郑倍杰之子	为人恭俭、朴讷
	△郑克永		状元及第		工文词
1108.2/告奏	○王维	户部侍郎/正四品			
1108.7/献方物	○金商祐	刑部尚书/正三品	进士及第		
	□韩皦如(后改名韩安仁)	礼部侍郎/正四品	进士及第	端州韩氏	好学,善属文
	△慎安之		进士及第	宋开封人(移民)	晓汉语,凡移南北朝文牒多出其手

---

① 此据《高丽史》卷11,《宋史》卷487记载任懿入宋时间是1100年8月。

续表

时间/使命	姓名	官职/品阶	科举	家族出身	备注
1111.7/献方物	○金缘（金仁存）	枢密院副使/正三品	进士及第	江陵金氏，平章事金上琦之子	好学，老不释卷，一时诏告多出其手
	□林有文	少府监/正四品	进士及第	沃沟林氏，平章事林槩之子	
	△金富辙（金富仪）	直翰林院	进士及第	庆州金氏，金富轼之弟	诗文豪迈，脍炙人口
1112/入贡	遣使				
1113.9/移牒明州	○安稷崇	西头供奉官/从七品	进士及第		少好学
1114.6/谢赐乐	○王字之（王绍中）	枢密院知奏事/正三品	以功补官		
	□文公彦	户部郎中/正五品			
1115.7/谢恩、进奉、遣学生入学	○王字之	吏部尚书/正三品			
	□文公美（文公仁）	户部侍郎/正四品	进士及第	南平文氏，门下侍中崔思诹之婿	
1116.7/谢赐大晟乐	○李资谅①（李资训）		荫叙	庆源李氏，门下侍中李子渊之孙，中书令李资谦之弟	
	□李永	礼部侍郎②/正四品	进士及第	户长之子，参知政事韩安仁之妹婿	以廉谨闻
	△郑沆		进士及第	东莱郑氏	

① 此据《高丽史》卷14，另《宋会要·历代朝贡》记载使节名字为"李资谦、李允"。
② 《高丽史》卷13记载李永在睿宗八年任礼部侍郎，故推测出使时（睿宗十一年）官职还是礼部侍郎，睿宗十二年他又被任命为右谏议大夫。

续表

时间/使命	姓名	官职/品阶	科举	家族出身	备注
1118.8/谢赐权适等还国及御笔诏书	○郑克永		状元及第		
	□李之美		进士及第	庆源李氏，中书令李资谦之子	
1118.10/入贡	遣使				
1112/告哀	遣使				
1124.7/谢恩、献方物	○李资德	枢密院副使/正三品	荫叙	庆源李氏，门下侍中李子渊之孙，知中枢院事李颔之子	喜读书
	□金富辙	御史中丞/从四品	进士及第	庆州金氏，金富轼之弟	诗文豪迈，脍炙人口
	△李轼		荫叙	庆源李氏，门下侍中李颉之孙，兵部郎中李资孝之子	
1126.9/贺登基	○金富轼	枢密院副使/正三品	进士及第	庆州金氏	以文章名世
	□李周衍	刑部侍郎/正四品			
第四阶段：南宋（1127—1279）					
1128.8/上表谢罪	○尹彦颐	礼部侍郎/正四品		坡平尹氏，门下侍中尹瓘之子	博学，无所不通，工文章
1132.2/上表希望恢复旧好	○崔惟清	礼部员外郎/正六品	进士及第	铁原崔氏，平章事崔奭之子	经史子集靡有不该通
	□沈起	阁门祗候/正七品			
1132.12/入贡	○洪彝叙	知枢密院事/从二品	进士及第		

续表

时间/使命	姓名	官职/品阶	科举	家族出身	备注
1133.2/谢恩（遇风，未至）	○韩惟忠	枢密院承制	进士及第	清州韩氏，平章事判吏部事韩文俊之父	
	□李之氐	国子司业/从四品	状元及第	庆源李氏，门下侍中李寿之子	文章事业为一时杰
1135.9/赍牒入宋	○文承美				
	□卢显庸		状元及第		
1136.9/解释不能"联丽制金"原因	○金稚规				
	□刘待举				
1164.3/献铜器、报徐德荣之来	○赵冬曦	借内殿崇班/正七品			
	□朴光通	借右侍禁/正八品			
	△孙子高	左侍禁			
	△黄硕	客军			
	△赵凤	亲随			
	△黄义永	亲随			
	△从得儒	亲随			
	△朴珪	亲随			

宋乾道九年、高丽明宗三年（1173）宋丽使节往来断绝

（○正使，□副使，△属官及随从等）

资料来源：表1、表2制作时主要依据：《宋史》，中华书局1985年点校本；《续资治通鉴长编》，中华书局1985年标点本；《宋会要辑稿》，中华书局1957年整理本；《高丽史》，朝鲜科学院古典研究出版委员会1957年整理本；《高丽史节要》，首尔亚细亚文化社1973年版。并参考黄宽重：《高丽与金宋关系年表》，载《南宋史研究集》，台北新文丰出版股份有限公司1985年版，第389—624页；杨渭生：《宋丽使节表》，载《宋丽关系史研究》，杭州大学出版社1997年版，第202—218页；[韩]朴龙云：《高丽与宋朝交聘问题探讨》，载北京大学韩国研究中心编《韩国学论文集》第4辑，社会科学文献出版社1995年版，第149—162页。

第二节　互使状况分析

宋与高丽的外交往来中，高丽遣使的次数远远多于宋。高丽使节入宋，大部分为朝贡而来，宋文献称其为进奉使，俗称贡使；由于国际格局形势复杂，高丽还常因通报某些重要信息而遣使入宋，这些使节称告奉使；此外还有贺吊宋方节日的专门使节，如贺新年的正旦使、贺新帝即位的致贺使，吊祭宋皇帝、皇后等死亡的吊慰使（或称奉慰使）等。宋朝派出的赴高丽使节统称国信使，但因使命不同，也有各自专门的名称。比如，册封高丽国王的册命使，加赐高丽国王爵命的官告使，吊祭高丽国王的祭奠使、吊慰使等。宋丽之间除中央级别的互使外，两国地方政府也常互派信使，称报信使、持牒使等，这类信使多由州县下级官吏甚至是商人充当。

宋建隆三年（962），高丽王王昭遣广评侍郎李兴祐等来宋献方物，次年（963）春宋太祖降制册封王昭为"开府仪同三司、检校太师、玄菟州都督、充大义军使、高丽国王昭"①，同年十二月高丽行宋年号，标志着宋丽正式建交。宋丽建交以宋对高丽王的册封和高丽改用宋年号为标志。以全海宗为代表的部分韩国学者认为这种外交一开始就是事大关系，高丽靠这种关系实现了政权的稳定，同时引进了先进的文化并获得了经济利益，宋也实现了传统的中华主义。不能否认高丽向宋朝贡及宋对高丽册封这样一种古代中国与周边国家传统的政治行为中确有事大的因素存在，但以事大关系来定位宋丽关系仍欠妥。宋丽外交发生在多政权并存的格局下，虽然宋丽建交之初仍是传统外交模式的延续，但随着时局的演变，宋丽间的朝贡关系开始出现多元化因素，原因是高丽朝贡的对象不只是宋，还有同时期的辽和金。事实证明，高丽的这种外交本身就是一种自我保护的策略，韩国学者卢启铉也把高丽的外交描述为"实利外交"、"适应外交"。以事大来定位传统的朝贡本来就是值得商榷

---

① 《宋史》卷487《高丽传》，第14035页。

的课题，这里用于宋丽之间显然更不合适。

全海宗把中国传统的对外关系分为三个类型："典型的或本质的朝贡关系；准朝贡关系；非朝贡关系。"① 按照这种分类，宋与高丽之间在很长时间内是属于准朝贡或者是非朝贡关系的状态，但是这种状态的出现非宋丽两国的本意，而是受到北方辽、金政权的强压所致，所以在对外关系的策略上双方都带有较强的功利性。有关宋丽的交聘目的，一直是学界集中探讨的问题，见解颇多。马端临在《文献通考·四裔考》中写道："按高丽之臣事中朝（宋）也，盖欲慕华风而利岁赐耳。中国（宋）之招来高丽也，盖欲柔远人以饰太平耳，国运中否，强胡内侵，则聘问之事可以已矣。"② 这是对宋丽交聘目的的最早描述，也成为持相同观点的现代学者公认的力证。事实上，宋丽交聘的目的绝非一句话可以简单概括，因为双方的目的都随着时局的演变发生着动态变化。

就宋朝的交聘目的而言，以朴龙云③为代表的部分韩国学者认为，宋朝在交聘的整个过程中自始至终都是为了获取高丽军事上、政治上的支援以牵制契丹和女真，就是所谓的"以夷制夷"说。这的确曾是宋朝最高统治者计划的传统战略设想，但把这种战略表述为宋与高丽交聘的唯一目的，且是自始至终，有失全面。对此，杨渭生先生做了比较全面的分析，认为"以夷制夷"仅是宋对高丽交聘目的的一半，"宋丽交聘的目的不仅仅是军事、政治上的原因，更有其深刻的历史文化背景和经济上的原因"④。而对高丽的交聘目的，韩国学界有三种不同观点：第一种观点以金庠基和李丙焘为代表。他们认为"高丽通过与宋朝缔结亲善关系虽然不乏以此牵制

---

① ［韩］全海宗：《中韩关系史论集》，全善姬译，中国社会科学出版社1997年版，第13页。

② （元）马端临：《文献通考》卷325，四裔考二高句丽，浙江古籍出版社2000年点校本，第2561页。

③ ［韩］朴龙云：《高丽与宋朝交聘问题探讨》，载北京大学韩国研究中心编《韩国学论文集》第4辑，社会科学文献出版社1995年版，第149页。

④ 杨渭生：《宋丽关系史研究》，杭州大学出版社1997年版，第25页。

契丹和女真的意图，但更主要的目的是引进宋朝的先进文物"①；"高丽人对宋的外交中是以对文化的欲求为主的"②；认为高丽的主要目的是引进宋先进文化和获得经济利益。第二种观点以郑起燉③等人为代表，认为高丽与宋交聘的目的是牵制北方民族，是政治性目的。第三种观点由全海宗提出，认为"初期的丽、宋关系可以认为是新罗与唐末期关系的延续，然后逐渐发展为明显的文化和经济关系"④，这种观点仍把重心放在经济和文化上。

上述观点应该说都反映了宋丽双方在某一时期的交聘目的，或者说是双方交聘目的的一部分，但不能代表全部。宋丽间的交聘处在分裂的政治格局下，与大一统时代不同，双方的交聘行为具有明显的不稳定性，所以对其目的的判定应选择一种动态的视角。为更直观地了解双方互使状况，下面对宋与高丽互使的次数进行统计。

表3　　　　　　　　　宋与高丽互使次数统计表

时期	宋向高丽遣使次数	所占百分比	高丽向宋遣使次数	所占百分比
第一阶段	9	21%	24	35%
第二阶段	0	0%	11	16%
第三阶段	21	50%	27	39%
第四阶段	12	29%	7	10%
合计	42	100%	69	100%

资料来源：表中所列数据，依据表1"宋朝出使高丽使节统计表"和表2"高丽出使宋朝使节统计表"统计得出。

一　典型朝贡关系下的使节往来

第一阶段的宋丽交往，高丽向宋遣使24次，宋向高丽遣使9

---

① ［韩］金庠基：《高丽时代史》，首尔东国文化社1961年版，第73页。
② ［韩］李丙焘：《韩国史》（中世篇），首尔震檀学会1961年版，第392—393页。
③ ［韩］郑起燉、金容完：《丽宋关系史研究——以性格为中心》，载《忠南大人文科学研究所论文集》12-1，1985年，第68页。
④ ［韩］全海宗：《丽宋关系》，载檀国大学《东洋学》第七辑，1977年，第258页。

次。遣使目的基本是围绕高丽向宋朝贡、献方物和宋对高丽册封、加封进行的。除此之外，高丽有2次是遣子弟入学，有2次是为求印佛经并谢恩而来，还有1次是告契丹入侵以请求宋援助；宋的遣使中有1次是通告高丽北伐，另1次是要求高丽出兵西会。在第一阶段30年的交往中，两国交涉33次，相对于后几个阶段而言算是比较频繁的。全海宗把典型的朝贡关系的内涵概括为四个要素："A. 经济关系——贡物和回赐；B. 仪礼关系——以封典为主的两国间仪礼形式关系；C. 军事关系——相互求兵及出兵；D. 政治关系——年号、年历采用，内政干涉，人质等。"[①] 按照这四个要素来衡量，宋与高丽在第一阶段的外交关系具有典型的朝贡册封性质。

第一，在经济关系上，主要表现为高丽对宋的多次朝贡。高丽贡物包括马、弓箭、漆甲等特殊物品，而宋对高丽的回应主要表现在对高丽王的册封和加封上。这一时期宋丽官方物品的交换还达不到朝贡贸易的规模，因此可以说只是封贡关系中的正常互动。

第二，在仪礼关系方面，包括封典、告哀、进贺、陈慰、抚恤、谢恩等。宋丽交往初期，对这种仪礼的形式十分注重。如宋太祖建隆四年（963）对高丽王的诏书《赐高丽王昭推诚顺化保义功臣制》，言辞十分引人注目，这虽然是外交上的修饰词，但比起后来大部分刻板的诏书而言感性很多。此时的宋太祖正怀有君临万国、四夷麇集的心态，因而这一时期的诏书内容以册封和加恩为中心，并使用了较多的外交修辞。这时宋对高丽的交聘没有明显的目的性，只不过是对中原王朝与朝鲜半岛外交往来惯例的一种延续，除了建立这种形式上的关系外，宋对高丽并无其他要求。

第三，在军事关系方面，在这一阶段宋丽交往中，有三次与军事相关：第一次是978年遣太子中允张洎通告高丽宋将北伐的消息；第二次是985年派监察御史韩国华赴高丽，说服高丽出兵；第

[①] ［韩］全海宗：《韩中朝贡关系概观》，载全善姬译《中韩关系史论集》，中国社会科学出版社1997年版，第133页。

三次是高丽因契丹的入侵，于994年向宋乞师。遗憾的是，这三次军事交涉都未果。对第一次宋遣张洎通告北伐的行为，朴龙云认为"在当时派遣使节极为困难的条件下，与其说是单纯地宣告北伐，不如说即便没有请求军事上的支援，也请求了一些政治上的帮助，这种可能性很大"①。

宋经过几十年的努力，逐渐平定南方各政权，在政权的建设上应该说是处于上升态势，至少宋朝君臣是这样认为的，所以才下决心北伐。在这种情况下，宋应该不会把高丽的军事援助或者是政治帮助看得多么重要。宋派张洎出使高丽，除了是宋向属国通告消息外，或许还有向高丽炫耀之意，其根本目的在于强化已建立的藩属关系。事实也证明了这一点。宋北伐高丽并未援助一兵一卒，但在北伐失败的半年后宋仍加封高丽国王，用意十分明显，无非是担心伐辽的惨败会影响到高丽对宋的归附之心。第二次宋遣韩国华出使，宋对高丽提出了明确的军事要求，所以很多学者认为宋是出于需要高丽的军事援助才进行的聘使活动。这种结论忽略了一个大前提，那就是宋与高丽建立的封贡体制。在这种体制下，宋有权利要求高丽出兵协助，而这也是高丽应当履行的基本义务。盛唐时期有多次藩属国出兵助唐王朝平定叛乱的事例，但并不能因此就认为唐与这些属国交聘的目的是为了寻求他们军事和政治上的支援。接下来的事实同样证明了这一点，高丽王对韩国华的承诺只不过是一纸空文，雍熙伐辽以宋的惨败告终。两度伐辽失败后，宋出于自身实力的考量，逐渐放弃了对辽的主动进攻，与高丽结盟共同抗辽的现实因素也逐渐淡化。但宋还是一如既往地对高丽进行册封、加封，很明显宋此时的行为只是在粉饰其大国的颜面，而根本不是出于结盟目的。

第四，在政治关系方面，包括采用宋朝年号、年历及对宋的责问进行辩解以及报告高丽的重大事件等，在这一阶段的宋丽交往中

---

① ［韩］朴龙云：《高丽与宋朝交聘问题探讨》，载北京大学韩国研究中心编《韩国学论文集》第4辑，社会科学文献出版社1995年版，第147页。

也都有所体现。尤其是高丽对宋年号的使用，已经标志性地表明了双方的藩属关系。而这一阶段宋丽关系的终结，是以宋淳化五年（994）高丽以辽"统和"年号取代宋年号为标志的，双方使节的派遣当然也就此中断。

简言之，这一阶段的宋丽交聘是一种封贡体制下的正常互动。在33次的来往中，与文化交流相关的只有4次，与军事相关的也只有3次，朝贡、册封及其相关的政治活动才是这一阶段双方交流的主旋律。宋初与高丽的关系，可看作是唐与新罗关系的一种延续。

二 高丽单方面遣使与北宋的不干涉政策

第二阶段的宋丽交往，持续时间也是30年，但其间双方的遣使很少，尤其是宋对高丽一次遣使也没有。订立澶渊之盟（1005）后，宋对高丽推行不干涉政策，不仅不干涉辽、丽争端，严守中立，而且不干涉高丽内政，置身事外。不过，尽管这一阶段宋未曾遣使赴高丽，但也不反对高丽来使，并满足了高丽提出的各种文化要求。

这一阶段高丽共向宋遣使11次（最后一次未成行不计），目的包括状告契丹请求援助、文化上的需求以及贡献方物。其中有2次原本都是为乞师而来，但走时却又提出了请书的要求，可见这一时期高丽遣使的目的十分多元化。高丽之所以单方面连续遣使，与其在军事和政治上对宋抱有结盟期待有关，只是连续受挫后的宋此时已经打消了联合高丽的念头。故这一阶段的宋丽关系与第一阶段的典型朝贡册封关系不同，按照全海宗对朝贡关系的分类，只能算是一种不稳定的准朝贡关系。

三 宋"联丽制辽"构想下的使节往来

第三阶段的宋丽交往，宋向高丽遣使21次（派商人黄慎打探消息的2次除外），高丽向宋遣使27次，可以说双方的互使状况进入全盛期。这一阶段宋对高丽的态度发生巨大转变，在考量了高丽在三国外交斡旋中的地位与作用后，宋开始积极推行"联丽制辽"

政策，一改前一阶段对高丽的不干涉态度，积极遣使，主动复交。面对宋外交上的积极主动，高丽在熙宁四年（1071）正式恢复了对宋朝贡，这"一方面是因为神宗的对外关系打开政策，以亲丽反辽政策为主；另一方面是因为高丽文宗之慕华思想，二者联合而产生之结果"①。

这一阶段宋向高丽遣使的21次中，有6次是应高丽之请派遣医官并赐药，元丰二年（1079）宋派出了88人的庞大团队为高丽王医病。此外，还下诏赐予其他物品，并遣国信使与高丽及时沟通，高丽顺宗薨时还遣使吊祭。宋崇宁二年（1103）又派出了28人的使节团；宣和四年（1122）一次入高丽的人数竟达到了69人；靖康元年（1126）随侯章入高丽的那一次也有60人之多，可见为了笼络高丽，宋在对高丽遣使方面比以前开放很多。除此之外，宋还采取多种措施厚待高丽，设高丽馆亭负责接待高丽使，并在地方上专门为高丽使修建馆驿，大大提高对高丽使的接待规格。为规避可能招致的辽的报复性攻击，除官方使节外，商人、医生等也都扮演过使节的角色。利用非官方人士从中往来、传递信息是这一时期宋丽交往的一个显著特点，这既可以省去双方政府间的迎来送往，同时在操作过程中又有很大的灵活性和自主性。

这一阶段高丽向宋遣使27次，除传统的朝贡、献方物以及谢恩、贺登基、吊慰、告哀等常规仪礼交流外，高丽对宋文化上的请求尤为显著。高丽在医药、画塑工、书籍、音乐等方面对宋提出了诸多请求，并提出派遣子弟到宋朝国子监学习，这些均得到了宋的应允。这一阶段高丽使节除完成肩负的政治使命外，顺道进行的贸易也是他们行程的重要部分。宋对高丽使者进出途中进行的贸易活动持鼓励态度，有时甚至免除关税和商税，所以这一时期宋丽间的朝贡贸易达到了一定规模。有不少高丽商人甚至冒充使节到宋贸易，也正因如此，宋朝的联丽外交颇受诟病，饱受非议。

---

① ［韩］申採湜：《宋代官人的高丽观》，载林天蔚、黄约瑟编《古代中韩日关系研究》，香港大学亚洲研究中心1987年版，第140页。

这一阶段五十余年的交往，在宋联丽制辽策略的带动下，高丽较顺利地吸收了宋的先进文化，而宋为了达到制辽目的，在敞开大门输出先进文化的同时对高丽多加厚待，一时间双方互使达到高潮。两国交聘目的虽然不完全相同，但由于对彼此的需要，这一阶段成为宋与高丽四阶段交往中遣使最频繁的时期。

四　南宋收缩政策下的使节往来

第四阶段的宋丽往来，南宋向高丽遣使 12 次，高丽向南宋遣使 7 次，这是唯一一个宋遣使次数多于高丽的阶段。从次数上看，貌似这一阶段南宋对高丽的态度还是积极开放的，但考察南宋历次遣使的目的后便可得出与此截然相反的结论。

从 1127 年南宋第一次向高丽遣使，就可以看出这一阶段宋丽关系的基调。此次南宋遣胡蠡赴高丽的目的并非其他，而是侦察高丽与金的关系。宋金和战不定，金丽境土相接且关系日益密切，这使南宋对高丽充满了疑虑与防范。在这 12 次的遣使中，有 1 次是要求假道高丽，1 次是宣诏高丽停止来聘，甚至有 1 次是向高丽虚报与金的战果，其余基本都是向高丽传达消息。就使节的使命而言，这一阶段南宋向高丽的遣使都只是互通信息而已，停留在向对方传达自己的立场或情况的程度，根本不涉及真正的交流。而且这一阶段南宋在使节的任命上也十分随便，有多次都是由商人充当，即便是遣官员出使也都是品阶较低的官吏，与上一阶段北宋对高丽的态度形成鲜明对比。同时，南宋还一再降低对高丽来使的接待规格，甚至多次"拒贡"，将高丽来使拒于殿门、国门之外，这也是这一阶段高丽来使次数剧减的重要原因。东亚局势的走向及高丽的多次"不配合"使南宋开始调整对高丽的政策，不仅放弃了对高丽的主动外交，而且对高丽意欲发展与宋关系的举措表现得十分冷淡。防范、消极、封闭是这一阶段南宋高丽政策的基本特点。

在这一阶段高丽向宋遣使 7 次，有 2 次都是中途而还，还有 2 次是专门向南宋解释高丽所处立场及不能配合的原因，其余几次基本是向宋示好，希望恢复关系。但南宋对高丽的遣使却始终抱有怀疑态度，认为高丽可能借机窥探宋之虚实以报金，所以尽管高丽仍抱着重修旧好的希望，但这也只能是个泡影而已。南宋希望高丽在政治和军事上有所表示，而高丽则力图在回避宋要求的同时致力于引进先进的文化，南宋对此深表不满。双方难以有实质上的交流，也都没有达到各自的目的，在互使方面最终以不欢而散宣告终结。

综上所述，宋在四阶段对高丽的交聘目的，重心各有不同。第一阶段是在典型朝贡关系下对高丽展开外交，虽然也有在军事上拉拢高丽的倾向，但这种目的并不是主流，宋并未期待高丽在宋的对外战略中能发挥什么实质性的作用，反而通过遣使保持与高丽稳定的封贡关系倒是其希望达成的目标。第二阶段，宋伐辽备受挫折，签订澶渊之盟后开始安于现状，对高丽一次遣使也没有，所以谈不上对高丽有什么目的。第三阶段，宋重新燃起了恢复盛德大业的希望，把遏制辽的希望寄托于高丽的响应与支持上，制订了明确的联丽制辽方案。这一阶段宋向高丽频繁遣使，不遗余力地拉拢、厚待高丽，双方使节往来不绝，把宋丽关系推向高潮。第四阶段，高丽为求自保向金称臣纳贡，南宋偏安一隅、无意进取，但又对高丽充满了疑虑与防范，对高丽的政策也日趋封闭保守。宋丽关系渐行渐远，这一阶段双方实质上并未进行真正意义上的交聘。

高丽对宋四阶段的交聘目的也是动态变化的。第一阶段，高丽对宋的交聘目的与宋差不多，都是试图保持稳定的封贡关系，因为在这种关系下高丽不仅可以获得宋军事上的庇护，还可以大力吸收宋先进的文化。第二阶段，高丽单方面向宋遣使，造成这种局面出现的关键因素有两个：一是辽对高丽的威胁使高丽试图向宋靠拢；二是宋对高丽并不封闭的态度。这一阶段宋虽然没有对高丽遣使，但对高丽的来使还是敞开大门，这与第四阶段南宋对高丽的"拒贡"情形不同。第三阶段是高丽向宋遣使的高潮期，这一阶段高丽的意图十分明显，那就是慕华思维主导下对宋先进文化的大力吸收。这一阶段宋对高丽也抱有政治幻想，故不但为高丽学习宋文化提供了大好时机，而且使高丽使节的朝贡之路获利颇丰。第四阶段，高丽仍把交聘的重点放在对宋文化的吸收上，只不过它在政治上对宋的一再回避及向金称臣纳贡的现实，使这一目标根本没有实现的可能。

第三节　对高丽使节的群体考察

在宋与高丽并存的三百二十余年间，高丽向宋遣使次数总计达69次，然而关于每次出使团队的成员，史书上能留下记载的毕竟也只是少数人甚至是单个人。实际上，每次遣使队伍的人数远远大于史书所载，数人、数十人，甚至是数百人的规模也是有的。对目前史书留下记载的这部分人进行整理研究，是可以真实了解这个群体的重要途径。

朝鲜半岛的文化水准较高，曾得到唐宋两代君主赞誉，唐玄宗誉新罗"君子之国，颇知书记，有类中华"[①]；宋太祖称高丽"习箕子之余风，抚朱蒙之旧俗"[②]。这些美誉与其说是对高丽文化水准的盛赞，不如说是对这些来自朝鲜半岛使节的肯定。朝鲜半岛历来重视对赴中国使节的选拔，高丽亦是如此，所遣使节不仅具有深厚的汉文化造诣，而且在文学素养和品德情操方面也都堪称一流。这些使节不仅圆满完成了出使任务，而且还以渊博的学识和独特的个人魅力给宋人留下深刻的印象。

一　官职品阶分布

高丽对宋所遣使节的品阶和地位，随着时期的不同略有变化。高丽初期中央设内议、广评和内奉三省，三省统领百官、掌管庶务，是高丽最高官府。宋丽建交初期，高丽所遣使节团的正使一般由广评侍郎、内议侍郎和内奉令担当，副使由内奉卿担当，这些都是宰相级的高官。后来高丽改设三省，成宗（981—997）时高丽逐渐形成了三省六部的官职体系，担任正使的使节开始以侍郎为主，大部分属于尚书省，间有翰林院、枢密院和中书门下省等部。

---

① ［高丽］金富轼：《三国史记》卷9《孝成王》，韩国新华社1983年版，第189页。
② 《宋史》卷487《高丽传》，"赐高丽王昭推诚顺化保义功臣制"，第14036页。

宋丽交往的第一阶段，即三省六部制尚未形成前，高丽正使基本是由原来三省的长官担任，级别较高，如李兴祐、王铬、徐熙、崔业等均是内议、广评和内奉省的官员。三省六部制形成后，从982年使宋的金昱开始到994年使宋的元郁为止，正使都是由正四品的侍郎充任，属尚书省，只有白思柔是翰林学士，属翰林院，但也是正四品的官员；副使则由正五品或是更低一点的官员充任。

宋丽交往的第二阶段，正使大部分仍是由正四品的官员担任，隶属于尚书省或中书门下省，但也略有浮动。比如礼宾卿崔元信和尚书右丞金元冲是从三品的官员，给事中金猛是从四品、户部郎中李宣古是正五品。第二阶段基本承袭了第一阶段形成的正使由尚书六部的正四品侍郎充当的体系，副使因为记载人数有限，无法看出规律，但基本上是比正使略低的职位。

宋丽交往的第三阶段，有明确官职品阶记载的使节共38人，包括正使、副使及属官。其中：官阶为正四品的使节有17人；正四品以上的使节也有17人，包括从三品、正三品，官职最高者为1104年出使的枢密院使崔弘嗣，是从二品；正四品以下的使节有4人，官职最低者为1113年出使宋的安稷崇，职位是西头供奉官，从七品，不过从低级官员充当正使次数极少的情况来看，这应属于例外。这一时期高丽所遣使节，正四品及以上的官员占到了来宋使节总数的将近90%。"正使由正三品的尚书来充任已基本成为惯例，有时也由正三品的枢密院副使和知奏事、从三品的太仆侍卿、正四品的尚书六部侍郎等来担任；副使升了一级，以尚书六部的正四品侍郎为主，有时也由小府寺正四品的少府监、中书门下省和御史台的从四品中书舍人、御史中丞，尚书六部的正五品郎中等来担任。"[①]

宋丽交往的第四阶段，这一阶段高丽对使节的派遣在整体上没有规律可言，比较混乱。这与宋廷对高丽的多次"拒贡"有关。如

---

① ［韩］朴龙云：《高丽与宋朝交聘问题探讨》，载北京大学韩国研究中心编《韩国学论文集》第4辑，社会科学文献出版社1995年版，153页。

建炎三年（1129）九月高丽欲遣使入宋，宋廷以"强敌称兵，如行使之果来，恐有司之不戒"①为由，下诏止之；建炎四年（1130）四月宋更是直接遣使高丽，要求高丽停止遣使朝贡。这一阶段高丽所遣使节，正使官职最高的为从二品的知枢密院事洪彝叙，最低者为最后一次遣使的赵冬曦，仅为正七品的借内殿崇班。对赵冬曦的接待，宋廷只是诏令"定海县管接询问差事，由尚书省速决"②。

二 学识及家族出身

（一）个人学识

高丽选拔使节，第一条重要的标准就是个人学识，擅长诗文、文章出众是最基本的要求。科举及第与否是古代衡量个人学识的最权威标准，在有名字记载的所有91③名使节中，及第者有43人，占总人数47%，其中状元及第者7人。除科举及第外，还有不少关于他们学问能力的记载，如韩彦恭"性敏好学"、尹徵古"善楷书"、朴寅亮"文词雅丽"、尹瓘"少好学"、金富佾"文章华赡"、金富轼"诗文豪迈，脍炙人口"、尹彦颐"博学、无所不通"等等，这些都是对他们学识能力的最好证明。

这些才华出众的使节入宋后，赢得了宋人的惊叹和赞誉。如1080年出使宋朝的朴寅亮和金觐，宋人对他们二人的诗作十分欣赏，合二人作品为《小华集》出版。朴寅亮是精通文墨、行迹万里的高丽才子，他的诗文词雅丽、意境深远，他出使时所写的《舟中夜吟》和《泗州龟山寺》在当地广为吟唱。元祐五年（1090）李资义、魏继廷等入宋，当时正逢元宵佳节，他们不仅受到宋哲宗的接见赐酒，并获准与宋臣一起赋观灯诗进奉。进奉副使魏继廷有

---

① （宋）熊克：《中兴小纪》卷7，福建人民出版社1985年标点本，第82页。
② （清）徐松：《宋会要辑稿》蕃夷七之四九，中华书局1957年整理本，第7864页。
③ 统计不包括最后一次随赵冬曦出使的4名亲随。另外，出使使节中有4人两次出使过高丽，故不重复计算。

"千仞彩山擎日起，一声天乐漏云来"的诗句，主簿朴景绰也作"盛世年年传习久，盛观今属远方宾"的诗句①，他们二人出众的文采和得体的诗句赢得了宋皇帝和大臣的一致赞赏。1111年作为书状官出使宋朝的金富辙②，他撰写的《入宋告奏表》得到了宋徽宗的大加赞赏，其兄金富轼更是高丽的大文豪。徐兢1122年出使高丽时结识了金富轼，非常推崇他的诗文和学识，在《宣和奉使高丽图经》中对他专门做了介绍。"富轼丰貌硕体而黑目露，然博学强识，善属文，知古今。为其学士所信服，无能出其右者。其弟富辙亦有诗誉。尝密访其兄弟命名之意，盖有所慕云。"③回国后徐兢将其所撰上奏皇帝，宋帝下诏，命司局镂板以广其传，因此金富轼名闻中华。1126年金富轼出使宋时"如宋所至待以礼"④。还有1116年出使宋朝的郑沆和李资谅，郑沆所制表章令馆伴学士王黼称叹有加，而李资谅在宋徽宗宴席上口占一诗，令徽宗大加赞赏，第二天他的诗就传遍京城，广受追捧。这些才华横溢的高丽使节，其光芒在出使时都大放异彩。

（二）家族出身

上述91名使节中有正使51人，其中出身名门望族、家世显赫者有26人，所占比例为51%，达到半数以上，另外还有16名副使也是出身名门。高丽一向重视门第出身，"仕于国者唯贵臣，以族望相高，余则或由进士选，或纳贤为之"⑤。在这些出身名门的使节中，存在同一家族数人当选使节的情况，即所谓的"家族使节"，另外还有父子均为使节的"父子使节"、兄弟皆为使节的"兄弟使节"等。

高丽最大的门阀庆源李氏家族中，就有李资仁、李资义、李资谅、李资德、李之美、李之氐、李轼七人当选。李氏家族是高丽贵

---

① （宋）沈括：《梦溪笔谈·续笔谈》，胡道静校证本，上海古籍出版社1987年版，第1068页。
② 金富辙原名金富仪，仿宋代苏轼、苏辙兄弟，改名富辙；金氏兄弟四人依次是金富弼、金富佾、金富轼、金富辙，详参《高丽史》卷97《金富佾传》。
③ 《宣和奉使高丽图经》卷8，人物条，第19页。
④ 《高丽史》卷98《金富轼传》，第142页。
⑤ 《宣和奉使高丽图经》卷8，人物条，第19页。

族政治达到顶峰时期门阀贵族的典型代表，其家族在数十年内先后出了多位宰相，当时的后妃、贵嫔也皆出自庆源李氏一族。该家族历经七代王八十余年，一直权倾朝野，后来因李资谦叛乱逐渐没落。《宣和奉使高丽图经》卷8记载：

> 高丽素尚族望，而国相多任勋戚。自王运取李氏之后，而俁为世子时，亦纳李女为妃，由是门户始光显。资谦之兄资义，在前代时已为国相，坐事流窜。……资谦风貌凝静，仪矩雍容，好贤乐善，虽秉国政，颇知推尊王氏，在夷狄中能扶奖王室，亦可谓贤臣矣。然而信谗嗜利，治田畴第宅，阡陌相连，制度侈靡，四方馈遗，腐肉常数万斤，他称皆是，国人以此鄙之，惜哉。①

从徐兢笔下不难看出庆源李氏家族的雄厚实力。据《高丽史》记载，李氏先祖是新罗大官，曾出使唐朝，并得到天子嘉奖，赐姓李。为厘清庆源李氏七位使节的关系，列简图如下。

庆源李氏之所以能出七位使节，源于其庞大的家族势力。除家族内部的关系外，庆源李氏与1111年出使宋朝的金缘（金仁存）也有关系，金仁存是李资谦的内弟。金仁存出身江陵金氏，是名门之后，其父金上琦也是使节，曾于1085年以正三品户部尚书之职出使宋朝。像金上琦这样父子均为使节的还有利川徐氏的徐熙和徐讷，曾分别于972年和1017年出使宋朝，坡平尹氏的尹瓘、尹彦颐以及沃沟林氏的林槩、林有文都是"父子使节"。此外，还有"兄弟使节"，比如：海州崔氏的崔思谅、崔思齐分别于1076年和1081年出使宋朝；庆州金氏的金富佾、金富辙、金富轼，三兄弟均为使节出使宋朝。金富轼和金富辙是高丽著名的文学家，名震一时，他们的父亲金觐也是使节，1080年和柳洪、朴寅亮一起出使宋朝，《小华集》即为金觐和朴寅亮的诗文合集。

---

① 《宣和奉使高丽图经》卷8，人物条，第18页。

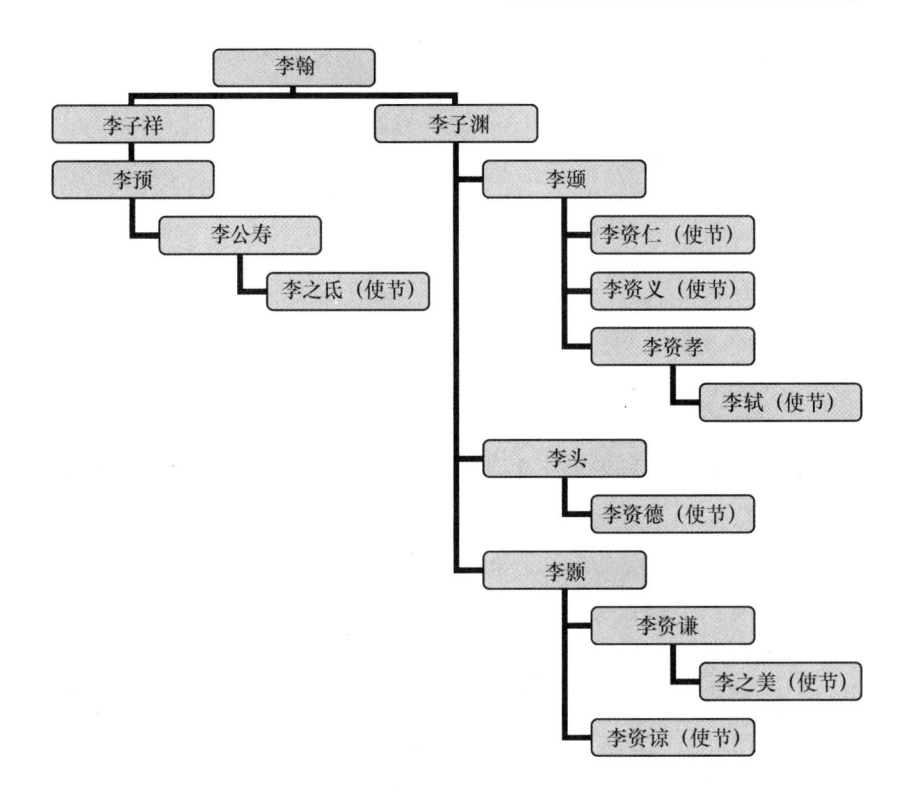

```
              ┌─────────┐
              │  李翰   │
              └────┬────┘
         ┌────────┴────────┐
    ┌────┴────┐       ┌────┴────┐
    │ 李子祥  │       │ 李子渊  │
    └────┬────┘       └────┬────┘
    ┌────┴────┐            ├──────────┬─────────┐
    │  李预   │       ┌────┴────┐     │         │
    └────┬────┘       │  李颋   │     │         │
    ┌────┴────┐       └────┬────┘     │         │
    │ 李公寿  │       ┌────┴─────────┐│         │
    └────┬────┘       │ 李资仁（使节）││         │
    ┌────┴─────────┐  ├──────────────┤│         │
    │李之氐（使节）│  │ 李资义（使节）││         │
    └──────────────┘  ├──────────────┘│         │
                      │ 李资孝        │         │
                      └────┬──────────┘         │
                      ┌────┴─────────┐          │
                      │  李轼（使节）│          │
                      └──────────────┘          │
                           ┌────────────────────┤
                           │                    │
                      ┌────┴────┐          ┌────┴────┐
                      │  李头   │          │  李颢   │
                      └────┬────┘          └────┬────┘
                      ┌────┴─────────┐     ┌────┴─────────┐
                      │李资德（使节）│     │  李资谦      │
                      └──────────────┘     └────┬─────────┘
                                           ┌────┴─────────┐
                                           │李之美（使节）│
                                           ├──────────────┤
                                           │李资谅（使节）│
                                           └──────────────┘
```

图 2　高丽庆源李氏家系分布图（部分）

注：图中所列家族成员仅限于与使节相关的分支，其他未列。

资料来源：本图制作参考：《高丽史》卷 95《李子渊传》，朝鲜科学院古典研究出版委员会 1957 年整理本；《高丽墓志铭集成》6《李子渊墓志铭》、29《李公寿墓志铭》、76《李轼墓志铭》，翰林大学出版部 1993 年版；朴延华、李英子：《试论庆源李氏家族与高丽贵族政治的关系》，《东疆学刊》2006 年第 4 期。

此外，韩彦恭出身的湍州韩氏、崔元信出身的庆州崔氏、金元忠出身的庆州金氏、金良鉴出身的光阳金氏、柳洪出身的贞州柳氏、朴寅亮出身的平州朴氏、郑文出身的草溪郑氏、崔惟清出身的铁原崔氏、韩惟忠出身的清州韩氏等也都是高丽大族。

三　品行道德

除出众的学识和较好的出身外，个人品行道德也是高丽选拔使节的另一重要标准。包括两方面含义：一是指使节本身的人品、品德；二是指是否通晓仪礼，甚至包括仪表、外貌等都是在选拔使节时需要考虑的因素。

关于使节的品行道德，通过使节相关的一些记载可以大致了解。如"性严格"、"性沉重严毅"、"性清廉"、"仪表端雅"、"清直廉谨，有大臣风"、"清俭謇直"、"以清谨名"、"为人廉正、谨慎"、"为人宽厚、俭约"、"为人恭俭朴讷"、"以廉谨闻"等。以上都是对使节个人品德的描述，其中对是否清廉尤其关注。按照惯例，高丽使节在回国前一般都会得到一些赏赐和赠予，并且宋政府允许高丽使节的附带贸易，使节及随从等会在宋贩卖掉所携带货物并买进宋物品等。这些使节在金钱面前如果不能抵御诱惑而表现失当的话，不仅可能会影响出使的政治任务，而且也会有损高丽在宋人眼中的国家形象。如1090年出使宋朝的李资义、魏继廷，二人奉使期间在宋的表现完全不同。李资义作为正使来到宋朝后，利用宋对高丽的各种优待，以贸易敛财并大量购买各种奇珍异品。魏继廷却不为所动，"继廷清俭謇直，尝副李资义奉使如宋，资义多市珍货，继廷一无所求，至登两府不改素节"①。李资义出身庆源李氏，其官职是靠荫叙所得，后来因参与李资谦叛乱被诛；魏继廷虽并非出身名门，但科举及第，担任礼部侍郎一职。二人在品行上差距甚大，可见选拔使节绝不能只看出身。1100年以正三品尚书一职出使宋朝的任懿，以高尚的品格获得宋人称赞，"宋哲宗崩，懿与侍郎白可臣奉使吊慰，一行人皆黩货利，懿独廉谨，宋人称之"②。1104年出使宋朝的郑文也具有高尚的人品，郑文状元及第，"为人恭俭朴讷，不事生产，居室仅庇风雨，莅官谨慎……奉使入宋，所赐金帛分与从者，余悉买书籍以归，宋人多之"③。

高丽在新罗零散不成体系的儒礼仪式基础上，根据儒家经典架构了五礼体系，高丽国王常常亲至国子监讲礼，君臣间也时常讨论

---

① 《高丽史》卷95《魏继廷传》，第101—102页。
② 《高丽史》卷95《任懿传》，第105—106页。
③ 《高丽史》卷95《郑文传》，第104页。

礼义，因此是否通晓礼制、仪礼也是高丽选拔使节的标准。宋神宗时期编订的《朝会仪注》曾专设"高丽入贡仪"，宋丽交往中的一些外交礼仪逐渐制度化。高丽使节作为与宋外交过程的实际执行者，拥有优雅得体的仪态及通晓各式交往仪礼是首要条件。如《徐熙传》中记载了高丽选派徐熙为使节的原因，"时不朝宋十数年，熙至，容仪中度，宋太祖嘉之"①。《韩彦恭传》亦载"成宗时再转刑兵二部侍郎，如宋谢恩，宋以彦恭仪容中度，授金紫光禄大夫检校兵部尚书兼御史大夫"②。《任懿墓志铭》载"六年奉使中朝，为公副使者冒货利，公笑视之，不少介意，举止中矩，宋人目敬焉，及还，上嘉其廉，拜御史"③，任懿清廉且举止仪态优雅得体，得到宋人尊敬。元丰三年（1080）柳洪、朴寅亮入宋朝贡，进献了一驾日本车。柳洪说："诸侯不贡车服，诚知非礼，本国所以上进者，欲中朝见日本工拙尔"，宋廷接受了车，并言："高丽本箕子之国，其知礼如此"④。

四 外交能力

外交能力指使节处理日常外交事务和应对紧急情况的能力，尤其是某些交涉的敏感问题，使节处理方式恰当与否会直接影响两国的国交。宋与高丽的交往自始至终都掺杂着辽、金因素，因此高丽派出的使节在处理这方面问题上应具有一定的交涉能力才行。熙宁四年（1071）高丽遣金悌入宋意图恢复外交，金悌一行本应在四明登陆，但因海风误漂至通州海门县新港。登陆后，高丽使节云："望斗极以乘槎，初离下国，指桃源而迷路，误到仙乡"⑤。仅用寥

---

① 《高丽史》卷94《徐熙传》，第76页。
② 《高丽史》卷93《韩彦恭传》，第71—72页。
③ ［韩］金龙善：《任懿墓志铭》，载《高丽墓志铭集成》，翰林大学出版部1993年版，第43—46页。（以下均用此版）
④ （宋）庞元英：《文昌杂录》，载上海师大古籍整理所编《全宋笔记》，第二编（四），大象出版社2012年标点本，第157页。
⑤ （宋）王辟之：《渑水燕谈录》卷9，载《宋元比较小说大观》第二册，上海古籍出版社2001年标点本，第1298页。

寥数语便对此次登岸事件解释得十分清楚,而且表述恰当、颇有文采。这样既避免了因登错岸而可能带来的误会,又展示了高丽礼仪之邦的风采,处理十分得体。972年使宋的徐熙也有很强的交涉能力。成宗十二年(993)契丹萧逊宁兵攻蓬山郡,高丽奋力抵御仍力不从心,最后不得不遣内史侍郎徐熙前往议和。徐熙发挥了出色的外交才能,与萧逊宁激辩并使其退兵,高丽虽然在战事上败北,但却在外交上取得意外收获。

还有一些使节擅长外交辞令的书写,如朴寅亮,"南北朝告奏表状皆出其手",金富佾"文章华赡,凡辞命,必命润色",金缘"一时诏告,多出其手"等,他们擅长各种告奏、制诏的书写,在使宋期间对于这类公文的写作能应对自如。在高丽派遣的使节中还有一类特殊的人群,即宋朝移民。如1108年随正使金商祐使宋的慎安之就是移民高丽的宋人。他祖籍开封,其父在高丽文宗朝时随商船来到高丽,因为富有学识并精通医术留仕高丽。《慎安之传》记载,"容仪秀美,性度宽宏,临事廉平,善医药,晓汉语,凡移南北朝文牒多出其手"[1],可见不仅移民本人,其后代因为通晓汉语也会受到高丽王的重用。

宋政府对这些远道而来的高丽使者也体恤有加。如1080入宋的柳洪一行,他们在航海途中遭遇风浪,几只船顿时被巨浪颠覆,欲朝贡宋朝的贡物损失了一大半。宋神宗在给高丽文宗的信中专门提及了此事,认为这样的天灾无法抗拒和避免,请高丽文宗不要怪罪有关使行人员,饶恕柳洪等人,无须追究。总之,高丽派出的入宋使节是出身、学识、人品、外交能力等各种条件兼备的人物。他们在宋期间不仅与宋文人士大夫广泛接触、结下友谊,而且得到了宋皇帝的认可和奖赏。

---

[1] 《高丽史》卷97《刘载传》附慎安之,第128页。

第四节　对宋使节的群体考察

使节代表着国家形象，宋朝使节作为来自先进中原文化的代表，在以渊博的学识、雍容的气派、高雅的举止展现泱泱大国风范的同时，还肩负着教化高丽的使命。景德三年（1006）宋真宗曾对臣下说："彼［高丽］所遣使来奉中朝，皆能谨恪邪，自今遣使，卿等宜各以朕意晓之。"① 可见，宋对于出使高丽使臣的选拔十分慎重。宋丽关系史上，宋共向高丽遣使42次，其间出现了三次高潮，即"太宗时期（976—997）、神宗时期（1067—1085）和徽宗时期（1100—1126）"②。特别是神宗、徽宗时期，出于联络高丽的政治目的，宋政府更是精心挑选出使高丽的使臣，希望以此换取高丽的亲宋之心。

一　官职品阶及分类

受正统思想和传统大国主义思想的影响，宋朝对外派遣的使节，官职一般低于来贡使节，而且所遣使节的官职，也是根据派往国家的外交等次来决定。宋向高丽所遣使节在官职上就明显低于高丽向宋派出的使节，出使高丽的宋使节按照官职的不同大致可分为三类。

第一类是宋廷派出的具有正式官职的使臣。如宋丽交涉之初派出的于延超、张洎、李巨源、孔维以及北宋中后期派出的杨景略、钱勰、刘逵等。这类使臣一般在《宋史》中都有列传，个人学识及家族出身也较好，他们出使高丽的时间基本是在宋丽关系正常或比较密切的时期。正使的官职在七八品上下，虽然比高丽派来的四品正使官职低很多，但考虑宋与高丽本身存在的上下位阶关系，这种级别也属正常。宋遴选外交使节，注重的是作为一个外交人才应有

---

①　《续资治通鉴长编》卷64，景德三年十一月乙巳，第1433页。
②　祁庆富：《宋代奉使高丽考》，《中国史研究》1995年第2期。

的素养条件，而对资格并不苛求。不过，在宋丽交涉的第三阶段，因为宋要争取高丽加入"制辽"行列，所以在选拔使节时条件也较为严苛。

第二类是假官出使的使节。宋朝在对外聘使活动中，普遍存在着假官出使的现象，使者奉命出使前被临时授予比原来更高的官职，用来提高使团的规格，以表示对对方的尊重和重视。这种假官一般在其使命完成后自行取消，仍恢复原职，但也有因较好完成外交使命得到奖赏，而提升其为所授假官者。如元丰元年（1078）安焘和陈睦奉使高丽回来后就得到了奖赏，宋神宗御旨："假左谏议大夫、史馆修撰、高丽国信使安焘，假起居舍人、直昭文、馆副使陈睦，可候使还并与所假官职"①。安焘官职从从六品升到从四品，陈睦官职则从从七品升到了正七品，除安焘、陈睦外，还有胡蟊"假通直郎宗正少卿"、黄钺"假阁门宣赞舍人"等。

第三类是由教练使、纲首、商人等充当的使节，这类使节没有官职或是一些品阶极低的文武散官。这些使节的派遣多出现在宋丽关系的非常时期，比如：1068年和1070年宋曾两次遣商人黄慎去高丽传达双方招接通好之意；1128年派纲首蔡世章赍宋高宗即位诏至高丽；1131年都纲卓荣至高丽传达宋破金兵的消息等。1138年以后，宋曾连续五次利用商人传达消息至高丽。当时的淮阳军流寓进士单镃曾言："此年以来为奉使者不问贤否，惟金多者备员而往，多是市廛豪富巨商之子，果能不辱君命乎？"② 这些使节的地位虽然不高，但发挥的作用十分关键，某种程度上而言其意义甚至大于宋丽关系稳定时期派出的那些册命使、官告使及祭奠使等。宋对出使高丽使节的选拔，与宋丽关系及当时的国际局势密切相关。宋丽关系密切时，尤其是神宗、徽宗两朝，宋对赴高丽使节的选拔十分慎重；但在宋丽关系非常时期，基本上就没什么规律可言，任命使节也比较随便。

---

① 《续资治通鉴长编》卷291，元丰元年八月己酉，第7113页。
② （宋）李心传：《建炎以来系年要录》卷171，绍兴二十六年二月丙子，中华书局1956年点校本，第2814页。

总之，宋对赴高丽使节的选拔随着宋丽关系的演变而不断调整，在宋丽交涉的四个阶段各有不同。

二 学识及家族出身
（一）个人学识

宋朝派往高丽的使节，基本都是文才出众、学识渊博的文臣。在担任正使的18名使节中，有8人科举及第，另外在副使及属官中还有7人科举及第。整体而言，宋朝派往高丽的使节比派往其他国家的使节学识要高。如张洎"文采清丽，博览道释书"，王著"善攻书"，吕文仲"富词学，器韵淹雅"，柴成务"有词学，博闻稽古"，安焘"幼警语"且文采出众等。宋人眼中，高丽是深受中原文化影响的礼仪之邦，"高丽国知文字，庶民子孙夜诵书，昼习射"①。对赐予高丽的文书，宋"必选词臣著撰，而择其善者，所遣使者，其书状官必召赴中书，试以文，乃遣之"②。宋神宗熙宁四年（1071），大臣王益柔就因草拟高丽答诏不当而被罢官。

随使出行的书状官也要现场考核才任命，随从人员尚且如此，正、副使的择取必定更加严苛。

宋使节的学识还体现在他们在高丽时的出色表现。宋太平兴国七年（982）礼记博士孔维出使高丽，高丽王王治向孔维询问何谓礼，孔维用"君父臣子之道、升降等威之序"作答。王治很高兴，称之曰："今日复见中国之夫子也"③。后来孔维被提拔为国子司业，赐给金鱼袋和紫衣。雍熙二年（985）著作佐郎吕文仲出使高丽，他"善于应对，清静无所求，远俗悦之，后有使高丽者，必询其出处"④。端拱元年（988）吕端、吕祐之出使高丽，"故吕国相端、吕侍郎文仲、祐之，皆相继为使，三人者皆宽厚文雅，有贤者

---

① （宋）方凤：《夷俗考》，上海古籍出版社1988年标点本，第2565页。
② 《高丽史》卷9《文宗世家》，第127页。
③ 《宋史》卷431《孔维传》，第12809页。
④ 《宋史》卷296《吕文仲传》，第9872页。

之风，高丽成宗感慨曰：何姓吕者多君子也。"① 太宗淳化元年（990）户部郎中柴成务出使高丽，高丽习俗讲究拘忌，以月日不利接待为由稽留使者，"成务贻书，往返开论大体，国人信服"②；杨亿《武夷新集》也载"高丽国信使公（柴成务）雍容儒雅，博闻强记，衣冠之国，文物盛焉，举措话言，是法是效，皇华之美，至今称之"③。这些使节出使高丽时获得的肯定和赞誉，应该是对他们学识和能力的最好证明。

使节团队里不仅正、副使博学多才，属官及随行人员等三节人中也有不少通晓经史者。他们分工明确，各司其职，比如有掌管对外礼物押送的都辖官，把握外交礼节规范、防止损及国格言行的引接仪范官，主管外交使者口头与文字翻译的译语指使，掌管国信和正、副使私人信件的书状官等。他们中不乏文才和学识较好的饱学之士，这从他们回来后的著述中可以看出来。宋使出使回国后，按照惯例一般都要向朝廷递交一篇奏疏，时称"语录"，语录的形式主要有"行程录"、"奉使录"、"使北记"等。"在语录中，主要汇报出使者在外廷应对酬答的情况、行程路线、沿途山川地理、各地的民物风俗以及政治经济状况等，一般不载出使任务等一些重大问题，谨防泄密，遗憾的是这种语录保存下来的较少。"④ 比如：1103年跟随户部侍郎刘逵出使高丽的书状官王云和孙穆，二人奉使回来后撰写了《鸡林志》和《鸡林类事》；1122年随给事中路允迪出使高丽的徐兢，回来后撰写了《宣和奉使高丽图经》，该书可以说是十二世纪绘图本的高丽百科全书，遗憾的是此书的图画部并未流传下来。还有多部介绍高丽情况的书籍，也多为出使高丽的宋使节所书，如"《海外罩皇泽诗》、《高丽志》（4卷）、《高丽人入

---

① （宋）杨亿：《杨文公谈苑》，李裕民点校，上海古籍出版社1993年标点本，第164页。
② 《宋史》卷306《柴成务传》，第10114页。
③ （宋）杨亿：《武夷新集》卷11，《故太中大夫行给事中上柱国临汾郡开国侯食邑一千二百户赐紫金鱼袋柴公（成务）行状》，景印文渊阁四库全书，台北商务印书馆1983年影印本，第1086册，第492页。
④ 刘秀荣：《宋代外交使节略论》，硕士学位论文，河南大学，2001年，第8页。

贡仪式条令》（30卷，钱藻等）、《高丽敕令格式》、《高丽女真排辨式》、《接送高丽敕令格式》、《使高丽事篹》、《鸡林记》（20卷，吴栻）、《高丽日本传》、《高丽表章》、《鲜于氏血脉图》、《海东三国通录》、《高丽行程录》、《高丽日历》、《高丽志》（7卷）、《高丽事纪》（宋球等）"①。这些书虽然大部分并未流传下来，内容不得而知，但以此来证明奉使高丽的宋朝使节拥有出众的学识和深厚的文字功力，显然是足够的。

（二）家族出身

为彰显大国尊严，宋在对外通使中也会考虑到使节的家世、出身等因素。尤其是高丽向来讲究门第等级观念，因此宋在选派使节时会优先选择那些名臣士人或有较显赫家世的世家子弟。宋派出的赴高丽使节，有17人在《宋史》中有列传，从中可以了解其家族出身。

元丰六年（1083）宋神宗派钱勰出使高丽时对他说："高丽好文，又重士大夫家世，所以选卿无他也。"②此外，张洎、王著、吕端、吕祐之、柴成务、陈靖、安焘、宋球等也都出身较好，他们的祖父或父亲都曾担任某些官职，但基本来说宋使节的家族地位不像高丽使节那样突出。皇祐三年（1051）陈升之上奏要"慎择入国使副"，他指出："近来所差接伴及入国副使，多是权贵之家未尝历事年少子弟，或缘恩例陈请"③。《新安志》中记载的高丽国王与使节刘式的对话也表明了这点，国主王治曾对使者刘式语曰"及中国用人，必应以望族，如唐之崔卢李郑者"，但刘式答曰"惟贤是用，不拘族姓"④，宋用人虽然也注重家族出身，但拥有学识仍是首要条件。

---

① ［韩］金渭显：《高丽对宋、辽、金人投归的收容政策》，载《中韩关系史国际研讨会论文集》1983年版，第87页。
② 《宋史》卷317《钱勰传》，第10349页。
③ 《续资治通鉴长编》卷166，皇祐元年三月庚子，第3991页。
④ （宋）罗愿：《新安志》卷6，景印文渊阁四库全书，台北商务印书馆1983年影印本，第485册，第430页。

三　品行道德

外交使节衔命出疆，其一言一行都代表着国家形象，所选之人即便拥有丰富的学识、良好的出身和得体的仪貌，若个人品德较差或名声不好也不能委以出使重任。聘使往来中礼物互馈是一个重要环节，除官方的礼品外，高丽对宋使节也会赏赐各种名目的礼物，赐宴、入见、宴射、朝辞等都要相应地赐予礼物。在这个过程中，不为金钱所惑，以清廉的形象维护大国尊严是宋使节必须做到的。真宗（997—1022）朝时宋政府制订了外事活动中关于涉外使臣礼品馈赠的规定。"一是有关官员获赠的马匹，必须上缴，由朝廷给予相应的价钱；二是有关官员获赠的麝香，可以自备茶、果等礼物回赠；三是有关官员不得随便以'无例之物'馈遗外国使臣；四是有关官员不得沿路收受各州、军赠送的钱物，违反者以贪赃或自盗论处。"①

1083 年出使的钱勰就以高尚的品德征服高丽，维护了宋的大国形象。钱勰出使高丽，凡馈赠不是本来就有的都没有接受，归国时停留紫燕岛，高丽王派两个官吏追送金银器四千两，尽管官吏苦苦哀求，钱勰还是断然拒绝。《钱勰传》记载：

> 乃求吕端故事以行，凡馈饩非故所有者弗不纳。归次紫燕岛，王遣二吏追饷金银器四千两。勰曰："在馆时既辞之矣，今何为者？"吏泣曰："王有命，徒归则死，且左番已受。"勰曰："左右番各有职，吾唯例是视，汝可死，吾不可受。"竟却之。还拜中书舍人。②

钱勰这种在金银面前丝毫不为所动的美德，后来得到了宋帝的嘉奖，回来后官拜中书舍人。钱勰还把从高丽带来的特产物品分赠

---

① 朱瑞熙：《宋代官员礼品馈赠管理制度》，《学术月刊》2001 年第 2 期。
② 《宋史》卷 317《钱勰传》，第 10349 页。

第二章 宋与高丽官方使节的派遣

同僚好友，刘攽、孔武仲、张耒、苏轼、苏辙、黄庭坚等纷纷作诗表示感谢，多人多首诗歌在朝野引发了轰动效应。被高丽成宗誉为"三吕"之一的吕端，在人品上也是楷模，上官融《有会谈丛》卷上记载了吕端轻财好施，将出使所得分与随从的事迹。

> 相国吕公端任补阙，与一供奉官被命同往高丽。既达其国，宣朝命毕，以风信未便，在高丽将及半年。未几风便回棹，王加等赠遗奇珍异货，盈载而归。先是供奉者以公所得置之船底，己之所得在公物上，虑水汽见过也。公亦不问措置，委之而行。方至海心，风涛四起，舟欲倾倒。公神色自若，供奉者仓皇失图。舟子前曰："风涛之由，以公等所载奇异，海神必惜，不欲令到中国，但少抛水中，风必止矣。"公如其言，令左右掷之。才半，风息，得达登州岸。遂开其载，则在下者吕公之物咸在，而供奉之物居上者略无孑遗矣，校供奉之物已罄矣。谅非海神秘惜，盖罪小人用心奸险也。公以所存者中分人之，亦仁厚矣。①

吕端与一名供奉官出使高丽时得到了高丽王的大批赏赐，在金钱面前吕端不为所动，没有把心思放在财物上。而同行的供奉官则十分贪心，回国时携带了大批财物，并且为了防止其财物在航海途中沾到水汽，故意把吕端携带的一些物品置于船底，自己的财物置于上面。吕端并不看重这些财物，任其置之。但他们在归途中，海上突然风涛四起，船只摇摇欲坠十分危险。掌舵的船长认为是由于携带了太多奇珍异宝，海神惜之，为保住船只安全，情急之下他们不得不往海中抛撒财物，所抛之物皆为船舱上面供奉官所携带的财物，而吕端的物品在下面完好无损。

对于贪图钱财、有损外交形象的使节，史书也有记载，1078

---

① （宋）上官融：《有会谈丛》卷上，民国十万卷楼丛书影印本，严一萍选辑，台北艺文印书馆1964年版。

年出使高丽的安焘就是一例。安焘在高丽时收受了大批礼品,回国时由于礼品太多船装载不下,他便把礼品兑换成银子,引发了高丽人的非议。《高丽史》卷9记载:

> 时与宋绝久,焘等初至,王及国人欣庆,除例赠衣带鞍马外,所赠金银宝货、米谷杂物无数。将还,舟不胜载,请以所得物件贸银。王命有司从其请。焘睦性贪啬,日减供亿之馔,折价贸银甚多。时人云:"自吕侍郎端使还之后,不见中华使久矣,今闻其来,瞻仰峻节,不图所为如是。"①

不过像安焘这种贪图钱财的使节毕竟是少数,多数使节都拥有良好的品德,出使高丽时能保持廉洁的形象。史书中还有对使节品行的直接描述,如"久居禁近、颇周密兢慎"的吕文仲,"伟仪观、性纯直"的韩国华,"资仪瓌秀、有器量、宽厚多恕"、"纯谨长者、不喜趋竞"、"为人谨密"的吕端、吕祐之、宋球等,以及"生性孝顺友爱,不求钱财,平生不置田产"的张诜,他们都是使节中的优秀代表。

四 外交能力和奖惩

外交能力其实就是使节的"专对之才"。使节在整个出使过程中需要与对方辩难和谈判,因此除了有文武才略外,还要能言善辩,并具有随机应变的能力和胆略。1078年奉使高丽的安焘,他虽因贪图钱财而"害辱义命",但在与高丽的交涉中还是表现出了一定的外交能力。安焘使高丽时在居住饮食等方面均受到了高丽的优待,《安焘传》记载:"高丽迎劳,馆饩加契丹礼数等";高丽使臣近言:"王遇使者甚敬,出诚心,非若奉契丹苟免边患而已";安焘笑答曰:"尊中华、事大国,礼一也,特以罕至有加尔,朝廷与辽国通好久,岂复于此较厚薄哉";"时以其言为知礼,使还拜

---

① 《高丽史》卷9《文宗世家》,第134页。

右谏议大夫史馆修撰直学士院"①。在高丽对待契丹与宋使节礼遇程度不同一事上，安焘给出的见解十分得体，既巧妙应对了高丽欲拉近与宋关系的想法，又展现了宋作为大国的气度和胸怀。宋与高丽交往的绝大多数时间是和平友好的，即便两国断交时期也没有达到剑拔弩张的程度，所以宋使节都乐意奉使高丽，并以此为荣，如元丰六年（1083）钱勰出使高丽，"归来逢人语则喜"②。但派往辽、金的使节情况大有不同，由于关系紧张，出使者会有生命之虞，南宋建炎、绍兴年间宋使多有去无还，大臣都不愿前往。

除"专对之才"，使节的外貌仪表、有无出使经验等也是综合衡量使节外交能力的指标。状貌雄伟和较好的仪容风度是宋选拔使节的基本标准。韩国华先后出使过辽和高丽，时人称其"伟仪观，性纯直，有时誉"③。元丰元年（1078），与安焘一起出使高丽的副使本来是林希，但"及遣使高丽，希闻命，惧行于色，辞行，神宗怒责"④，神宗认为林希"形貌忧郁不少舒，且高丽望中国使人久矣，苟一见希颜状如此，甚非所以使彼识达朝廷眷顾，遣使通好之意"⑤。所以尽管当时安焘、林希等都已经启程三天，但神宗还是另遣陈睦代之。安焘仪表堂堂、相貌魁伟，《宋史》载其"过阙入见，神宗伟其仪观"⑥。另外，在奉使高丽的使节中，不少都有出使高丽或他国的经验，如1122年随徐兢一行出使高丽的傅墨卿就曾三次出使高丽。

对成功出使的使节，宋廷都会有奖励。雍熙二年（985）宋太宗欲二次征伐契丹，派韩国华出使高丽，韩国华使毕归来，天子大

---

① 《宋史》卷328《安焘传》，第10565页。
② （宋）孔文仲、孔武仲、孔平仲：《清江三孔集》，线装书局2004年标点本，第470页。
③ 《宋史》卷277《韩国华传》，第9444页。
④ 《宋史》卷343《林希传》，第10913页。
⑤ 《续资治通鉴长编》卷288，元丰元年三月辛巳，第7050页。
⑥ 《宋史》卷328《安焘传》，第10564页。

喜，拜他为"右拾遗直史馆，赐五品服"①。宋代被派出的外交使节中有不少是品阶较低的官员，他们出使回来后也都有获得晋升的可能，其中"磨勘改官"是他们至关重要的升迁机会。如元丰元年（1078）十月宋球奉使高丽回来后，不仅迁一资充阁门祗候，而且减磨勘两年，书状官丰稷和郑睎韩也各循两资。元丰六年（1083），朝奉郎守起居郎杨景略和朝散郎守左司郎中钱勰出使高丽，"尚在道，二人即蒙诏并擢为试中书舍人，且免召试"②。同年（1083）十一月朝廷又下诏，凡是出使高丽两次，都辖以下的官员都可以迁一资。南宋时局动乱，为鼓励出使，朝廷在使节出使前就将使节转官提升。三节人从，上中节内"有官人"在出行前先升转四阶官资，"白身人"即无官人补承节郎，进士补迪功郎；归国时各依"军功法"，"特添差合入差遣一次"，下节内军兵在出行前先升转三资，待回国时再转一资。③ 在对成功出使的外交使节进行奖励的同时，对于有辱使命的使节亦严惩不贷。

第五节　使节往来中的几个具体问题

一　宋丽首次官方往来时间

关于宋与高丽的使节往来，学界一般把建隆三年（962）李兴祐入宋作为开启宋丽关系的标志性事件。事实上，在李兴祐入宋前，宋丽之间已有过遣使互动。只是对这次高丽的遣使行为，史书并没有留下直接的记载，但通过对其相关史料的解读可以明了这一点。

宋建国后不久，高丽便展开了对宋外交，积极向宋遣使，关于高丽王遣李兴祐入宋一事，主要见于以下史书：

---

① （宋）尹洙：《河南先生文集》，《韩国华墓志铭序》，上海书店1989年标点本，第4页。
② 《续资治通鉴长编》卷349，元丰七年十月乙亥，第8368页。
③ 吴晓萍：《宋代外交制度研究》，安徽人民出版社2006年版，第135页。

《宋史》卷1《太祖本纪》：（建隆三年十一月丙子）三佛齐国遣使李丽林等来献，高丽国遣李兴祐等来朝。①

《续资治通鉴长编》卷3：（建隆三年十一月丙子）三佛齐国王释利耶、高丽国王昭并遣使来贡方物。②

《宋史》卷487《高丽传》：（建隆三年十月）昭遣其广评侍郎李兴祐、副使李励希、判官等来朝贡。③

《玉海》卷154：（建隆三年十一月丙子）高丽王昭遣使来贡。④

《宋会要辑稿》蕃夷七之二：（建隆三年十二月二十三日）高丽国王昭遣使广评侍郎李兴祐等来贡方物。⑤

《高丽史》卷2：（光宗十三年冬）遣广评侍郎李兴祐如宋献方物。⑥

李兴祐的官职是广评侍郎，相当于广评省的"内侍书记"⑦，属国王近臣。广评省在高丽内议、广评和内奉三省中地位最高，高丽王昭遣重要的"内侍书记"入宋，无疑表明了他对与宋关系的高度重视。李兴祐使宋的月份有十月、十一月、十二月和"冬"四种记载。这种具体时间上的记载差异，与出使中的两个时间差有关，一是出发和到达的时间差，二是到达和觐见的时间差。海上航行顺利的话，出发和到达的时间差可以估算，但到达和觐见的时间差较难把握。

高丽使节入宋，一般都会携带大批进贡物品，进入宋境后，宋廷遣专门的"接伴使"迎接，"接伴使"会一直护送高丽使节至京

---

① 《宋史》卷1《太祖本纪》，第12页。
② 《续资治通鉴长编》卷3，建隆三年十一月丙子，第75页。
③ 《宋史》卷487《高丽传》，第14036页。
④ （宋）王应麟：《玉海》卷154，江苏古籍出版社1987年整理本，第2831页。
⑤ （清）徐松：《宋会要辑稿》蕃夷七之二，中华书局1957年整理本，第7840页。
⑥ 《高丽史》卷2《光宗世家》，第32页。
⑦ 《高丽史》卷1《太祖世家》，第15页。

城；抵达京城后，宋廷会再派"馆伴使"陪同，"馆伴使"负责高丽使节在京城的一切活动，并且使节需完成一系列的朝见礼仪才能觐见皇帝。因此，从使节出发到抵达宋境，再到觐见皇帝，中间有很长的时间差。如高丽礼部尚书崔思齐和吏部侍郎李子威等135人使宋的时间，《高丽史》记载是文宗三十五年（1081）四月，而《续资治通鉴长编》和《宋会要辑稿》却记载是元丰四年（1081）十二月，两者相差八个月，这八个月应该就是出发与觐见皇帝之间的时间差。使节的出使过程包括出发时间、到达时间和觐见时间三个时间点，编纂史书时究竟以哪个时间点为准是很难把握的。李裕民先生对李兴祐入宋时间的解释是："疑十月为李兴祐等始发之期，十一月为至东京之时，十二月为朝见之时。"①

李兴祐于建隆三年（962）十月从高丽出发，十二月才见到宋皇帝，如果这次是高丽首次向宋遣使的话，时间未免太晚。因为在这之前，已有不少政权向宋遣使，如"建隆元年三月丙辰，南唐主李景、吴越王钱俶遣使以御服、锦绮、金帛来贺；九月癸卯，三佛齐国遣使贡方物；建隆二年春正月庚子，占城国王派遣使者前来朝；五月丙寅，三佛齐国来献方物"②。高丽作为中原王朝传统的友好邻邦，与宋关系是其对外交往的重点，因此在遣使时间上不可能落后。史书亦表明了这一点，援引史料：

《玉海》卷154：高丽国后唐长兴中，王建代高氏为君长，命为玄菟州都督，封国王。建隆二年三月赐王昭衣带鞍马。三年十一月遣使来贡。③

《玉海》关于高丽的记载，为宋丽间的使节往来提供了一条重要信息：建隆二年（961）三月，宋太祖曾赐予高丽王昭衣带、鞍马。但关于这次赏赐的前因后果，史料中并未涉及。此外，史料明

---

① 李裕民：《宋高丽关系史编年》（一），《城市研究》1997年第6期。
② 《宋史》卷1《太祖本纪》，第5—9页。
③ （宋）王应麟：《玉海》卷154，江苏古籍出版社1987年整理本，第2844页。

确提到了建隆三年李兴祐来贡一事，故可以确定此次赏赐的确是在李兴祐入宋前。这条记载除《玉海》外，并未见于其他史书，较难做进一步考证。不过《石曦传》中关于石曦出使高丽的记载，为进一步解释此次"赏赐事件"提供了可能，援引史料：

> 《宋史》卷271《石曦传》：石曦，并州太原人，晋祖弟韩王晖之子。天福中，以曦为右神武将军。历汉至周，为右武卫、左神武二将军。恭帝即位，初为左卫将军。会高丽王昭加恩，命曦副左骁卫大将军戴交充使。建隆三年，再使高丽，迁左骁卫大将军，护秦州屯兵。①

> 《高丽史》卷2：（光宗十年，周世宗显德六年）周遣左骁卫大将军戴交来。②

《石曦传》记载石曦曾两次出使高丽。第一次是作为左骁卫大将军戴交的副使，《高丽史》记载戴交来使的时间是959年，也就是石曦作为副使随行的这次，那么可以确定石曦第一次出使高丽的时间是959年。第二次是建隆三年（962），时间上与李兴祐入宋的年份相同。李兴祐十月从高丽出发，十一月到达东京，十二月觐见皇帝，如果说宋太祖是在接见李兴祐后才派遣石曦出使的话，那么时间上根本来不及，并且宋也不可能在高丽使节刚到达时旋即再遣使高丽。故基本可以确定，石曦第二次出使高丽的时间在月份上要早于李兴祐入宋。

石曦是石敬瑭弟韩王晖之子，后晋天福中曾为右神武将军，历后汉至后周，先后为右武卫、左神武二将军。宋立国后石曦作为宋初著名的将领，受到了宋太祖的重用，石曦累迁左骁卫大将军、护秦州屯兵。西人犯边，石曦曾率部将将其攻破，后又在袁州打败南唐军、镇压陈廷山，历知霸州团练使，复迁右龙武大将军。石曦两

---

① 《宋史》卷271《石曦传》，第9289页。
② 《高丽史》卷2《光宗世家》，第31页。

次奉使高丽，身份有巨大变化，第一次是以周使节的身份，第二次是以宋使节的身份。宋太祖之所以选派石曦充当赴高丽使节，肯定是看中了他有先前出使高丽的经验。

既然石曦第二次出使高丽是在李兴祐入宋前，那么这是否意味着宋丽间的首次官方往来是由宋主动发起的？分析宋立国之初的局势，可能性很小。建隆三年（962）宋新立，太祖怀着"同文轨于万方，覃声教于四海"的理想，正是以君临天下的姿态接受万国朝拜之时，周边政权纷纷表示臣服。而且高丽自建国时起，就与中国大陆各政权建立了友好关系。"五代十国时期，后梁、后唐、后晋、后周与高丽均有聘使往来，自933年起高丽依次奉行后唐、后晋、后汉、后周年号"①，"王氏三世，终五代常来朝贡，其立也必请命中国，中国常优答之"②。所以对于赵宋王朝这样一个强大的新生政权，高丽势必会在第一时间遣使建立外交关系。在这种局面下，宋主动向高丽遣使的可能性几乎没有，但高丽主动向宋遣使倒是合情合理。再结合前述《玉海》记载的"赏赐事件"，基本可以确定：高丽于建隆二年（961）曾遣使入宋，目的是祝贺宋立国。这样既解释了宋太祖为什么赐予高丽王昭衣带、鞍马，又印证了宋与高丽首次官方往来是高丽主动发起的事实。

至于建隆二年（961）高丽遣使后，宋为什么没有立即册封高丽的原因，可能与当时宋刚立国有关。宋太祖当时正忙于稳固政权，对周边国家册封的事情尚未提上日程，不过太祖还是以厚赐高丽国王的方式对高丽的遣使做出了积极回应，并于第二年（962）遣石曦出使高丽。太祖遣石曦赴高丽的原因，一方面是为了回应高丽，另一方面可能与太祖为稳固新立政权，有意"远交高丽"的心态有关。石曦抵达高丽并转达了宋太祖之意后，高丽王昭便立即遣李兴祐入宋，而石曦也因出使有功"迁左骁卫大将军"。所以宋与

---

① 杨通方：《五代至蒙元时期中国与高丽的关系》，载北京大学韩国研究中心编《韩国学论文集》第2辑，1993年版。

② （宋）欧阳修：《新五代史》卷74，四夷附录第三，中华书局1974年标点本，第919页。

高丽首次官方往来的时间是建隆二年，而不是建隆三年。

宋与高丽在宋立国后的三年间，进行了密切的遣使互动。高丽连续三次向宋遣使：建隆二年（961）遣使祝贺宋太祖建国；建隆三年（962）派李兴祐入宋朝贡；建隆四年（963）派时赞入宋朝贡兼答谢宋册封之恩。宋对高丽的回应是：建隆二年赐高丽王昭衣带、鞍马；建隆三年派石曦出使高丽；建隆四年春下诏册封高丽王，并对来朝贡的高丽使时赞"诏加劳恤"。古代国家间的官方交涉主要依靠来往使节，宋与高丽封贡关系的确立并非是一次遣使可以完成的，从建隆二年三月高丽遣使来贺，到建隆四年春宋太祖下诏册封高丽王，再到建隆四年年底高丽奉行宋年号，整个建交过程实际长达将近三年。

二 使者时赞关联问题

时赞是宋初往来于宋与高丽间的官方使节，关于时赞的国籍和身份等问题，中韩两方史书的记载完全不同。以《宋史》为代表的中方史书记载时赞是高丽朝贡使，以《高丽史》为代表的韩方史书记载时赞是宋派出的册命使，但双方史书对时赞一行人遭遇风浪一事的记载却又基本相同。有关时赞的记事，主要见于以下史书：

> 《宋史》卷487《高丽传》：（建隆四年）其年九月，遣使时赞等来贡，涉海，值大风，船破，溺死者七十余人，赞仅免，诏加劳恤。①（《宋史全文》卷1记载相同）
>
> 《续资治通鉴长编》卷4：（建隆四年）九月甲寅，登州言："高丽国王昭遣使时赞等入贡，涉海，值大风，船破，从人溺死者九十余人，赞仅而获免，诏劳恤之"。②
>
> 《高丽史》卷2：（光宗十四年）冬十二月始行宋年号。宋遣册命使时赞来，在海遇风，溺死者九十人，赞独免，王特厚

---

① 《宋史》卷487《高丽传》，第14036页。
② 《续资治通鉴长编》卷4，建隆四年九月甲申，第104页。

劳之。①

《高丽史节要》卷2：（光宗十四年）冬十二月，始行宋年号。宋遣册命使时赞来，赞等在海遇风，溺死者九十人，赞独免，王特厚劳之。②

中韩两国史书对时赞国籍、身份及使命等问题的记载，存在重大分歧，为明了事实，以下从四个方面进行分析。

第一，事件发生的时间顺序。《宋史》记载时赞来贡时间是"其年（963）九月"，在此之前宋太祖已下达了册封高丽王的诏书。（太祖）四年（963）春，降制曰："古先哲后……开府仪同三司、检校太师、玄菟州都督、充大义军使、高丽国王昭"③。按照先册封再遣使的顺序看，《宋史》的记载在时间上合情合理。《高丽史》和《高丽史节要》未明确记载时赞"来册命"的时间，但却把这件事记在建隆四年（963）十二月高丽行宋年号之后，这有失合理。史料显示，建隆四年除了宋太祖降制册封高丽王一事外，并没有其他关于高丽的册封，也就说时赞担当的"册命"就是册封高丽王。既然如此，那么他抵达高丽的时间应是在高丽行宋年号之前，而不是之后。

第二，出使所需的时间。宋代与高丽的海上往来主要利用季风，基本是按照太平洋夏季吹东南风，冬季刮西北风来选择航行。朱彧《萍州可谈》记载，"船舶去以十一月、十二月，就北风；来以五月、六月，就南风"④。所以去高丽舟船一般于夏季中入海，以乘西南季风，而自高丽还者则多选于十一月，以利用东北季风。当时活跃于宋丽海道上的宋商就是利用季风往返，普遍在六月、七月出航，八月到达高丽，十一月返航归国。

---

① 《高丽史》卷2《光宗世家》，第32页。
② ［朝鲜］金宗瑞等：《高丽史节要》卷2，光宗十四年十二月，首尔亚细亚文化社1973年版，第37页。
③ 《宋史》卷487《高丽传》，第14036页。
④ （宋）朱彧：《萍洲可谈》卷2，中华书局2007年标点本，第133页。

如果按《宋史》和《续资治通鉴长编》的记载，时赞一行到达登州的时间是九月份，再算上由于遭遇风浪而可能延误的时间，推测时赞一行最晚是在八月份便由高丽出发了，这与利用季风规律而应选择的出行时间并不一致，甚至可以说是逆风而行。但考虑到此次遣使的主要目的是答谢宋太祖的册封之恩，所以高丽在接受册封诏书后很可能是立即遣时赞入宋。这种情况下，不考虑季风的因素也是可能的。时赞一行在宋丽海道上遭遇风浪，九十余人溺亡，这或许与他们没有按照季风规律在合适的时间出海有关。

如果按《高丽史》的记载，时赞抵达高丽的时间是963年年底，而册封诏书是963年春下达，换言之时赞此行用了将近一年时间。虽然时赞一行途中遭遇风浪，延误了时间，但年初出发、年底才到达的情况还是值得怀疑。《宣和奉使高丽图经》记载，"自元丰以后，每朝廷遣使，皆由明州定海放洋，绝海而北，舟行皆乘夏至后南风，风便不过五日，即抵岸焉"[①]；南宋建炎二年（1128）杨应诚出使高丽，"九月癸未发三韩，戊子至明州之昌国县，仅六日耳"[②]，可见如果利用季风航行顺利的话，从宋到高丽仅需数日而已。不过，时赞一行遭遇风浪，所用时间肯定不止数日。

第三，时赞的身份。时赞究竟是为"册命"而出使，还是为"朝贡"而出使，取决于对他身份的认定。如果时赞是宋使，考虑到宋对使节选派的重视，特别是执行代表宋皇帝册封高丽国王的重任，宋史书中应存有此人资料。如宋太宗太平兴国元年（976）派出的赴高丽使节就留有记载，"太宗即位，加检校太傅，改大义军为大顺军，遣左司御副率于延超、司农寺丞徐昭文使其国"[③]，并且还明确提到了两人的官职，但查宋代人物，均不见有关于时赞的记载。而且对于成功出使的使节，宋廷一般都会有奖励，如石曦回

---

① 《宣和奉使高丽图经》卷3，封境，第6页。
② （元）马端临：《文献通考》卷325，四裔考二高句丽，浙江古籍出版社2000年标点本，第2561页。
③ 《宋史》卷487《高丽传》，第14037页。

来后便升迁至左骁卫大将军；雍熙二年（985）韩国华出使高丽，回来后拜右拾遗直史馆，面赐五品章服，兼判登闻院。所以即便假设《宋史》对时赞的记载有误，时赞不是高丽使而是宋使，那么在他遭遇风浪后能幸存并顺利完成任务的情况下，必然会得到宋廷的奖励和加官晋爵，但《宋史》里并没有留下这方面的记载。

第四，中韩两方史书的可信度。《续资治通鉴长编》（以下简称《长编》）成书于十二世纪，《宋史》成书于十四世纪，《高丽史》（《高丽史节要》成书时间比《高丽史》晚半年）成书于十五世纪，三部书中《高丽史》成书时间最晚。记事的完整性上，《长编》记载了时赞出使的时间、登岸地点和遭遇风浪的情况；《宋史》仅记载了时间和遭遇风浪一事；而《高丽史》则只有遭遇风浪一事，时间、地点均不详。不难看出，就关于时赞的记载而言，三部书中《长编》的可信度最高，《高丽史》把时赞记载成宋使，很可能是编纂中的失误。另外，《长编》记载溺亡人数为九十余人，《宋史》记载为七十余人，应以《长编》为准。

综合以上分析可知时赞是高丽被册封后向宋派出的使节，只是因《宋史》和《高丽史》对他的相关记载存在分歧，才导致了其身份的模糊。时赞一行的出使过程是：建隆四年春宋太祖下诏册封高丽王；册封诏书传谕至高丽；高丽王昭在受到册封后立即遣时赞入宋朝贡兼谢恩；时赞一行航海途中遭遇风浪，延误了时间，于当年九月才抵达登州；时赞幸存，宋太祖对时赞"诏加劳恤"；之后时赞一行返回，并于当年十二月回到高丽；高丽王对九死一生的时赞"特厚劳之"。同时，由于高丽早在建隆四年春就受到了宋太祖的册封，所以在时赞返回高丽前，高丽就已经奉行宋年号了。宋丽封贡关系确立后，高丽遣使入宋朝贡是一种十分自然的政治行为，时赞就是高丽派出的第一位真正意义上的朝贡使。宋初与高丽的使节往来，目的是为了建立双方都认可的封贡体制，这亦可以看作是对唐与新罗关系的一种延续。

三 使节往来中的"交际诗"

中国古代诗歌有兴、观、群、怨四大功能,"'兴'是指诗的性情教化功能;'观'是指诗可以观风俗之盛衰的认识功能;'群'是指诗歌群居切磋的交际功能;'怨'是指诗歌的政治批判功能"①。在宋丽使节往来过程中,诗歌"群"的功能发挥得淋漓尽致,出现了不少与使节有关的"交际诗",这种"交际诗"也是使节外交交涉中的重要内容。无论宋还是高丽,他们派出的使节基本都是学识渊博、文采出众的文臣。高丽时期的知名文人朴寅亮、李资谅、李资义、金富轼、金富辙、崔惟清等人都曾出使过宋朝。宋朝方面,刘攽、陈轩、苏轼、廖刚、叶梦得等文人均接待过高丽使节,并且以"三吕"(吕端、吕文仲、吕祐之)为代表的宋朝使节在高丽也获得了盛赞。使节奉使期间参加各类宴会、节日或重大活动时,经常会举行互赠书籍、唱和酬答、切磋诗歌等形式的交流,这些都是"交际诗"② 创作的背景。通观与宋、丽使节相关的交际诗歌,按照写作背景可分为三大类。

(一)馆伴接待和宴会上的即兴赋诗

宋代官僚文人阶层常被任命为接待高丽使节的馆伴,所以他们有许多与高丽使节接触的机会,不少中书舍人或翰林学士都曾有馆伴经历。此外,高丽使节沿途经过的地方,州郡长官也有招待使节的义务。这些馆伴或地方长官负责的接待事务比较琐碎,包括迎接贡使上岸、安排食宿、陪同游赏、护送入京等,所以他们中的有些人也会因此与高丽使节结下深厚友谊。叶梦得《石林诗话》记述了他以馆伴身份接待高丽使臣之事。

> 使人到阙不过月许日,即遣发。余馆伴时,上欲留观殿试

---

① 周裕锴:《诗可以群:略谈元祐体诗歌的交际功性》,《社会科学研究》2001年第5期。
② 清人厉鹗《宋诗纪事》卷95专门收录有高丽使节的诗歌(上海古籍出版社1983年标点本)。

放榜及上巳，遂几七十日。使者颇修谨详雅，余抚之既厚，每相感，饯行至占云馆而别，其副韩皦如，马上忽使人持一大玉带赠余云："此唐故物，其家世传以为宝，今以为献。"且于笏上自书一诗相示云："泣涕汍澜欲别离，此生无复再来期。谩将宝玉陈深意，莫忘思人见物时。"余以高丽使故事无解换例，力辞之。其词虽朴拙，然亦可见其意也。①

叶梦得与高丽使者韩皦如接触既久，结下了深厚友谊。尽管宋朝有官员与使节不可私自酬赠的规定，韩皦如在临行前还是拿出家传宝物相赠，并作了一首感人至深的惜别诗，足见二人感情的真挚与深厚。宋政府规定伴使（结伴、馆伴、送伴使）收到的私觌物，都要如实上报朝廷，私觌礼物的回赠由朝廷来负责置办或偿还其值。

在地方官员与使节的交往中，还有因所谓交往不当而被罢官的情况，"元丰中，高丽使朴寅亮至明州，象山尉张中以诗送之，寅亮答诗，序有'花面艳吹，愧邻妇青唇之动；桑间陋曲，续郢人白雪之音'之语，有司劾中小官不当外交"②，后来张中被罢官而且是终生不得重用，可见"诗交"也需谨慎。

对高丽来使，宋廷会举办宴会招待，并派文人作陪，宴会上高丽使节与宋士大夫赋诗唱和的情况也有很多。元丰五年（1082）元夕，神宗设宴庆贺佳节，高丽使节被请与宴，"右元丰中高丽遣崔思齐、李子威、高琥、康寿平、李穗入贡，上元宴之东阙之下。神宗制诗赐馆伴毕仲行，仲行与五人者及两府皆和进。其后使人金悌（第）、朴寅亮、裴（阙）、李绛孙、卢柳、金化珍等途中酬唱

---

① （宋）叶梦得：《石林诗话》卷中，逯铭昕校注，人民文学出版社 2011 年标点本，第 133 页。
② （宋）王辟之：《渑水燕谈录》卷 10，载《宋元比较小说大观》，上海古籍出版社 2001 年标点本，第 1302 页。

七十余篇，自编之为《西上杂咏》，绛孙为之序"①。参与这次宴会和诗的宋人有王珪、苏颂、曾巩、王安礼等。在宴会上，宋人还常为高丽使者即席撰写乐语，以歌颂宋丽之间的友好关系。如元丰七年（1084）二月，在接待高丽使节的宴会上，陪同宋臣廖刚作《高丽使副特排致语口号》②，刘一止作《代会高丽国信乐语口号》③，沈与求作《馆待高丽进奉使乐语口号》④ 等均是这类关于乐语的诗作。他们以馆伴身份，用诗歌的方式欢迎远道而来的高丽使者，并传达宋帝对使者的恩泽。元祐五年（1090），李资义、魏继廷等入宋，适逢元宵佳节，他们不仅受到宋哲宗的接见，并获准与宋臣一起赋观灯诗进奉，"高丽使人入贡，上元节于阙前赐酒，皆赋《观灯》诗，时有佳句"⑤。政和六年（1116）与郑沆一起入宋的李资谅在宋徽宗的宴席上也口占一首，令徽宗大加赞赏，第二天他的诗就传遍京城。宴会上的即兴赋诗也是使节外交交涉中的重要内容，这要求使节不仅要具备渊博的学识还要有敏锐的应变力，只有这样才能折冲于樽俎之间，否则就会贻笑大方。

（二）使节出使前友人的赠诗

由于辽的干扰，宋丽之间的交通主要利用海路。遥远的宋丽海道往往使送行的诗人们充满各种想象，加之海上航行危险莫测，宋人文集里也经常会出现海上航行时遇到的各种异象、奇闻，这就更提高了情感丰富的诗人们对奉使高丽的关注度。为了宽慰、鼓舞使节并表达希望平安出使归来的心情，作为同僚、朋友、亲人，这些宋代文人往往会在使节临行前赠诗祝福。

端拱元年（988）吕端奉使高丽，翰林学士李沆赋诗《贡院锁

---

① （宋）晁公武：《郡斋读书志》后志2，别集类，《高丽诗三卷》，景印文渊阁四库全书，台北商务印书馆1983年影印本，第674册，第430页。
② （宋）廖刚：《高峰文集》，景印文渊阁四库全书，台北商务印书馆1983年影印本，第1142册，第451页。
③ （宋）刘一止：《苕溪集》，线装书局2004年标点本，第251页。
④ （宋）沈与求：《沈忠敏公龟溪集》，上海书店1994年标点本，第333页。
⑤ （宋）沈括：《梦溪笔谈·续笔谈》，胡道静校证本，上海古籍出版社1987年版，第1068页。

宿闻吕员外使高丽赠徐骑省》（《全宋诗》卷54）；淳化元年（990）柴成务等人出使，王禹偁有《送柴郎中使高丽》（《小畜集》卷7）；宣和四年（1122）傅国华（傅墨卿）出使，程俱作《送傅舍人国华使高丽二首》（《北山集》卷7）。元丰元年（1078）安焘与林希①奉使高丽，苏辙、刘挚等都赋诗相送，作《送林子中安厚卿二学士奉使高丽二首》（《栾城集》卷8）和《送安厚卿二人使高丽》（《清波杂志》卷7）。元丰六年（1083）杨景略与钱勰出使高丽，归来时带来不少高丽特产，钱勰把这些东西赠予好友，刘攽、孔武仲、张耒、苏轼、苏辙、黄庭坚等纷纷作诗表示祝贺与感谢。高丽使节归国时，宋朝的文人士大夫也赠诗送别，如刘攽的《送高丽使》，"绝域求通使，皇华益藉才。男儿万里志，笑语片帆开……"②，对高丽使节为两国友好不远万里赴宋的行为高度赞扬。

（三）奉使期间的个人创作

对使节而言，出使既是一次完成政治使命的任务，也是一次对异国文化的探险之旅，彼国特有的奇异风光和风俗人情必将会引起他们强烈的好奇心。在出使过程中，高丽使节往往醉心于宋代发达的文物制度，而出使高丽的宋使则是寄情于高丽异于中原的风土。他们当中，许多使节都拥有敏锐的洞察力和顽强的毅力，他们以诗歌的方式创作了许多描绘异地山川景物和风俗民情的作品。此外，使臣在异地触景生情、思念家人，也会赋诗抒发感情。这种能够深入异国内部，体验不同风光的经历不是一般民众拥有的，如南宋时由于宋丽关系冷淡，刘宰对自己未能出使高丽而感到遗憾，他在《梦使高丽到东海口占》一诗中曰："梦魂飞到碧霄东，日出扶桑万丈红"③。

元丰三年（1080）入宋的高丽文人朴寅亮在奉使期间写下不少佳作，并得到了当时宋人的肯定与赞誉。朴寅亮一行在出使途中经

---

① 宋神宗认为林希形象不好，即"形貌忧郁不少舒"，后以陈睦取代。
② （宋）刘攽：《彭城集》，影印丛书集成本，中华书局1985年影印本，第215页。
③ （宋）刘宰：《漫塘文集》，线装书局2004年标点本，第106页。

过安徽泗州的龟山时,为眼前的美景所动,写下了《泗州龟山寺》①。其中的两句"门前客棹洪涛急,竹下僧棋白日闲",尤为宋人赞赏,流传很广,甚至后来被宋人谱成曲子吟唱。朴寅亮和另一位随行人员金觐的作品得到宋人的高度赞赏,宋人把二人的尺牍、表状、题咏结集成刊,号《小华集》。此外,朝鲜李仁老的《破闲集》中记载了宋真宗时出使宋的金富辙,他文思敏捷,与到访客人行酒令,所作诗文合座皆服。

宋使节在出使高丽期间也留下不少诗句,如元丰七年(1084)钱勰出使高丽返回途中留有诗句"屡却张膻使,犹留返璧殙"②。此外,刘祁《归潜志》里还记载了宋使节在高丽赋诗赠予馆妓的逸事:

> (赵翰林可)晚年奉使高丽。高丽故事,上国使来馆中,有侍妓,献之作《望海潮》以赠,为世所传。……先是,蔡丞相伯坚以尝奉使高丽,为馆妓赋《石州慢》,然蔡人"仙衣卷尽霓裳,方见宫腰纤弱"与赵之"惜卿卿"皆不免为人疵议之矣。③

诗歌本身虽然与使节进行的官方交涉无关,但却反映了当时高丽对宋使节的接待状况。宋对高丽使节的接待也是如此,在招待高丽使节的宴会上,也有歌舞助兴。如元丰七年(1084)二月,神宗下诏"高丽使入贡,依式用妓乐"④。因为航行需要利用季风,所以为选择最佳航行时间,双方使节有时不得不滞留较长时间,相信异国的生活必定会给他们带来不少的创作题材,只是这部分诗歌属于使节平时的个人创作,相比"交际诗"而言更不易保存下来。

---

① (清)厉鹗:《宋诗纪事》卷95 朴寅亮,上海古籍出版社1983年标点本,第2276页。
② (宋)李纲:《梁溪集》167,《宋故追复龙图阁直学士赠少师钱公(勰)墓志铭》,景印文渊阁四库全书,台北商务印书馆1983年影印本,第1126册,第751页。
③ (宋)刘祁:《归潜志》,载《元明史料笔记丛刊》,中华书局1983年标点本,第117页。
④ 《续资治通鉴长编》卷343元丰七年二月,第8246页。

第三章 宋丽间往来的民间商人

> 闽人务本亦知书，若不耕樵必业儒，惟有桐城南郭外，朝为原宪暮陶朱，海贾归来富不赀，以身殉货绝堪悲。似闻近日鸡林相，不博黄金不博诗。
>
> ——刘克庄《泉州南郭吟》

宋丽交流史长达三百余年（962—1279），其间官方所建立的政治关系时断时续，但双方的商业关系和商业活动却能保持持续不断。有学者认为，"在宋丽关系中商务关系比政治关系占更大的比重"①。宋丽间的商务关系表现为两种形式：一是两国使节承担的"贡""赐"贸易，即官方的朝贡贸易；二是民间贸易，主要承担者是往来于宋丽之间的民间商人。本章的研究对象是民间商人，包括宋商和高丽商，宋丽之间主要利用海路交通，所以民间商人主要指海商。与唐代是新罗商人主动来中国沿海地区进行贸易不同，宋丽贸易一个最显著的特点是大量宋商前往高丽进行贸易，他们的贸易活动比正式的使节团更为频繁。《宋史》及《高丽史》等文献中对宋商留下了较为丰富的记载，这与宋商时常会在宋丽关系非常时期担负某些政治使命的特殊身份有关。虽然他们的身份是民间商人，却受到了高丽政府的特别重视。元代时海商也大规模赴高丽贸易，但《高丽史》对元商记载不多，原因就在于元朝海商在高丽的

---

① ［韩］金渭显：《宋丽关系与宋代文化在高丽的传播及其影响》，载陈文寿译《韩中关系史研究论丛》，香港社会科学出版社有限公司2004年版，第128页。

活动基本上就只是单纯的贸易活动而已。

与宋商相比，有关高丽商人的记载很少。宋丽贸易是由宋商与高丽商共同承担的，只是两国商人活跃的阶段分别分布在不同时期。高丽商对宋贸易可分为三阶段："第一阶段是活跃期，时间从高丽建国（918）至成宗（981—997）初期；第二阶段是萧条期，时间从高丽成宗初到毅宗（1146—1170）年间；第三阶段是再度活跃期，时间从高丽毅宗到高宗（1213—1259）。"① 第一阶段高丽商活跃之时，宋商赴高丽的贸易活动尚未开始。高丽显宗三年（1012）宋商陆世宁以海道来献方物，才开宋商赴高丽贸易之始。第二阶段高丽商活动的萧条期正是宋商贸易的活跃期。这一时期高丽政府为打击国内海商豪族势力，推行海禁，在禁止高丽商出海的同时却对宋商敞开大门，且同时期宋政府对宋商的海上贸易大肆鼓励，故这一时段的宋丽民间贸易基本为宋商垄断。第三阶段高丽商再度活跃时已经是南宋的中后期了，这一时期宋商活动日趋减少，逐步陷入低潮。也就是说，从时间上看宋商和高丽商交替引领了整个宋丽海上民间贸易。

第一节　商人活跃的条件

无论宋商还是高丽商，他们的贸易活动均取决于两个因素：一是经济因素，经济发展的需要和宋丽经济交流的必要性是双方进行海上贸易的基本动力；二是政治因素，即政府对海上贸易的政策与态度，这在很大程度上影响和制约着商人的活动。总体来说，在具备了贸易往来的经济基础和物质条件后，宋丽间的海上贸易是在两国政府的积极支持和默许下实现的。

---

① 白承镐：《高丽海商与宋丽民间贸易》，《朝鲜·韩国历史研究》2013 年第 1 期（总第 13 辑）。

一 经济因素

（一）宋商品经济和航海能力

宋初经过一段时间的休养生息后，社会经济迅速发展。相较于唐代，宋代的手工业在规模、数量、种类等方面都有很大提高，大量手工业产品进入市场，为海外贸易提供了丰富的货源。尤其是东南沿海地区，商品经济日趋发达。与北方频繁经历战乱不同，南方社会环境相对安定，因而海外贸易呈现繁荣景象。北宋中期开始，商业理念也逐步发生变化，文武官员、宗室成员甚至僧尼都开始经商，就连赴京学子为了营生也顺便贩卖货物，商人成分日趋复杂。与之相对应，商人的社会地位也逐步提高，尤其是远涉重洋经营海外贸易的富商巨贾。"天下之士多出于商"，商贾可以通过向官府进纳钱粟而跻身仕途。商人还可以通过接受政府招募，为国家管理税收、充当出使随员等，比如在宋派往高丽的使节团中，就有很多商人随行。总之，宋人对商业的接受程度，已远远超过前代。

宋人驾驭和利用海洋的能力，也有很大提升。宋拥有当时世界上最先进的造船术，广州、泉州、杭州、明州、温州等沿海地区都是造船基地。宋代船只在质量上亦堪称一流，宋初"两浙献龙船，长二十余丈，上为宫室层楼，设御榻，以备游幸"[①]；"当时大的船舶可载五千料（五千石），五六百人；中等的船舶可载两千料至一千料，二三百人；余者谓之'钻风'，大小八橹或六橹，每船可载百余人"[②]。为通使高丽，宋曾先后两次下令在明州造"神舟"，两次神舟到达高丽，均受到了高丽"国人欢呼出迎"的待遇，场面盛大。由官府所造的巨船称为神舟，而一般通往高丽的民间船只称为客舟，客舟的运载量是神舟的三分之一左右。客舟船身"长十余丈，深三丈，阔二丈五尺，可载二千斛粟，其制皆以全木巨枋搀叠

---

① （宋）沈括：《梦溪笔谈·补笔谈》，胡道静校证本，上海古籍出版社1987年版，第954页。

② （宋）吴自牧：《梦粱录》卷12，《江海船舰》，浙江人民出版社1984年标点本，第111页。

而成，上平如衡，下侧如刀，贵其可以破浪而行也，……每舟篙师水手可六十人"①。宋商利用的商船，就是这种性能较好的客舟。按照船帆的数量，客舟可分为三种：有2至3个帆的是可容纳20至50人的小船；有5至6个帆的是可容纳50至80人的中船；有9至10个帆的是可以容纳80至150人的大船。

除官府造船外，民间的造船能力也很强，在"征发""和雇"的海船中包括远洋海船在内，如有需要则"先期委福建、两浙监司，顾募客舟，复令明州装饰，略如神舟"②。造船业的发达为宋丽海上贸易提供了优良的交通工具，使大规模的海运成为可能。指南针的应用是宋人航海能力提升的另一重要表现。"船入海洋，茫无畔岸，风雨晦冥时，惟凭针盘而行，乃伙长掌之，毫厘不敢差误"③，可见指南针对于海上航行的重要性。指南针是全天候的导航工具，它的使用大大提高了商人大海航行的安全性。而且宋代人们已懂得掌握海洋气象的变化规律，利用季风出海或返航。宋商在宋与高丽间往返时就是利用西南、西北季风，普遍在6、7月出航，8月到达高丽，11月返航归国。

（二）高丽经济恢复

高丽经历建国初的恢复期后，经济也逐渐好转，但在993年、1010年和1018年高丽曾连续三次受到辽入侵，国力损耗较大。不过十一世纪中期以后，高丽的社会经济开始迅速恢复。高丽政府大力推行劝农政策，开垦了很多平地，农业得到进一步发展。手工业也逐渐发展起来，有些如纸、毛笔、墨、扇等因"工技至巧"常作为贡品进献到宋。以这些为代表的高丽手工业产品，为高丽发展对宋的海上贸易提供了一定的物质基础。就航海能力而言，在十世纪前半期的后三国及高丽时代初期，高丽商人就掌握了从明州（宁波普陀山）到高丽西南部的"南部斜度航线"。当时西南海岸的重要

---

① 《宣和奉使高丽图经》卷34，海道一，客舟，第70页。
② 同上。
③ （宋）吴自牧：《梦粱录》卷12，《江海船舰》，浙江人民出版社1984年标点本，第112页。

港口罗州牧的商人们，经常往来于吴越地区进行商贸活动，这一点从《墨庄漫录》的记录中可得到印证，"三韩外国诸山在杳冥间，海舶至此，必有祈祷。寺有钟磬铜物，皆鸡林商贾所施者，多刻彼国之年号，亦有外国人留题，颇有文采者"①。

（三）宋丽经济上的互补需求

宋丽海上贸易往来次数频繁、交易物品种类繁多，尤其是高丽，对宋商品有着强烈的需求。这一时期宋代的茶叶、丝绸、瓷器，以及书籍等文化产品，是宋丽贸易中居于主导地位的强势商品。这些商品通过宋丽贸易进入高丽，不仅满足了高丽王室对奢侈品的需求，而且对高丽的经济、文化产生了巨大影响。如高丽的瓷器制造就深受宋越窑、汝窑的影响，十二世纪初出现了所谓的翡色青瓷时代，使其制瓷业出现了一个高峰。同时期从高丽输入宋的各类土物、金银器皿、文化用品及其他工艺品等，也受到了宋人的喜爱，成为宋丽贸易中的走俏商品。比如，高丽的白折扇就受到了宋文人的一致推崇，"白折扇编竹为骨……，供给趋事之人，藏于怀袖之间，其用甚便"②。高丽墨也十分出名，高丽墨用老松烟和麋鹿胶做成，当时宋的造墨名家潘谷就吸取了高丽的造墨经验，苏轼也赞誉高丽墨不下南唐李廷珪墨。

二 政治因素

（一）宋代的海外贸易政策

宋时外患严重，导致边防不安，军费开支庞大，为增加财政税收，宋政府在建国之初便制订了鼓励与推行海外贸易的基本国策。正所谓市舶之利可助国用，宋朝历代皇帝都十分重视海外贸易。对民间海外贸易的管理，宋政府沿袭了唐和五代时期的市舶司制度。开宝四年（971）宋廷率先在广南路下的广州设立市舶司；稍后于两浙路下的杭州设置市舶司；咸平二年（999）于明州单独设置市

---

① （宋）张邦基：《墨庄漫录》卷5，丁如明点校，上海古籍出版社2012年版，第109页。

② 《宣和奉使高丽图经》卷29，供张二，白折扇，第62页。

舶司；哲宗元祐二年（1087）和哲宗元祐三年（1088）先后在泉州和密州板桥镇增设市舶司。市舶机构中掌管宋与高丽海外贸易的主要是明州市舶司。市舶司的职责是征收商税、经营海货的专买和专卖，以及管理海外诸国的朝贡贸易，其日常工作还包括为船只办理公据、公凭和对进出口船只进行检查等。

宋朝政府规定外国商船到达港口后必须向市舶司报告，以征收舶税，即所谓的"抽解"。随着海外贸易的不断扩大，以"抽解"为主要来源的市舶收入逐渐增多。宋高宗曾说："市舶之利最厚，若措置合宜，所得动以百万计，岂不胜取之于民，朕所以留意于此，庶几可以少宽民力耳！"①据统计，"北宋仁宗皇祐年间（1049—1054）市舶收入53万贯，英宗治平年间（1064—1067）增至63万贯，南宋高宗绍兴年间（1131—1162）仅浙、闽、广三市舶司一年收入就200万贯，超过北宋最高额的两倍多，南宋时市舶之利约占全国税收总额百分之二十至三十"②。

为吸引和招徕外商，宋政府针对外商制定了一系列的优惠政策。比如：规定市舶官员如果强行征收外商税和收买货物，允许外商向宋政府当局控告；想办法帮助外商解决困难，提供生活上的方便；对遇风漂泊而来的外商给予救援；外商归国时市舶司设宴迎送；等等。为鼓励宋商出海贸易，宋政府对招诱外商来宋贸易的市舶纲首进行奖励，如纲首蔡景芳从建炎元年（1127）至绍兴四年（1134）招诱贩来货物净利收入高达98万贯，宋政府因此授予他承信郎官爵。

（二）高丽的贸易政策及对宋商态度

关于高丽的海外贸易政策，韩国学者朴玉杰认为："高丽当时除了传统的使臣贸易以外对海商政策、贸易本身不很积极，所以也没有留下什么记录，也难找出具体的事例，高丽对贸易的消极态度在对宋商人的政策中充分体现出来了，即对来丽的宋商人取一贯放

---

① （宋）李心传：《建炎以来系年要录》卷116，绍兴七年闰十月辛酉，中华书局1956年点校本，第1868页。
② 石文济：《宋代市舶司的设置与职权》，台湾《史学汇刊》1968年第1期。

任态度，没特别设立专管贸易的部分，就连征收关税的制度也没制定，仅一项可算积极的措施是为了宋商人的接待和住宿开设了客栈。"① 朴氏的这种观点与以往学者认为高丽政府优待并欢迎宋商的观点刚好相反。事实上，高丽政府的海外贸易政策，因执行对象的不同而有很大差异。

首先是对高丽商人的政策。高丽政府不仅不鼓励，反而打压，这与当时高丽国内的政治环境有关。高丽海商是强大的豪族势力集团，高丽初期王权尚未稳定，高丽王为加强中央集权和对地方的控制力，不得不抑制海商的发展。

其次是对宋商的政策。高丽政府对宋商的态度，经历了一个由放任到欢迎甚至是优待的过程，这与高丽的国内局势及实际需要有关。高丽为促进自身的发展需要不断引进宋的先进文化，但它又限制本国商人的出海，所以只能把希望寄托在与宋的官方交流上。然而由于周边局势的影响，宋丽关系并不稳定，高丽欲通过官方交流引进宋先进文物的计划，很大程度上不能满足高丽的需求。在这种背景下高丽政府开始关注宋商。"因为宋商不仅拥有出色的航海能力和雄厚的商业资本，更重要的是他们在高丽国内没有盘根错节的政治根基，无须患得患失，因此从十一世纪初开始高丽推行积极招徕宋商的优惠措施。"② 高丽政府在开京专门设立了接待宋商的客馆，其中有"曰清州、曰忠州、曰四店、曰利宾，皆所以待中国之商旅"③。每逢节日高丽政府还宴请宋商，文宗九年（1055）二月寒食节，高丽文宗"飨宋叶德宠等 87 人于娱宾馆，黄拯等 105 人于迎宾馆，黄助等 48 人于清明馆"④，共宴请宋商 240 人。在宋丽官方往来中断期，仍有大批宋商冒险到高丽进行贸易，高丽不仅允

---

① ［韩］朴玉杰：《宋代商人来航高丽与丽宋贸易政策》，载黄时鉴主编《韩国传统文化·历史卷》，学苑出版社 2000 年版，第 64 页。
② 白承镐：《高丽海商与宋丽民间贸易》，《朝鲜·韩国历史研究》2013 年第 1 期（总第 13 辑）。
③ 《宣和奉使高丽图经》卷 27，馆舍，客馆，第 59 页。
④ 《高丽史》卷 7《文宗世家》，第 106 页。

许他们登岸而且还设宴招待。高丽政府还允许宋商在高丽定居,如1055年进入高丽的宋商黄忻就曾带两个儿子蒲安、世安定居高丽。对于一些有能力的宋商,高丽政府还委以官职,比如:显宗时宋泉州商人欧阳征被封为"左右拾遗";文宗时泉州商人肖宗明被封为"权知阁门祗候"等。

高丽对宋商如此优待,有两方面原因。第一是想通过宋商获得高丽所需的宋商品。对宋商带来的物品,高丽政府以"进献"物品对待,因此不对宋商收税。后来高丽王廷和地方政府在接收宋商的物品后,折其数倍的价值回赠礼物,即以"答礼"作为酬谢。"贾人之至境,遣官迎劳,舍馆定,然后于长龄受其献,计所直以方物,数倍偿之。"① 除了"进献"的形式外,宋商还直接和高丽政府做生意。他们有时会替高丽政府购置宋商品,并可事先得到高丽政府支付的银两。如高丽宣宗四年(1087)宋商徐戬进献的《夹注华严经》,就是收取订金后在杭州定做的。不过,南宋以后高丽对宋商的态度开始冷却,尤其是1271年以后,由于蒙古的干涉高丽不敢接待宋商。第二是宋商的身份特殊。宋丽官方断交时,宋商往往代替使节扮演联络两国、互通消息的角色,从中穿针引线,起到了"实际邦交"的作用。因而高丽政府对到来的宋商十分重视,有时甚至以使节规格接待宋商。如《高丽史节要》记载:

> (睿宗十五年,1120)宋遣承信郎许立、进武校尉林大荣等来,及还,王欲许阶上参见,起居注韩冲、左司谏崔臣麟、侍御史崔洪略等谏曰:"今招使本商人,尝到我国与市井人贩卖,而又秩卑,于传诏日拜阶上,已是过谦,今宜拜阶下。"从之。②

高丽睿宗十分重视对宋朝来使的接待,"商人使节"到来时,同样受到了"拜阶上"的礼遇,甚至在离开时睿宗仍"欲许阶上

---

① 《宣和奉使高丽图经》卷6,宫殿二,长令殿,第12页。
② [朝鲜]金宗瑞等:《高丽史节要》,睿宗十五年七月,首尔亚细亚文化社1973年版,第218页。

参见",只是最后在大臣的建议下才降低了对这些"商人使节"的接待规格。

第二节 宋商的构成

一 身份构成

宋代海外贸易发达,商业理念已遍及普通民众,出海贸易每十贯之数可以易蕃货百贯之物,百贯之数可以易蕃货千贯之物。"丰厚的利润使社会各阶层都把目光投至海外贸易,上至公卿显贵、文武官员,下至农户、渔民、小商小贩,或亲自造船出海,或与人合股,或租船募人,或从巨贾手中买货贩卖,原为国家所控制的对外贸易,逐渐转入私人手中。"① 从构成及规模看,宋代的海商可分为舶商、散商和杂商三类。

(一)舶商

舶商指拥有独立身份的专职海商,其户籍专列一类,称为舶户。宋时泉州、台州、福州、广州等地都有舶商前往高丽。舶商财力雄厚,有的自己出资造船,有的租用他船,不少舶商是世代相袭、累世经营。如"温州巨贾张愿,世为海贾,四明人郑邦杰以泛海贸迁为业,素以海外贸易为本业"②。舶商主导的海上贸易特点在于规模巨大,他们有的采取合股经营,有的委托行钱为代理人出海贸易。行钱是高利贷资本的代理人,《投辖录》记载"大桶张氏者,以财富雄长京师。凡富人以钱委人,权其子而其半,谓之行钱,富人视行钱如部曲也"③。淳熙五年(1178),"泉州海商王元懋使行钱吴大作纲首,一去十载,获息数十倍"④。舶商出海贸易

---

① 朴真奭:《中朝经济文化交流史研究》,辽宁人民出版社1984年版,第35页。
② 黄纯艳:《宋代海外贸易》,社会科学文献出版社2003年版,第99页。
③ (宋)王明清:《投辖录》卷5,朱菊如、汪新森校点,上海古籍出版社2012年标点本,第17页。
④ 李玉昆:《海上丝绸之路与宋元泉州海商》,《"泉州港与海上丝绸之路"国际学术研讨会论文集》,2002年,第338—349页。

须得到宋政府批准，向市舶司领取公凭，并呈报所载货物及船上人员的相关信息，且需注明船只的大小、载重量及要去的国家和地区等。同时政府还要求舶商找殷实户做担保，并保证不夹带违禁品。由于舶商进行的贸易规模巨大，宋政府对舶商的管理尤其重视。

（二）散商

散商主要指东南沿海地区从事小额贸易的各类商人。包括渔民、农民、小商小贩、失去土地的无业游民、不得志的知识分子和士大夫等各色人群，他们也是海外贸易的参与者。与舶商不同的是，他们资力微薄，从事小本买卖，或共同搭附别船出海，或在船上租小块舱位。"海舶大者数百人，小者百余人，以巨商为纲首，副纲首杂事，……船舶深阔各数十丈，商人分占贮货，人得数尺许，下以贮物，夜卧其上"①，这些靠租借别船仓位以贮货的商人，指的就是散商。散商又称"搭客""贴客"，他们惨淡经营，能发财致富者不多，有的甚至要靠举借高利贷维持营生。"泉州客商七人，曰陈、曰刘、曰吴、曰李、曰余、曰蔡，绍熙元年六月，同乘一舟浮海"②，描述的就是散商共同搭船出海的情景。这些散商或为生计所迫或为利益驱使出海逐利，加上宋政府对海外贸易的鼓励，沿海居民中从事海上贸易的散商越来越多。"则此土贩海之商，无非豪富之民，江淮闽浙处处有之。"③《独醒杂志》记载当时有个破产的彭姓商人，身边只剩下数千钱，"适有数千钱，谩以市石蜜发舟"④，绝望之际，便买了石蜜（糖）登上船舶到海外去发卖，数千钱就是数贯，而那些大商人的资本至少要有三千贯，相比之下何等悬殊。

（三）杂商

杂商指拥有别种特定身份，为追求利润而从事海外贸易的"兼

---

① （宋）朱彧：《萍洲可谈》卷2，中华书局2007年标点本，第133页。
② （宋）洪迈：《夷坚志》，夷坚三志己目录卷2《余观音》，何卓点校，《古体小说丛刊》，中华书局1981年版，第1318页。
③ （宋）包恢：《敝帚稿略》卷1，《禁铜钱慎省状》，景印文渊阁四库全书，台北商务印书馆1983年影印本，第1178册，第714页。
④ （宋）曾敏行：《独醒杂志》卷10，载《宋元笔记小说大观》，上海古籍出版社2001年标点本，第3288页。

职海商"。比如宗族成员、官吏、军将、僧人、牙人①以及驾驶、操作船舶的水手和船员等，这些人的共同之处在于他们的本职并非商人。宋代官吏从商风气浓厚，宋政府曾明令禁止现任官吏从事海上贸易，尽管三令五申但仍有不少官员无法抵御厚利的诱惑。涉足海外贸易的宗族成员、军将等也在杂商占有一定比例。"他们指派专人为自己经营海外贸易，搜集奇珍异宝、香料药材，一则为了满足自己奢侈生活的需要，二则通过转卖谋取暴利"②，可谓是隐藏在杂商中的特权阶层。僧人中也有参与海外贸易者，如林昭庆本为漳州开元寺僧人，他结托乡里同好组成商队，数年后成为富甲一方的商人。不过，他后来把财产全部托付与人，再次为僧，最终成为临济宗名僧。牙人、水手、船员等亦利用职业之便利从事海外贸易，如他们会在商船为自己预留一小块舱位，免费搭载货物，这与前述那些靠租舱位进行贸易的散商差不多。

宋政府虽然大力鼓励海外贸易，但为了最大限度地把海外贸易控制在政府手中，对海商们制订了严格的管理制度。如对沿海船户另编户籍，通过保甲连坐等手段来控制海商的活动。对于出海贸易的商人，政府规定必须登记、领取公凭，否则就属于私贩，要受处罚。商人贸易归来后，还必须到原申请公凭的市舶司接受抽买，即征税。

二 对宋商的统计

宋建国之初的五十余年并没有商人赴高丽贸易的记录。高丽显宗三年（1012），宋商陆世宁以海道来献方物，开宋商赴高丽贸易之始，一直到南宋灭亡的前一年（1278），历时二百六十余年。为具体考察这支庞大的商人群体，现对这二百六十余年间有文字记载的宋商进行统计。

---

① 牙人指舶货交易中从事居间说合的经纪人，包括管制市场、约束商人、承担信用担保、经营邸店和舶货买卖等多种职能的特殊商人团体。详参廖大珂《宋代牙人牙行与海外贸易》，《海交史研究》1990年第2期。

② 陈高华、吴泰：《宋元时期的海外贸易》，天津人民出版社1981年版，第23页。

表4　　　　　　　　　赴高丽贸易宋商统计表

北宋

序号	年份［高丽］	月份	姓名	籍贯	人数	进献物品及活动	备注
1	1012（显宗三年）	10	陆世宁	南楚		献方物	
2	1017（显宗八年）	7	林仁福	泉州	40	献方物	
3	1018（显宗九年）	闰4	王肃子	江南	24	献方物	
4	1019（显宗十年）	7	陈文轨	泉州	100	献土物	
5	1019（显宗十年）	7	卢瑄	福州	100余	献香药	
6	1019（显宗十年）	10	志难	两浙	60		
7	1020（显宗十一年）	2	怀贽	泉州		献方物	
8	1022（显宗十三年）	8	陈象中	福州		献土物	
9	1022（显宗十三年）	8	陈文遂	广南		献香药	
10	1026（显宗十七年）	8	李文通	广南	3	献方物	
11	1027（显宗十八年）	8	李文通	江南①		献书597卷	
12	1028（显宗十九年）	9	李郡	泉州	30余	献方物	
13	1029（显宗二十年）	8	庄文实	广南	80	献土物	
14	1030（显宗二十一年）	7	卢遵	泉州		献方物	
15	1031（显宗二十二年）	6	陈惟志	台州	64		
16	1033（德宗二年）	8	林蔼	泉州	55	献土物	都纲
17	1034（德宗三年）	11	宋商				
18	1035（靖宗元年）	11	宋商客			献方物	八关会赐座、观礼

① 李文通连续两年赴高丽贸易，对其籍贯有江南、广南两种记载。

续表

			北宋				
序号	年份［高丽］	月份	姓名	籍贯	人数	进献物品及活动	备注
19	1036（靖宗二年）	7	陈谅		67	献土物	
20	1036（靖宗二年）	11	宋商			献土物	八关会观礼
21	1037（靖宗三年）	8	朱如玉		20		
22	1037（靖宗三年）	8	林赟			献方物	
23	1038（靖宗四年）	8	陈亮	明州	147	献土物	
			陈维绩	台州			
24	1039（靖宗五年）	8	惟绩①		50	献方物	
25	1041（靖宗七年）	11	王诺			献方物	
26	1045（靖宗十一年）	5	林禧	泉州		献土物	
27	1047（文宗元年）	9	林机			献土物	
28	1049（文宗三年）	8	徐赞	台州	71	献方物	
29	1049（文宗三年）	8	王易从	泉州	62	献珍宝	
30	1052（文宗六年）	8	林兴		35	献土物	
31	1052（文宗六年）	9	赵受		26	献土物	
32	1052（文宗六年）	9	萧宗明	泉州	40	献土物	
33	1054（文宗八年）	7	赵受		69	献犀角、象牙	
34	1054（文宗八年）	9	黄助		48		
35	1055（文宗九年）	2	叶德宠		87	寒食节赐宴	
			黄拯		105		
			黄助		48		
36	1055（文宗九年）	9	黄忻				都纲，携子蒲安、世安来投

① "惟绩"与前一年赴高丽的"陈维绩"疑为同一人，而"陈维绩"与1031年赴高丽的"陈惟志"亦可能为同一人，当然也可能是同族兄弟等。

续表

北宋							
序号	年份［高丽］	月份	姓名	籍贯	人数	进献物品及活动	备注
37	1056（文宗十年）	11	黄拯		29	献土物	
38	1057（文宗十一年）	8	叶德宠		25	献土物	
39	1057（文宗十一年）	8	郭满		33	献土物	
40	1058（文宗十二年）	8	黄文景	泉州		献土物	
41	1059（文宗十三年）	4	萧宗明	泉州			留丽，瞻望法驾
42	1059（文宗十三年）	8	傅男			献方物	
43	1060（文宗十四年）	7	黄助		36	献土物	
44	1060（文宗十四年）	8	徐意		39	献土物	
45	1060（文宗十四年）	8	黄元载		49	献土物	
46	1061（文宗十五年）	8	郭满			献土物	
47	1063（文宗十七年）	9	郭满			献土物	
48	1063（文宗十七年）	10	林宁			献土物	
			黄文景	泉州			
49	1064（文宗十八年）	7	陈巩			献土物	
50	1064（文宗十八年）	8	林宁			献珍宝	
51	1065（文宗十九年）	9	郭满			献土物	
			黄宗				
52	1068（文宗二十二年）	7	黄慎①			来见	政治使命
53	1068（文宗二十二年）	7	林宁			献土物	
54	1069（文宗二十三年）	6	杨从盛			献土物	
55	1069（文宗二十三年）	6	王宁			献土物	

① 黄慎，又作黄谨、黄真，指同一人。

续表

北宋							
序号	年份[高丽]	月份	姓名	籍贯	人数	进献物品及活动	备注
56	1070（文宗二十四年）	8	黄慎			复来见	政治使命
57	1071（文宗二十五年）	8	郭满		33	献土物	
58	1071（文宗二十五年）	9	元积		36	献土物	
59	1071（文宗二十五年）	9	王华		30	献土物	
60	1071（文宗二十五年）	10	许满		61	献土物	
61	1073（文宗二十七年）	11	宋人			献礼物	参加八关会
62	1075（文宗二十九年）	3	傅旋①				持高丽礼宾牒至宋
63	1075（文宗二十九年）	5	王舜满		39	献土物	
64	1075（文宗二十九年）	6	林宁		35	献土物	
65	1077（文宗三十一年）	7	林庆		28	献土物	
66	1077（文宗三十一年）	9	杨从盛		49	献土物	
67	1079（文宗三十三年）	8	林庆		29	献土物	
68	1081（文宗三十五年）	2	林庆		30	献土物	
69	1081（文宗三十五年）	8	李元绩		68	献土物	
70	1082（文宗三十六年）	8	陈仪			献珍宝	
71	1085（宣宗二年）	4	林宁				搭载义天入宋

① 《续资治通鉴长编》卷261记载，傅旋在熙宁八年三月持高丽礼宾省帖还，但此人未见于《高丽史》和《宋史》。

续表

				北宋				
序号	年份［高丽］	月份	姓名	籍贯	人数	进献物品及活动	备注	
72	1087（宣宗四年）	3	徐戬①	泉州	20	献新注《华严经》板		
73	1087（宣宗四年）	4	傅高		20	献土物		
74	1089（宣宗六年）		颜显				义天与宋的通信联络	
			李元積	泉州				
75	1089（宣宗六年）	10	杨注		40	献土物		
76	1089（宣宗六年）	10	徐成		59	献土物		
77	1089（宣宗六年）	10	李珠		127	献土物		
78	1089（宣宗六年）	12	杨甫				搭载寿介至杭州	
			杨俊					
			徐戬	泉州				
79	1090（宣宗七年）	3	徐成		150	献土物		
80	1094（宣宗十一年）	6	徐祐		69	献土物，贺即位	都纲	
81	1094（宣宗十一年）	7	徐义			献土物	都纲	
82	1094（宣宗十一年）	8	欧保		64		都纲	
			刘及					
			杨保					

① 徐戬先受高丽钱物，然后在杭州雕造《夹注华严经》，最后运送至高丽，这说明在这之前徐戬有赴高丽的经历。如果是第一次去高丽的话，徐戬不可能如此轻易就达成与高丽王室的贸易，而且从高丽王廷先付订金的情况看，他们对徐戬应该是了解的，不过此前他到高丽的贸易活动，并未见于记载。

续表

			北宋				
序号	年份［高丽］	月份	姓名	籍贯	人数	进献物品及活动	备注
83	1095（献宗元年）	2	黄冲		31		搭慈恩宗僧慧珍同来
84	1095（献宗元年）	8	陈仪 黄宜		62	献土物	
85	1096（肃宗元年）	10	洪辅		30	献土物	
86	1097（肃宗二年）	6	慎奂		36		
87	1098（肃宗三年）	11	洪保		20	献土物	
88	1100（肃宗五年）	9	李琦		30		都纲
89	1100（肃宗五年）	11	宋商			献土物	参加八关会
90	1101（肃宗六年）	11	宋商			献方物	参加八关会
91	1102（肃宗七年）	6	黄珠		52		
92	1102（肃宗七年）	闰6	徐修		3		
93	1102（肃宗七年）	闰6	朱保		40余		
94	1102（肃宗七年）	9	林白绚		20		
95	1103（肃宗八年）	2	杨炤		38		纲首
96	1104（肃宗九年）	8	周颂			献土物	都纲
97	1110（睿宗五年）	6	李荣		38		
98	1110（睿宗五年）	7	池贵		42		
99	1113（睿宗八年）	5	陈守			献白鹇	都纲
100	1116（睿宗十一年）	4	杨明				谒王
101	1120（睿宗十五年）	6	林清			献花木	于道
102	1124（仁宗二年）	5	柳诚		49		政治使命

续表

			南宋				
序号	年份［高丽］	月份	姓名	籍贯	人数	进献物品及活动	备注
103	1128（仁宗六年）	3	蔡世章			赍高宗即位诏来	纲首，政治使命
104	1131（仁宗九年）	4	卓荣			来奏	都纲，政治使命
105	1136（仁宗十四年）	9	陈舒			赍公凭来	告对金关系，政治使命
106	1138（仁宗十六年）	3	吴迪		63	持明州牒来报	政治使命
107	1147（毅宗元年）	5	黄鹏 陈诚		84		
108	1147（毅宗元年）	8	黄仲文		21		都纲
109	1148（毅宗二年）	8	郭英 庄华 黄世英 陈诚 林大有		330		
110	1148（毅宗二年）	10	彭寅①			带图给秦桧	政治相关

---

① 《高丽史》卷17毅宗二年十月丁卯记载：李深、智之用联合宋人张喆意图谋反高丽，勾结秦桧，让秦桧借伐金之名假道高丽，然后和秦桧里应外合。彭寅给秦桧带去了高丽地图和书等，后来这些东西被林大有获得，林大有又把这些东西运往高丽，企图揭发他们的阴谋。

续表

序号	年份[高丽]	月份	姓名	籍贯	人数	进献物品及活动	备注
			南宋				
111	1148（毅宗二年）	10	林大有			得书和图来告李深、智之用、张喆阴谋	政治相关
112	1148（毅宗二年）	12	谭全 陈宝		14		
113	1149（毅宗三年）	7	丘迪 徐德荣		105		都纲
114	1149（毅宗三年）	8	廖悌		64		
115	1149（毅宗三年）	8	林大有 黄辜		71		都纲
116	1149（毅宗三年）	8	陈诚		87		都纲
117	1151（毅宗五年）	7	丘通		41		都纲
118	1151（毅宗五年）	7	丘迪 徐德英		35 67		
119	1151（毅宗五年）	8	陈诚		97		都纲
120	1151（毅宗五年）	8	林大有		99		都纲
121	1152（毅宗六年）	7	许序		49		都纲
122	1152（毅宗六年）	7	黄鹏		91		都纲
123	1152（毅宗六年）	8	廖悌		77		都纲
124	1157（毅宗十一年）	7	宋商			献鹦鹉、孔雀、异花	
125	1162（毅宗十六年）	3	侯林		43	持明州牒报完颜亮事	政治使命

续表

	南宋						
序号	年份［高丽］	月份	姓名	籍贯	人数	进献物品及活动	备注
126	1162（毅宗十六年）	6	邓成		47		都纲
127	1162（毅宗十六年）	6	徐德荣		89		
			吴世全		142		
128	1162（毅宗十六年）	7	河富		43		都纲
129	1163（毅宗十七年）	7	徐德荣			献孔雀、珍玩及宋帝密旨，金银盒两副，盛以沉香	政治使命
130	1173（明宗三年）	6	徐德荣			宋派遣	政治使命
131	1174（明宗四年）	5	沈忞①			向宋进献《三国史记》	
132	1174（明宗四年）	8	宋商			送还漂流人张和等五人	
133	1175（明宗五年）	8	张鹏举				
			谢敦礼				
			吴秉直				
			吴克忠				
134	1184（明宗十四年）	9	宋商			搭附宋进士王逢辰去高丽	乞赴试别赐乙科
135	1186（明宗十六年）	5	宋商			送还漂风人李汉等五人	

① 《玉海》卷19记载沈忞的身份是明州进士，他从高丽带来《三国史记》进献给宋政府，并得到了100两赏赐，实际也扮演了商人角色。

续表

序号	年份［高丽］	月份	姓名	籍贯	人数	进献物品及活动	备注
	南宋						
136	1190（明宗二十年）		宋商			回宋时带回李奎报诗文集	
137	1192（明宗二十二年）	8	宋商			献《太平御览》	
138	1205（熙宗元年）	8	宋商				船将发礼成江被查出携带违禁物品
139	1221（高宗八年）	10	郑文举		115		
140	1229（高宗十六年）	2	金仁美		2	送还济州遇难民梁用才等28人	都纲
141	1231（高宗十八年）		宋商			进献水牛	
142	1259（高宗四十六年）	3	范彦华				带回三名被蒙古俘虏的南宋人
143	1260（元宗元年）	10	陈文广				被内侍院侵夺，申诉金仁俊

续表

	南宋					
序号	年份［高丽］	月份	姓名	籍贯	人数	进献物品及活动	备注
144	1270（元宗十一年）	12	宋商				
145	1278（忠烈王四年）	10	马晔			献方物	

资料来源：本表格制作时主要依据：《高丽史》，朝鲜科学院古典研究出版委员会1957年整理本；《高丽史节要》，首尔亚细亚文化社1973年版；《宋史》，中华书局1985年标点本；《续资治通鉴长编》，中华书局1985年标点本。并参考：宋晞《宋商在宋丽贸易中的贡献》，《宋史研究论丛》第二辑，台北中国文化研究所1980年版，第146—159页；朴真奭：《11—12世纪宋与高丽的贸易往来》，载郑判龙主编《朝鲜学—韩国学与中国学》，中国社会科学出版社1993年版，第79—81页；全海宗：《中韩关系史论集》，中国社会科学出版社1997年版，第266—272页；杨渭生：《宋丽关系史研究》，杭州大学出版社1997年版，第269—279页；［韩］朴玉杰：《宋代商人来航高丽与丽宋贸易政策》，载《韩国传统文化·历史卷》，学苑出版社2000年版，第51—57页；杨昭全、何彤梅：《中国—朝鲜·韩国关系史》，天津人民出版社2001年版，第256—263页；［韩］李镇汉：《高丽武臣政权期宋商的往来》，《民族文化》第36辑，第188—190页；［韩］金庠基：《高丽时代史》，东国文化社1961年版，第189—193页。

第三节 对宋商的群体考察

宋商作为宋与高丽往来人员中人数最多的群体，具有规模大、往来次数频繁、涉及领域广泛、身份复杂等鲜明特征。

一 出航人数和次数

（一）对人数的估算

依据表4"赴高丽贸易宋商统计表"进行统计，宋商赴高丽贸易的次数总计145次，北宋102次（约占70%），南宋43次（约占30%）；涉及的宋商总人数为4999人，北宋3120人（约占62%），南宋1879人（约占38%）。这些数字是把表4中留有记载的相关数字相加而成，事实上还有很多次出航贸易并未记载出行人数,特别是一些大中型的商业船队。

表5　　　　　　　宋商团人数统计表

出航人数	事例次数	比例	合计人数	比例
未记载	61	42.1%	0	0
1—20人（超小规模）	5	3.4%	42	0.8%
21—50人（小规模）	44	30.3%	1549	31%
51—80人（中等规模）	21	14.5%	1392	27.8%
81—150人（大规模）	11	7.6%	1215	24.3%
150人以上（超大规模）	3	2.1%	801	16.1%
合计	145	100%	4999	100%

资料来源：表中数据依据表4"赴高丽贸易宋商统计表"统计得出。

由表5可知，在有记录的145次出航事例中，未记载宋商人数的事例多达61次，几乎占总次数的一半。可见，若对出航宋商人数进行统计，得出的结论最多只能是实际人数的60%左右。商团的规模按照人数的多少可分为五等，其中小、中规模的商团在出航次数和人数上占较大比重。小、中规模的商团每次出航人数平均50人左右，如果按这个数字推算的话，那么这61次未见人数记载的出航事例，人数应该是3050（50×61）人，再加上已有记载的4999人，总数为8049人。此外，不足20人的商团共有5个，人数分别为3人、20人、3人、14人、2人。很明显，这5次中有3次应该是漏记了人数，因为从宋到高丽的海上航行不可能是两三个人能够完成的。这样由两三个人组成的商团，很可能是搭附别船。宋代造船术发达，船的规模和载重量都比以前大大增加，有很多较大的海船会把船分成一格一格的小仓库，出租给势单力薄的个体商人。诸如此类的情况，对实际出航人数是无法估算的。

除去未记载具体人数的情况，宋商商队的规模基本是在21—150人之间，这说明宋商出航主要利用的就是前述那种装载量为20—150人规模的客舟。150人次以上规模的事例共有3次，人数分别为240人、330人、231人。240人的那次是在文宗九年（1055）由叶德宠、黄拯和黄助率领的船队，分别搭载了87人、105人和48人；330人的那次是在毅宗二年（1148）由郭英、庄华、黄世英、陈诚、林大有率领的船队，但没有记载他们每人所负责船只的具体搭载人数；231人的那次是毅宗十六年（1162）由徐德荣和吴世全所率领的船队，他们二人分别搭载89人和142人。出现这种超大规模商团的原因推测有两个：一是这些商船的纲首自愿组成船队一起赴高丽贸易，这可能与他们运载货物数量大、单个船只无法完成有关；二是史书记载时，把他们合在了一项记事中，这可能与他们前往高丽的时间相近有关。

以上对宋商出航高丽人数的统计，只是按照史书记载进行的理论估算，在宋丽并存的三百余年中，实际往来的次数及人数要远远超过这些。黄宽重先生指出："当时见于《高丽史》记载的中国宋代海商，通常是高丽国王接见的，如果不与国王有关，中国海商的到来便不会引起注意。因此《高丽史》上的有关记载只是从一个方面反映了中国海商的活动，远不是全部，肯定还有许多到高丽贸易的中国海商被《高丽史》遗漏了。在宋辽、宋金对峙的形势下，前往高丽的中国海商往往担负着沟通双方关系、传递政治信息的使命，他们的到来自然受到高丽政府的特殊重视，所以常有国王出面接见宴请之事。"[1] 关于史书漏载的问题，存在以下几种情况：

第一，宋初五十年宋商的出航记录缺载。史书记载宋商首次出航的时间为1012年，这时宋已建国五十余年。虽然这期间宋商赴高丽贸易的条件还不成熟，但并不能据此判断当时没有宋商前往高丽。而且这一时期宋丽官方外交尚且稳定，宋丽之间存在贸易往来，只是当时活跃在宋丽海道上的主角是高丽海商集团，宋商大规模的贸易活动尚未拉开序幕。

第二，对散商和杂商的漏载。宋代商业发达，尤其海上贸易获

---

[1] 黄宽重：《高丽与宋金的关系》，载《南宋史论集》，台北新文丰出版社1985年版，第265—305页。

利丰厚，因此形形色色的各类散商、杂商也加入到海外贸易的大潮中。他们资金少、没能力购置船只，往往采取租赁的方式获取巨贾商船的舱位，以此来搭载货物谋得小利。这些商人人数分散，往往被史书漏载。对于宗族成员及官吏等特殊身份的杂商，由于宋政府明令禁止，所以史书不可能记载。此外，还有一部分跟随使节团出使的"随员商人"。"富商们甘心充当出使随员，一是因为'赏给丰腴'，二是因为回国后可享受'迁官恩例'，所以争先恐后不惜用重金来购得出使机会，这些接受政府招募的商人事成后都能获得官职，进入仕途。"① 这部分"随员"的巨商大贾，虽然打着官方出使的旗号，但实际上是借官方之名从事私人贸易。

第三，对"驻丽宋商"的漏载。宋商抵达高丽后一般是在市场上进行自由贸易，高丽没有固定的店铺，交易对象比较分散。作为运载工具的海船到达高丽后，它既是存货仓库也是交易场所，亦买亦卖，所耗时间长，有些商人往返一次甚至需要数年。"随着航海贸易的发展和宋朝廷鼓励海商加速航运周转，为克服船舶住冬，缩短航运周期，便逐渐出现了卸货留人，长期住港交易的驻外海商。"②《宋史》中提到的在开京的"闽人"，应该就是这类长期侨居高丽的商人或称中间商，即"驻丽宋商"。他们的出现是海外贸易繁荣的产物，由他们负责销售宋商的商品，这样就大大缩短了往返时间。关于这部分"驻丽宋商"的人数无法估算。事实上，宋商往返越是频繁，史书漏载的可能性越大。

第四，对私商私贩的漏载。宋代商人走私贸易十分猖獗，前往高丽走私的商人也大有人在，为此宋政府颁布了一系列禁令，但都收效甚微。禁令期间仍有大批宋商不惜冒险私自往高丽贩运，以牟取暴利。关于这部分私商私贩史书肯定存在漏载。

---

① 朱瑞熙：《宋代商人的社会地位及其历史作用》，《历史研究》1986年第2期，第135页。
② 陈丽华：《闽南海上走私探析》，载吕良弼主编《论闽南文化》（第三届闽南文化学术研讨会论文集），鹭江出版社2008年版，第1197页。

(二) 多次出航的宋商

在有名字记载的约 115 名宋商中,有数十人不止一次前往高丽,有的甚至是多达四五次。他们如此频繁地往来于宋丽之间,想必多数人是宋商中擅长经营的佼佼者。无论是向高丽王"进献"还是与高丽民间商人进行贸易,丰厚的利润应是他们多次前往的直接动力。下表是对多次出航高丽的宋商统计。

表6　　　　　　　　多次出航宋商人员统计表

出航次数	2次	3次	4次	5次
宋商（同行人数）	李文通(3)、赵受(26)、萧宗明(40)、叶德宠(112)、黄拯(134)、杨从盛(49)、陈仪(62)、徐戬(20)、徐成(209)、黄鹏(175)、丘迪(140)、廖悌(141)、黄文景、黄慎	黄助(132)、林庆(94)	陈诚(268)、林大有(500)	郭满(66)、林宁(35)、徐德荣(261)
合计人数	14人	2人	2人	3人

资料来源:表中数据依据表4"赴高丽贸易宋商统计表"统计得出。

出航高丽2次及以上的宋商共有21人,其中2次的有14人,3次的有2人,4次的有2人,5次的有3人。他们往返的次数加起来有57次,有确切记载的同行人数多达2467人,在有记载的宋商总人数（4999人）中占据了49%的比重,将近一半。在这21人共计57次的出航中,涉及人数达2467人,平均每次约40人上下,可见这批人是宋商出航高丽的中坚力量。如林大有4次出航高丽,其中3次明确记载了同行人数,总计多达500人。除表6中所列人员外,还有一些疑似为同一人的事例,比如:1071年出航的元积、1081年出航的李元绩和1089年出航的李元簧;1031年出航的陈惟志、1038年出航的陈维绩和1039年出航的惟绩;

1036 年出航的陈谅和 1038 年出航的陈亮；1060 年出航的徐意和 1094 年出航的徐义；等等。

二　出航时间

据有记载的出航记录统计，宋商在北宋的活动期是从 1012 年到 1124 年，这 113 年间宋商出航高丽的次数为 104 次，基本上平均每年一次；南宋的活动期是从 1128 年到 1278 年，这 150 年间宋商出航高丽的次数为 43 次，平均每三四年一次，频率明显低于北宋。

（一）年份

北宋时期商人的活动比较密集，有时在一年中有多次宋商出航的记载，统计如下。

表7　　　　　　　　北宋商人出航年份密度统计表

出航次数	2 次	3 次	4 次	5 次
年份	1022、1036、1037、1049、1054、1055、1057、1059、1060、1063、1064、1068、1069、1075、1077、1081、1087、1095、1100、1110	1019、1052、1094	1071、1102	1089

资料来源：表中数据依据表 4 "赴高丽贸易宋商统计表"统计得出。

北宋时期一年中有 2 次出航记录的年份有 20 年，有 3 次出航记录的年份有 3 年，有 4 次出航记录的年份有 2 年，顶峰出现在 1089 年，这一年中有 5 次出航记录。在这 113 年中，有出航记录的年份共计 65 个，约占 57%，也就是说一半以上的时间是有出航记录的。其中出航 2 次以上的年份是 26 个，占 39%，可见这 26 年是宋商出航高丽的密集期。从 1017 年到 1104 年的这 88 年中，没有出现 5 年以上的空白期，大部分是相隔 1—2 年，个别是 3—4 年。其中，1017—1020 年连续 4 年出航，1026—1031 年连续 6 年出航，1033—1039 年连续 7 年出航，1055—1061 年连续 7 年出航，

1068—1071年连续4年出航，1094—1098年连续5年出航，1100—1104年连续5年出航，这些时段是北宋时期宋商出航高丽年份的主要分布期。

在宋丽官方断交的1030—1071年间，宋商分别于1033—1039年连续7年出航，1055—1061年连续7年出航，1068—1071年连续4年出航。出航年份与宋丽断交年份对应的结果说明了一个问题：宋商出航高丽的高潮竟出现在宋丽官方断交期。之所以如此，原因有两点：一是宋与高丽断交的根本原因是辽，宋丽双方本身并没有矛盾，官方断交不会影响民间贸易；二是由于官方交往中断，高丽对宋商品的需求全赖宋商供应，之前官方存在朝贡贸易时尚能承担一部分宋丽贸易，而断交时却只能由民间商人承担，宋商出航高丽的贸易活动因此变得更加繁忙。

南宋时宋商出航高丽的密度下降，出航空白期长，尤其是南宋后期。比如：从1205年到1221年，间隔16年；从1231年到1259年，间隔28年。南宋时商人连续出航的年份有：1147—1149年，1151—1152年，1162—1163年，1173—1175年，1259—1260年。共计5次，而且都是连续2年，连续3年的只有1次，连续3年以上的没有。南宋商人出航密度的分布为：一年中出航2次的有2年，分别是1147年和1174年；出航3次的有2年，分别是1152年和1162年；出航4次的有3年，分别是1148年、1149年和1151年。这7年中的出航次数总计为21次，平均每年3次。南宋时出航次数总计43次，这7年的出航次数占49%，将近一半，可见这7年是南宋商人赴高丽的密集期。但总体上看，南宋商人出航高丽的高峰出现在高宗（1127—1162）时期。高宗在位36年间共有25次宋商赴高丽贸易的记录，占整个南宋时期的比重为58%，涉及人数多达1759人。

偏安江南一隅的南宋政权在金的威胁下终日惶恐不安，为避免重蹈北宋和辽的覆辙，同时也试图阻止高丽向金靠拢，宋高宗决定主动发展与高丽关系。因此，在宋高宗时期宋丽关系尚未出现日后的紧张态势，南宋商人继续频繁地奔波在宋丽海道上。但宋孝宗

(1162—1189）后，南宋商人赴高丽贸易人数剧减，且间隔时间越来越长，最后断绝。

（二）月份

海上航行不确定因素很多，若要顺利往返，天气、洋流、风向等自然条件都是事先需要考虑的因素。宋时人们已经具备了利用季风航海的能力，因此对具体出航月份的选择尤为重要。记载宋商出航月份的事例共有142个，统计见下表。

表8　　　　　　　　宋商出航月份统计表

月份	1月	2月	3月	4月	5月	6月	7月	8月	9月	10月	11月	12月
次数	0	5	8	6	7	15	21	41	15	12	9	4

资料来源：表中数据依据表4"赴高丽贸易宋商统计表"统计得出。

宋商赴高丽贸易的时间，8月份最多，有41次；其次是7月份，有21次；6月份和9月份各15次；10月份有12次；11月份有9次。宋商往返高丽主要利用西南、西北季风，所以普遍在6月、7月出航，8月到达高丽，11月返航归国。从表8中8月份出航最多的结果看，与事实基本吻合。只是宋商为了追求利益，一年中有多次往返的情况，而且随着宋人航海技术的进步，对季风的依赖也有所减少，因而在其他月份也有出航记录。比如高丽的八关会在每年的11月份举行，所以10月、11月这两个月出航的商人可能是为八关会献物而来，因为"八关会是高丽前期最重大的国家级的活动"①。其余2月、3月、4月、5月、12月，出航记录很少，都是10次以下，1月份一次也没有。

---

① ［韩］全英准：《高丽时代八关会的设行和国际文化交流》，《大文化内容研究》2010年第3号（总第8号），第214—243页。

三 宋商个人信息相关

(一) 籍贯

有记载的宋商中只有少数标明了籍贯，其余多以"宋商"泛称，现对有籍贯记载的宋商统计如下。

表9　　　　　　　　　宋商籍贯地统计表

籍贯	泉州	广南	台州	福州	南楚	江南	两浙	明州
人数	12	3	3	2	1	1	1	1

资料来源：表中数据依据表4"赴高丽贸易宋商统计表"统计得出。

宋商出航高丽最初的三四十年间《高丽史》一般都记载其籍贯，后来随着人数的增加，就以"宋商"泛称了。由于标明籍贯的宋商人数太少，虽然不能以部分论整体，但从统计来看宋商的籍贯地大部分是福建、浙江、广东等东南沿海地区，这是可以确信的。数千名宋商中标明籍贯的仅有24人，这24人中泉州籍商人占压倒性优势，这与泉州港在宋丽海外贸易中的重要地位有关。不过，有一个问题值得注意：明州在宋代是通往高丽的重要港口，宋丽南方海路的登陆口就是明州。北宋在明州设置市舶司的时间要早于泉州，而且明州市舶司是掌管宋与高丽海外贸易的主要市舶机构。从地理位置看，明州距离高丽也更近，但为什么有记载的明州籍商人仅有1人，远远少于泉州商人的数量？下面，从两个方面阐释这个问题。

首先，泉州的海外贸易规模形成早。宋淳化三年（992）两浙路市舶司由杭州迁至定海县，同年移至明州城内，淳化四年（993）又迁回杭州。宋咸平二年（999）真宗下诏，在杭州和明州各置市舶司。明州设立市舶司后对外贸易的地位迅速上升，宋中期以后明州逐渐成为宋与高丽和日本官方贸易的唯一通道，同时也是宋与日本、高丽民间贸易的主要港口。泉州市舶司的设置比明州将近晚一个世纪，元祐二年（1087）朝廷下令在"泉州增置市舶"①。尽管设置市舶司的时间晚，但泉州的海外贸易早在宋太宗时已初具规模，太宗时"诏诸蕃香药宝货至广州、交趾、两浙、泉州，非出官库者，无得私相贸易"②。元祐四年（1089）泉商徐戬载高丽僧寿介等来到杭州，后来他们要返回高丽时，宋地方官将他们送到明州，"令搭附因便海舶归国"，但"访闻明州近日少有因便商客入高丽国"，而"泉州多有海舶入高丽往来买卖"③，于是不得不又将他们送至泉州，搭附泉商的船归国。关于明州与泉州在宋与高丽贸易中的地位问题，陈高华曾指出，"北宋时期明州与高丽的交往，显然不及泉州，泉州市舶司的建立，实际上反映了泉州海商经济力量的强大"④。

其次，泉州本身与高丽有很深的渊源。福建山多地少，百姓多以林业、渔业和海上贸易为生。"福建一路多以海商为业，其间凶险之人，尤敢交通引惹，以希厚利。福建狡商专擅交通高丽，引惹牟利，如徐戬者甚众。"⑤ 自唐末五代时始福建便与新罗有着特殊渊源，闽王昶（935—939）和闽王曦（939—944）登基后，新罗曾两度派遣使者来到福建，并向闽王赠献宝剑，"新罗遣使聘闽以宝剑"⑥。所以泉州与高丽的贸易自五代时起就十分兴盛，泉州历任统治者都积极推行"招来海中蛮夷商贾"的政策，尤其是与高丽贸易。北宋初期高丽商人纷至沓来，在泉州找到了贸易市场，泉州出现了冠以"新罗"和"高丽"的村庄和地名，这些都是宋与高丽友好交往的印痕。泉州相对明州而言，在与高丽的交往上有更悠

---

① 《续资治通鉴长编》卷406，元祐二年十月甲辰，第9889页。
② 《宋史》卷186《食货志》，第4559页。
③ （宋）苏轼：《苏轼文集》卷30《奏议》，乞令高丽僧从泉州归国状，孔凡礼点校，中华书局1986年标点本，第859页。
④ 陈高华：《北宋时期前往高丽贸易的泉州舶商》，《海交史研究》1980年第2期。
⑤ （宋）苏轼：《苏轼文集》卷30《奏议》，论高丽进奉状，孔凡礼点校，中华书局1986年标点本，第847页。
⑥ （宋）欧阳修：《新五代史》卷68《闽世家》第八，中华书局1974年标点本，第852页。

久的历史,因此宋初前往高丽的泉州籍商人有很多。"北宋时期泉州海商在宋丽外交及海上交通贸易中所作出的贡献,绝不是一时突发而起,而是有历史渊源的。"①

(二) 姓氏

宋商中有许多人姓氏相同,虽然不能以此片面断定他们为同一家族或是有何亲属关系,但因他们很多人有共同的出生地、姓名相似,且都是海商,所以推测他们有血缘关系、或许是属于同一家族,这种可能性是存在的。《宋史》卷186记载,"板桥濒海,东则二广、福建、淮、浙,西则京东、河北、河东三路,商贾所聚,海舶之利颛于富家大姓"②。这里所谓的"富家大姓",指的就是从事海外贸易的大家族。下面对宋商中出现频率较高的几个姓氏进行统计。

表10　　　　　　　　　　宋商姓氏统计表

姓氏	宋商	人数合计
陈	陈文轨、陈象中、陈文遂、陈惟志、陈谅、陈亮、陈维绩、陈巩、陈仪、陈守、陈舒、陈诚、陈宝、陈文广	14
黄	黄助、黄拯、黄祈、黄文景、黄元载、黄宗、黄慎、黄冲、黄宜、黄珠、黄鹏、黄仲文、黄世英、黄辛	14
林	林仁福、林蔼、林赟、林禧、林机、林兴、林宁、林庆、林清、林大有	10
徐	徐赞、徐意、徐戬、徐成、徐祐、徐义、徐修、徐德荣	8
王	王肃子、王诺、王易从、王宁、王华、王舜满	6
李	李文通、李鄯、李元绩、李元篑、李珠、李琦、李荣	7
杨	杨甫、杨俊、杨从盛、杨炤、杨明	5

资料来源:表中数据依据表4"赴高丽贸易宋商统计表"统计得出。

---

① 叶恩典:《泉州与新罗—高丽关系文物史迹探源》,《海交史研究》2006年第2期,第46页。

② 《宋史》卷186《食货志》,第4560页。

在有姓名记载的115名宋商中，陈姓、黄姓宋商人数最多，共计28人，占总人数的比重为24%；其次是林姓、徐姓、李姓、王姓、杨姓，这5个姓氏共计36人，占总人数的比重为31%；以上7个姓氏所涉及的宋商共计64人，占总人数的比例高达56%。也就是说，在有姓名记载的115名宋商中，有一半以上的人来自于这7个姓氏，这不能完全说是一个偶然。为表明他们之间极有可能存在的家族关系，从以下几个角度分析：

第一，这7个姓氏中除王姓外，每个姓氏中都有多次往返高丽的宋商，比如：陈姓中的陈仪、陈诚；黄姓中的黄拯、黄助、黄慎、黄鹏、黄文景；林姓中的林宁、林庆、林大有；徐姓中的徐成、徐戬、徐德荣；李姓中的李文通；等等。这至少表明这些姓氏出身的商人是宋商中擅长经营的佼佼者，否则不会多次前往高丽。也正是出于这个原因，作为获利丰厚的杰出海商，他们组织家族成员、亲属或是朋友一同前往高丽从事海外贸易的可能性很大。

第二，海上航行风险大，既有获利数倍的喜悦也有葬身鱼腹的悲哀，况且靠单个或数个商人的力量很难完成海上航行，而靠租用巨贾舱位的散商则更难有发家的可能。正因如此，组成一定规模的商团是宋商中最常见的出航形式。在重视姓氏和血缘的古代，同姓者之间无疑是首选人群，即便是没有明确的亲属关系，想必因姓氏相同而依附某个大海商的可能也是有的。而且这些多次往返的大海商对宋丽海道相对熟悉，跟随这些人一同前往，从人情的角度而言是更为安全的。

第三，从籍贯角度分析。以泉州籍为例，林姓中的林仁福、林蔼、林禧都是泉州籍。其余同姓的海商中相信籍贯相同者还大有人在，因为宋商基本都是来自福建、两浙和广东这三个地区，只是史书中关于籍贯留下的记录太少，无从考究。

第四，从出航时间看。同一姓氏的宋商在出航时间上间隔较短。如从1019年到1038年的19年中，陈氏商人共有7人出航的记录。从1054年到1068年的14年中，黄氏商人共有7人出航的记录，尽管这之后还有黄姓商人活跃，但1054年前的数十年间是没有黄姓商人的,这是否可以理解为黄姓这支海商家族是从1054年开始发家,一直延续到1149年出航高丽的黄辜,在海上活跃了近一个世纪。

以上分析可从侧面表明,活跃在宋丽之间成千上万的宋商中,"商人家族"的情况肯定是存在的,就像"使节家族"那样。使节具有的出身和政治使命使他们相对于商人而言,被更多记载于史书,而从事民间贸易的商人见于史书的概率则很小。赴高丽贸易的宋商群体,可看作是血缘、业缘与地缘三种纽带的结合体,表现为共同的姓氏或家族、以海上贸易为共同的职业及相同的籍贯或出身。

(三) 婚姻状况

婚姻状况是了解赴丽宋商这一群体的重要线索,但关于这方面的资料较少,宋人诗歌中对"商人妇"的描写间接反映了宋商的婚姻状况。宋代商人婚姻状况的研究中,"商人妇"是一个研究的焦点。宋人杨冠卿所作《商妇吟》真切描述了宋代商人妇的无奈,"妾本良家子,嫁作商人妇。荡子去不归,幽闺长独守";刘采春《啰唝曲》描写妇人对与丈夫重逢的希望、失望、思念之情,"莫作商人妇,金钗当卜钱。朝朝江口望,错认几人船";王建《江南三台》描写商妇盼望常年经商不归丈夫的急切心情,"扬州池边小妇,长干市里商人。三年不得消息,各自拜鬼求神";刘得仁《贾妇怨》描写商妇抱怨长期经商不回的丈夫,"嫁与商人头欲白,未曾一日得双行。任君逐利轻江海,莫把风涛似妾轻"。对于常年奔波在宋丽海道的宋商,他们的婚姻状况也大抵如此,而且海商比陆地上的行商更具风险性,音讯的传达也十分困难,一旦葬身大海便音讯全无,家中的妻室唯有无尽地等待。

与诗中所描述商人妇的苦楚和哀怨不同,靠贸易积累起巨额财富的商贾们花天酒地、纸醉金迷的情感生活与之形成了鲜明对比。宋代杭州诗人董嗣杲在诗歌《估客谣二首》中描写了商贾的奢华生活,"浪儿重规利,半世家如寄。千金得美人,长向船窗醉"。海商为了追逐商业利益常年在海上漂泊,一旦拥有了财富便十分奢豪，对美人歌妓一掷千金，在船舱里沽酒买醉。"除商人本身在生活上的变化外，财富的增加无形中也改变了他们的社会地位及对婚姻的观念，如宋人的话本小说中就有做海外大生意的周大郎坚决反对女儿嫁给小酒商的故事。"① 像这种反映宋代社会生活的小说中关于富商的记载有很多，而富商中的多数都是靠海外贸易发家的海商。

在赴高丽贸易的宋商中，有一类宋商的婚姻状况更值得关注，即"驻丽宋商"。为了加速航运周转、克服船舶住冬、缩短航运周期，宋丽贸易中逐渐出现了卸货留人、长期居留高丽从事交易的"驻丽宋商"。他们长期停留在高丽进行商业活动，有时数年都不得归。关于他们的婚姻状况，《宝庆四明志》卷6载"中国贾人至其地，风候逆，或二三岁可返，因室焉，返则禁其妻，若子得从，再至有室如初"②。由于在高丽停留时间长，这些宋商便与高丽女子结婚生子一起生活，一段时间后自己返回宋朝，然后再次返回高丽一起生活。"那时中国商人到高丽去，往往因为遇到逆风或风向不好，甚至两三年不能返国，因此便在高丽另立家庭，回国时也不带妻儿回来，这种两地都有家室的人，在宋商中也是屡见不鲜的。"③ "所以常有宋商在高丽与当地妇女通婚另立家庭，成为宋丽两地都有家室的人，同样也有高丽商人滞留在明州登第经商并成立家庭的。"④

除长期驻在高丽从事贸易的宋商，还有彻底定居在高丽的宋商，即商人移民。高丽首都开京"有华人数百，多闽人"，这些"闽人"中应该有很多是商人身份。金渭显说："来丽的商人中有人成为高丽的官僚，他们来丽通常停留一年，延期一年的大部分归

---

① 萧欣桥：《宋元明话本小说选》，江西人民出版社1980年版，第85页。
② （宋）罗濬：《宝庆四明志》卷6，市舶，景印文渊阁四库全书，台北商务印书馆1983年影印本，第487册，第84页。
③ 倪士毅、方如金：《宋代明州与高丽的贸易关系及其友好往来》，《杭州大学学报》1982年第2期。
④ 杨渭生：《宋丽关系史研究》，杭州大学出版社1997年版，第268页。

化高丽，这有两种原因，一是他们自愿留下的，二是丽廷需要而留下的，留居开城的宋人平常达数百人，开城面积不大，所以在任何地方都会碰到宋人，这数百宋人中有商人、官员等等。"① 比如宋商徐德彦，就曾娶高丽女为妻，但徐德彦所娶之女后来不知何故又嫁给宋有仁为妻，"（宋有仁）初娶宋商徐德彦之妻，妻本贱者，货财巨万，以白金四十斤赂宦官者求用事……"②。可见，徐德彦曾经娶过的高丽女，应是拥有万贯家私的富商之女，这或许是宋商与高丽商因贸易而结成的"姻缘"，但是高丽政府不许宋商所娶高丽女随之赴宋，所以可能最后因此而分手。

四 宋商在高丽的贸易情况

宋商与高丽进行的贸易按照贸易对象的不同，可分为两种：一种是与高丽王室进行的贸易，就是所谓的"进献"；另一种是与高丽民间商人或是与高丽民众直接进行的贸易。第一种贸易涉及王室，《高丽史》中留下不少记载，这些宋商不仅获利丰厚，而且在高丽受到优待；第二种贸易属宋商的自由贸易，耗时比较长，通常是由"驻丽宋商"负责。除这两种贸易外，还有一种是走私贸易，即宋代文献中所说的"偷漏""透漏""漏舶""渗泄""走泄"等。

（一）与高丽王室进行的贸易

宋商向高丽王室进献的物品有时统称为"方物""土物"，有时为具体的物品，如珍宝、香药、书籍、犀角、象牙等。庆历（1041—1048）以前大多为"方物"，庆历以后大多为"土物"。对宋商的献物行为，全海宗指出，"这是中国商人照搬外国使臣或商人向中国君主贡献的形式，在从事对外贸易中向贸易国君主献物。

---

① ［韩］金渭显：《宋丽关系与宋代文化在高丽的传播及其影响》，载陈文寿译，《韩中关系史研究论丛》，香港社会科学出版社有限公司2004年版，第133页。
② 《高丽史》卷128《宋有仁传》，第615页。

方物和土物是表明区别官方和民间贡物的用语"①。尽管《高丽史》对宋商所献物品有"方物"和"土物"两种不同记载，但实际上并没有什么区别。因为这只是高丽的主观判断，从国家角度看宋不存在任何向高丽"贡献"的可能。归根究底，这只是宋商的个人行为，而且是以获利为前提。宋商向高丽王"进献"的原因归纳起来有两点：第一是为讨好高丽王室，目的是保证在高丽的顺利经营，无论向高丽王室"献物"还是向地方政府"献物"，都是如此。第二是为了获利，随着宋商"献物"次数的增加，高丽政府会予以相应的"回赐"，"贾人之至境，遣官迎劳，舍馆定，然后于长龄受其献，计所直以方物，数倍偿之"②。宋商发现这样做不仅不会亏本，而且利润可观。高丽政府虽不征商税，但常以献送之名目要求货物，宋商与高丽王室的贸易也就此开启。尤其是巨商大贾，他们资金雄厚，带来的不少奢侈品正好满足高丽王室需求。

宋商运往高丽的商品以丝及丝织品、瓷器、茶叶、书籍等为主。高丽不出产蚕丝，其丝织品以前主要依赖中国山东、闽、浙商人供给，"俗本不善蚕桑，其丝线织纴皆仰贾人自山东、闽、浙来"③。此外，药材、金银器、乐器、玉制品、鞍具马匹等也是从宋朝输往高丽的常见物品。宋商贩运到高丽的物品一般都十分畅销，因为他们赴高丽的目的就是牟利。如高丽明宗二十二年（1192），"宋商来献《太平御览》，赐白金六十斤"④，这是相当丰厚的利润。高丽政府出手如此大方，可见对宋文化产品的需求十分强烈。宋丽官方贸易时断时续，不能满足高丽对宋文化的渴求，宋商的献物行为无疑及时填补了高丽政府的这种需求。反过来，高丽政府的"厚赐"行为也大大刺激了宋商对利润的追逐热情。尽管宋

---

① ［韩］全海宗：《论丽宋交流》，载全善姬译，《中韩关系史论集》，中国社会科学出版社1997年版，第274页。
② 《宣和奉使高丽图经》卷6，宫殿二，第12页。
③ （宋）罗濬：《宝庆四明志》卷6，郡志卷第六，叙赋下，景印文渊阁四库全书，台北商务印书馆1983年影印本，第487册，第84页。
④ 《高丽史》卷20《明宗世家》，第311页。

政府一度把书籍列为禁运物品，但仍有大批宋商冒险走私书籍到高丽，以至于后来在宋已经亡佚的书籍却被高丽保存下来。

随着宋商与高丽政府贸易次数的增加，彼此的信用关系也日益牢固。如高丽宣宗四年（1087），泉州商人徐戬先是得到了高丽政府的订金，然后在杭州雕造《华严经》，得到了3000两银子的报酬。苏轼在《论高丽进奉状》中强烈谴责了此事：

> 访闻徐戬，先受高丽钱物，于杭州雕造夹注《华严经》，费用浩汗，印版既成，公然于海舶载去交纳，却受本国厚赏，官私无一人知觉者。臣谓此风岂可滋长？若驯至其弊，敌国奸细何所不至？兼今来引至高丽僧人，必是徐戬本谋。①

这种"按需订货"的交易方式表明宋与高丽王室之间的贸易已十分成熟和普遍。宋商运往高丽的物品除本国产品外，还有一部分外来品，包括大食、占城、暹罗、三佛齐等国的舶来品。宋商从中扮演中间商角色，有时宋商还会搭附这些国家的商人来高丽，比如高丽歌词中出现的与宋商一同而来的"回回父"指的就是大食人。这些外来品以奢侈品居多，其交易对象主要是高丽王室。

（二）与高丽民间商人的贸易

完成了与高丽王室的交易后，宋商还要到高丽民间市场上进行自由贸易，有时还需将高丽王室回赐的物品出售。对这种自由贸易，高丽政府不干涉，而且不征收商税，这对宋商而言无疑是件好事，因为他们运回宋朝的商品要接受宋政府的"抽解"。不过高丽政府也规定了一些"禁运品"，禁止宋商兴贩。《高丽史》卷21记载，"宋商船将发礼成江，监检御史安完行视阑出之物，得犯禁宋商数人，笞之太甚，忠献闻之罚，又论不挥遣御史，罢侍御朴得文"②。虽然无法得知宋商此次回航携带了什么禁运品，但这条史

---

① （宋）苏轼：《苏轼文集》卷30《奏议》，论高丽进奉状，孔凡礼点校，中华书局1986年标点本，第848页。
② 《高丽史》卷21《熙宗世家》，第322页。

料还是反映了宋商回航时需经过高丽政府的检查。

(三) 走私贸易

对赴丽宋商而言，他们的走私活动表现为以下几种：一是试图逃避宋廷"抽买"，也就是逃税；二是没有政府颁发的公凭，即未经官方许可而私自出海；三是为获暴利而偷运政府禁运物品；四是在宋廷海禁期间仍偷往高丽贩运物品。宋建国初期每年都有宋商走私到高丽，其中尤以泉州籍商人最多。"某种意义上讲宋代泉州经济上的加速发展和繁荣，相当程度上是泉州人敢于违禁冒险的结果。"①

为禁止走私，北宋政府曾先后颁布四次编敕来禁止或限制商人到高丽兴贩，分别是庆历编敕、嘉祐编敕、熙宁编敕、元祐编敕。据表4"赴高丽贸易宋商统计表"统计，在庆历编敕的8年间有3次宋商活动的记录；在嘉祐编敕的8年间有12次宋商活动的记录；在熙宁编敕的10年间有9次宋商活动记录；在元祐编敕的9年间有11次宋商活动记录。从禁令期间宋商仍频繁活动的情况看，尤其是后三次禁令期比北宋期间平均每年一次的频率还高，北宋政府的禁令也只不过是一纸空文而已。有学者认为："如果北宋政府真正严格执行禁令的话，很难想象能有大批商人经由海道去高丽贸易。"② 可见，宋商走私屡禁不止的原因与宋政府的"放纵"有很大关系。毕竟市舶税收是宋政府的主要收入之一，即便推行海禁也是以不影响市舶收入为前提。值得注意的是，禁令期间有些宋商的活动是经过宋廷同意的，如神宗熙宁元年（1068）泉商黄慎去高丽，事先是得到福建地方政府同意并担负有传递政府消息的任务；熙宁八年（1075）泉商傅旋向福建地方官转达高丽政府的文书，可见他前去高丽也事先得到了官府同意。

南宋政府出于国家安全的考虑也实行过海禁，并且在宋孝宗时

---

① 陈丽华：《闽南海上走私探析》，载吕良弼主编《论闽南文化》（第三届闽南文化学术研讨会论文集），鹭江出版社2008年版，第1191—1192页。

② 陈高华：《北宋时期前往高丽贸易的泉州舶商》，《海交史研究》1980年第2期。

开始调动军事力量打击海上走私集团。绍兴十六年（1146）提举福建路市舶曹泳言："乞今后本路沿海令佐、巡尉批书内添入本地分内无透漏市舶物资一项，所属得本司保明方得批书，及州县有承勘市舶透漏公事，如或减裂，详本司奏劾。"① 走私者不仅船物被充公，还要承受监禁之苦。宋高宗在绍兴二十二年（1152）又再次申令"比累禁私商泛海，闻泉州界尚多有之，宜令沿海守臣常切禁止，毋自生事"②。只是这些措施在狂热追求利益的宋商面前收效甚微，高压禁令下仍不乏前往高丽走私的海商，可见当时宋商走私高丽十分猖獗。

五　南宋中后期宋丽贸易衰退的原因

南宋时期的宋丽贸易相比北宋而言萧条很多，赴高丽宋商在人数、次数、频率、规模等方面明显下降。究其原因，主要有以下几方面：

第一，南宋中后期开始宋政府对与高丽贸易的态度日益消极。"南宋时期宋丽之间虽然政治交往很少，但宋商一直活跃，由于政治交往萎缩，商人兼代政治使命，即传递政治消息及探听金的政治动向。"③ 但随着局势的演变，南宋越来越惧怕宋商在与高丽贸易的过程中与金发生联系，为防止奸细出现及国家机密泄露，南宋政府开始实行海禁，并且在宋孝宗（1162—1189）时开始调动军事力量打击海上走私集团，对宋商前往高丽贸易限制得越来越严。

第二，高丽政府对南宋商人态度消极。高丽对南宋商人的态度远不如对北宋商人那样热情，甚至出现了高丽官府殴打和侵夺南宋商人的事件。高丽元宗元年（1260），宋商陈文广等因不堪高丽大府寺内侍院侵夺，"不予直而取绫罗丝绢六千余匹"，愤慨表示

---

① （清）徐松：《宋会要辑稿》职官四四之二四，中华书局1957年整理本，第3375页。

② （宋）李心传：《建炎以来系年要录》卷163，绍兴二十二年八月戊子，中华书局1956年点校本，第2666页。

③ 黄宽重：《南宋史研究集》，新文丰出版公司1985年版，第256—257页。

"我等将垂橐而归"①。此后相当长一段时间，可能因官方机构"侵夺"造成的不良影响，南宋商船不再到高丽。

第三，海盗猖獗。南宋中后期开始，广东、浙江、福建等东南沿海地区海盗猖獗，在这些地方不断发生宋商海船被劫事件。"大概从孝宗（1162—1189）年间开始，在福建沿海再次出现海贼，而这些海贼的活动与海上贸易的发达有着密切的关系。因为这个时期的海贼活动与以前不同，明显地表现出依赖贸易或商业发达的特点。就是控制海道，在海上掠夺商船成为其主要的活动。"②《宋会要》记载，"窃见二广及泉福州，多有海贼啸聚……如福州山门、潮州沙尾、惠州漈落、广州大奚山、高州碙州，皆是停贼之所"③，可见福建、广东一带是海盗最集中的地区。宣宗十年（1093）七月，高丽在延平岛捕捉了一艘海盗船，《高丽史》卷10记载：

> 秋七月癸未，西海道按察使奏："安西都护府辖下延平岛巡检军捕海船一艘，所载宋人十二，倭人十九，有弓箭、刀剑、甲胄并水银、真珠、硫磺、法螺等物，必是两国海贼共欲侵我边鄙者也。其兵仗等物请收纳官所，捕海贼并配岭外，赏其巡捕军士。"从之。④

高丽元宗七年（1266）八月，将军车松祐也缉捕一艘宋贼船，"杀七十人，擒五人"⑤，这里所说的宋贼船就是指海盗船。海盗成分复杂，有一部分是由海商转化而来，这些海商因商业失败而成为海盗。"然有非军伍而流落山海间者，尚有四焉：一者海贾，顷因市道交争，互相杀戮；二者私商阑出，为人所告，官司见行收捕；

---

① 《高丽史》卷25《元宗世家》，第385页。
② ［韩］李瑾明：《南宋时期福建一带的海贼和地域社会》，《宋史研究论丛》2005年（总第6辑），第236页。
③ （清）徐松：《宋会要辑稿》兵一三之二二一二三，中华书局1957年整理本，第6978—6979页。
④ 《高丽史》卷10《宣宗世家》，第152页。
⑤ 《高丽史》卷26《元宗世家》，第394页。

三者游手废业之人，比因强夺财物，或致伤犯，势不可还；四者篙工水手，曾从海寇。景迹昭著，物色根寻，此曹自闽浙二广，十数为群。"① 南宋后期海盗的活动越来越猖獗，不仅据点多而且分布广，严重影响海商的正常贸易和政府的市舶收入。

第四，高丽国内局势动荡。1125年和1136年高丽分别出现了李资谦之乱和妙清之乱。1170年高丽进入武臣当权的时代，再加上十三世纪初蒙古开始侵略高丽，高丽社会处在一片混乱中。"1232年高丽迁都江华，1270年重新迁回开京，这段时期是高丽与蒙古的战争期，在此期间只有一回宋商去航的记录，这说明高丽内部混乱造成了宋商去航次数的低谷。"②

第五，蒙古的干涉和阻挠。1231年蒙古窝阔台发军进攻高丽，高丽投降。在高丽归附蒙古的情况下，南宋与高丽的交往基本无法进行，蒙古甚至还曾设想以高丽作为基地，通过海道对南宋发动进攻。高丽元宗十一年（1270），元世祖忽必烈曾遣使质问高丽为什么发遣南宋商船，《高丽史》卷26记载：

> 如前年有人言，高丽与南宋、日本交通。尝以问卿，卿惑于小人之言，以无有为对。今年却有南宋商船来，卿私地发遣，迨行省致诘，始言不令行省知会，是为过错。③

忽必烈对高丽不禀报行省，私自发遣南宋商船返航一事十分不满，言辞之间颇有责难之意。第二年（1271），高丽元宗向蒙古辩白曰："尝有宋商舶往返，距今十年未曾见来，适于年前有一舶到于我境。"④ 可见，由于蒙古的干涉，高丽政府无法接待来航的宋商。

---

① （宋）李心传：《建炎以来系年要录》卷181，绍兴二十九年正月庚辰，中华书局1956年点校本，第2999页。
② ［韩］朴玉杰：《宋代商人来航高丽与丽宋贸易政策》，载黄时鉴主编《韩国传统文化·历史卷》，学苑出版社2000年版，第59页。
③ 《高丽史》卷26《元宗世家》，第406页。
④ 同上书，第408页。

第四节　宋丽交往中宋商的作用

宋商在宋丽之间架起了一座稳固的桥梁，即便在宋丽断交期也从未坍塌。宋商的活动范围不仅限于两国的商品贸易，也灵活自主承担了一部分政治任务，并客观上充当了宋丽间各阶层人员往来与互动的"渡海人"，为宋丽交流做出了许多实际的贡献。

一　促进宋丽经济交流

（一）促进高丽生产技术的进步

宋商在宋丽之间贩运了大量货品，种类繁多。这不仅促成了宋丽之间商品的大流通，而且使高丽的生产技术在许多方面得到巨大提高。

第一，制瓷技术。高丽的制瓷技术在十二世纪时进入了所谓的翡色青瓷时代，它"制作功巧，色泽尤佳"[①]，"在花纹上发明了镶嵌、堆白的两种方法，而火度和调釉的技术也达到了最高峰，所以'翡翠色云鹤青器'比它的老祖宗——越州窑还要巧丽"[②]。这种瓷器极似余杭越窑的青瓷，余杭距离明州很近，而明州又是宋代对高丽贸易的主要港口，瓷器作为当时的大宗出口货物，对高丽的影响显而易见。

第二，丝织技术。丝织品是高丽商人从宋大量贩运的商品之一，其贩运量之大不仅满足了王室和社会的需求，甚至对高丽当时的公服制度都产生了巨大冲击。十三世纪后高丽的纺织业迅速发展，尽管原材料仍需从山东、浙江、福建等地进口，但高丽着重提高加工能力，注重染色，其生产的丝织品花纹漂亮、色泽艳丽，到后来已成为向中国皇室朝贡的主要贡品之一。

第三，印刷及铸币技术。北宋毕昇发明的胶泥活字印刷术南宋

[①]《宣和奉使高丽图经》卷32，器皿三，陶尊，第66页。
[②] 张政烺等：《五千年来的中朝友好关系》，上海开明书店1951年版，第60页。

时传入高丽,大大推动了高丽的书籍印刷事业。高丽的许多刻本有不少是拿宋本、辽本直接上木镂刻而成,即所谓的"高丽覆刻宋本或辽本"。十三世纪后高丽已经有了十分成熟的活字印刷技术,而且高丽工匠在宋胶泥活字和木活字印刷的基础上创制了铜活字印刷术。高宗时(1213—1259)崔怡用铜铸字印成了五十卷的《详定礼文》一书,这是目前世界上现存最早的金属活字本。伴随大批宋商赴高丽贸易,钱币及铸币技术也传入高丽。最初高丽国内"不知铸钱,中国所予钱,藏之府库,时出传玩而已,崇宁后始学鼓铸,有海东通宝、重宝、三韩通宝三种钱"[①],十二世纪初高丽开始制鼓铸钱。

第四,医药、火药技术。宋丽海外贸易中药材也是一种十分常见的商品,宋输入高丽的药材种类多、数量大,不仅有国内出产的药材,还有外国的进口药材,对高丽医药事业的发展提供了很大帮助。此外,高丽还通过民间商人的渠道获得了有关火药军器的配制方法。

(二) 引入高丽的"特色物产"

宋商由高丽输入的商品包括人参、松子、文席、白纸、毛笔、墨和扇子等。其中不少商品受到了宋人的喜爱,最有代表性的就是高丽的文房四宝。"高丽纸以绵茧造成,色白如绫,坚韧如帛,用以写字作画,发墨可爱,此中国所无,亦奇品也。"[②] 高丽纸自唐宋时期传入我国后,价值颇昂,到明清时期仍是有关造纸行业仿照生产的产品之一。

高丽墨输入宋以后,被制墨大师潘谷加以改进变成绝品墨宝。"高丽墨用老松烟和麋鹿胶做成,苏轼说不下于南唐李廷硅墨,当时宋朝的造墨名家潘谷,就吸收了高丽造墨的经验,作墨时杂用高丽输入的'煤',苏轼又把潘谷墨打碎拌入高丽墨,做成更好使用

---

① 《宋史》卷487《高丽传》,第14054页。
② (清) 陈元龙:《格致镜原》卷37,景印文渊阁四库全书,台北商务印书馆1983年影印本,第1031册,第571页。

的墨。"①《芝峰类说》记载,"余(李阵光,朝鲜初期实学家)赴京(北京)时,安南、琉球使臣皆言贵国笔墨为天下绝品,愿得之"②。这说明高丽的笔、墨等文房四宝不仅在中国,而且在安南、琉球等东方各国中也享有较高声望。

高丽的折扇也十分有名,受到了宋人的喜爱和赞赏。"徐兢曰:'白折扇……藏于怀袖之间,其用甚便';苏轼赞扬曰:'高丽白松扇,展之广尺余,合之只两指';后来明朝人陆深也写道:'今世所用折叠扇,吾乡张东海先生以为贡于高丽,予见南宋以来诗词泳聚扇者颇多'。"③

(三)为不同地区的经济交流牵线搭桥

宋商向高丽输出的商品中还有香药、沉香、犀角、象牙等西南亚的商品,当时宋朝与这些国家之间的对外贸易很活跃。大食、占城、阇婆、三佛齐等国的大批商人经常往来于广州、泉州、明州等宋东南沿海地区,运来大量的当地特色商品。为谋利宋商会把这些商品转运至高丽贩卖,从事中转贸易,为不同地区的商品交换牵线搭桥。有时大食等国的商人也直接搭乘宋商船到高丽进行交易,运来水银、龙齿、占城香、天苏木等特产,换取高丽诸如"金帛"之类的商品。宋商不仅是宋商品的输出者,也是高丽、日本及其他国家商品的批发商、贩卖商和中介商,为不同地区间的经济交流做出了实际贡献。

二 充当"兼职使节"

宋商活跃的范围不仅是经济领域,他们在政治领域也发挥了不可或缺的作用。特别是宋丽官方往来中断或者是官方不便直接往来时,宋商常受政府委托履行外交使命,如宋一位官员所言:"本府

---

① 张政烺等:《五千年来的中朝友好关系》,上海开明书店1951年版,第68页。
② [韩]金庠基:《东方文化交流史论考》,首尔乙酉文化社1954年版,第77—87页。
③ 朴真奭:《11—12世纪宋与高丽的贸易往来》,载郑判龙主编《朝鲜学—韩国学与中国学》,中国社会科学出版社1993年版,第84页。

与其［高丽］礼宾省以文牒相酬酢，皆贾舶通之。"① 就宋商参与政治活动的史料列举如下。

1.《高丽史节要》卷5，文宗二十二年（1068）七月：秋七月，宋人黄慎来。宋帝诏江淮、两浙、荆湖南北路，都大制置发运使罗拯曰："高丽古称君子之国，自祖宗之世，输款甚勤，暨后阻绝久矣。今闻其国主贤王也，可遣人谕之。"于是拯奏遣慎等来，传天子之意，王悦，馆待优厚。

2.《高丽史节要》卷5，文宗二十四年（1070）四月：宋湖南、荆湖、两浙发运使罗拯复遣黄慎来。

3.《续资治通鉴长编》卷261，熙宁八年（1075）三月丙午：（泉州商人傅旋）持高丽礼宾省帖，乞借乐艺等人。

4.《续资治通鉴长编》卷289，元丰元年（1078）五月甲申：福建、两浙有旧贩高丽海商，知朝廷遣使，争谋以轻舟驰报。

5.《续资治通鉴长编》卷341，元丰六年（1083）十一月己丑：蕃商人持牒试探海道以闻。

6.《续资治通鉴长编》卷349，元丰七年（1084）十月癸未：（密州商人平简）三往高丽通国信，被授三班差使。

7.《高丽史节要》卷6，宣宗十一年（1094）六月：宋都纲徐祐等六十九人，毛罗高的等一百九十四人，贺即位，献土物。

8.《高丽史》卷14，睿宗十一年（1116）：宋都纲杨明等谒王于道。

9.《高丽史节要》卷9，仁宗二年（1124）五月：宋商柳诚等四十九人来。初明州杜道济、祝延祚随商船到本国，不还。明州再移文取索。国家上表请留。至是诚等来传明州，奉

---

① （宋）罗濬：《宝庆四明志》6，叙赋下，市舶条，景印文渊阁四库全书，台北商务印书馆1983年影印本，第487册，第84页。

圣旨，牒云杜道济等。许令任便居住。

10.《历代名臣奏议》卷348，《夷狄·四裔》：臣所部浙西并浙东路并外连海道，与高丽跨海相望，去贼境不远。尝闻贼有妄窥东南之意……臣自到任，常有私扰于此。本州船舶旧许与高丽为市，间有得与其国人贸易者，往往能道其山川形势，道里远近。因令舶主张绶招致大商柳悦、黄师舜问之，二人皆泉州人……柳悦等虽商贾冗贱，然在高丽久所听探，皆得其国人之言……阴令如常岁之高丽贾贩，应得敌中动息，皆亟使来告，俟参验得实有补于事，即厚赏旌之，责以军令，无得张皇漏泄。其人皆感奋，愿自效，欲以此月末渡海，约冬初复还。

11.《高丽史》卷15，仁宗六年（1128）三月：宋纲首蔡世章赍宋高宗即位诏来。

12.《高丽史节要》卷9，仁宗九年（1131）四月：宋都纲卓荣来奏云，自两浙至河北，仅平安，皇帝驻跸越州，改建炎五年为绍兴元年。

13.《高丽史节要》卷10，仁宗十四年（1136）九月：遣金稚规、刘待举如宋。明州牒云：近商客陈舒来言夏国欲遣使高丽议事，惟三韩，自汉唐以来世事中原，况我祖宗内附二百年于兹，受累圣待遇之恩，岂不欲一心以守藩臣之度哉？而与金国疆场相接，不得已请和。设闻遣使，与夏人偕来议事，必为阴与为谋，因此猜怒。兵出有名，则小国成败，未可得知。若征我为之藩屏，则淮浙之滨与金为邻，固非上国之利也。又上国因兴师取道于我，则彼亦由此以行，然则沿海诸县必警备之不暇矣。伏望执事熟计之，无使小国结怨于金，上国亦无唇亡齿寒之忧，幸甚。明州回牒云：朝廷待诸国恩义甚厚，至靖康兵火之后，使命稍艰，昨遣吴敦礼与陈舒前去讲明旧好。且闻与金切邻，因信使往来，当得两宫安问耳，至兴兵应援、假道徂征，皆敦礼等专对之辞，非朝廷指授，宜深见谅，无致自疑。

14.《高丽史》卷16，仁宗十六年（1138）三月：宋商吴迪等人持明州牒来报，徽宗皇帝及宁德皇后郑氏崩于金。

15.《高丽史节要》卷11，毅宗二年（1148）十月：初李深、智之用与宋人张喆同谋。深变名称东方昕，通书宋太师秦桧，以为若以伐金为名，假道高丽，我为内应，则高丽可图也。之用以其书及柳公植家藏高丽地图，附宋商彭寅以献桧。至是，宋都纲林大有得书及图，来告，囚喆、深、之用于狱，鞫之，皆伏。深及之用死狱中，喆伏诛，其妻皆配远岛。

16.《高丽史》卷18，毅宗十六年（1162）三月：侯林传明州谍报云：宋朝与金举兵相战，至今年春大捷，获金帝完颜亮，图形叙罪，布告中外，御制书图。

17.《高丽史节要》卷11，毅宗十七年（1163）七月：秋七月，宋都纲徐德荣等来献孔雀及珍玩之物。德荣又以宋帝密旨，献金银合二副，盛以沉香。

18.《高丽史节要》卷12，明宗三年（1173）六月：宋遣徐德荣来。

宋商在政治领域的活动，按照使命的不同可以分为以下几大类：

第一是直接以商人身份与高丽王交涉。比如：1094年徐祐赴高丽献方物并贺高丽献宗即位；1116年宋都纲杨明等拜谒高丽睿宗。

第二是转达政府牒文、诏书。比如：1075年泉州商人傅旋返宋时曾携带高丽帖至宋；1124年柳诚移明州牒至高丽；1128年宋纲首蔡世章携宋高宗即位诏书至高丽；1136年陈舒转明州牒至高丽并详细转达宋意；1138年吴迪等持明州牒至高丽传达宋徽宗死讯；1162年宋商侯林携带牒文传达宋大败金的消息。

第三是口头传达消息。比如：1068年和1070年黄慎以商人身份两次前往高丽传达宋欲与高丽复交的意图；1131年宋都纲卓云传达宋改建炎五年为绍兴元年的消息；1163年和1164年徐德荣两次前往高丽传达宋帝密旨。

第四是充当间谍。如宋政府偷偷派泉州商人柳悦、黄师舜以商人身份到高丽去探听消息，他们曾多次赴高丽，对高丽的情况十分熟悉且通晓高丽语言，而商人的身份又十分隐蔽，所以无疑是间谍的首选对象。1148年彭寅偷偷携带高丽地图给秦桧，为李深、智之用与张喆等牵线搭桥，实际也是一种间谍行为。林大有得到地图后立即前往高丽通风报信，虽然主观意图是想以此获得高丽政府的酬金，但客观上却扮演了间谍角色。

第五是积极响应政府招募。如福建、两浙地区的海商得知朝廷要遣使高丽时，纷纷表示愿同使节一起前往高丽，"争谋以轻舟驰报"；宋政府欲重新谋划与高丽关系时，往往让"蕃商人持牒试探海道以闻"。宋商之所以如此积极响应政府的诏令，意图是以此获取入仕的机会，比如密州商人平简就因三次前往高丽替政府传信，被授予"三班差使"一职。

三　充当各阶层人员往来的"渡海人"

宋商的贸易活动客观上成为两国人员往来的"渡海人"，充分发挥了其商船的搭附功能。正所谓，"天池杳隔，书问难通，空负翘诚，但相望于道义耳。忽海商至，承书翰。玩味之际，得若面会"①。

宋丽海道上除大批频繁往来兴贩货物的商人外，还有移民、文人、僧人、留学生等各色人群的身影，他们中的大多数人是搭乘宋商船往来于宋与高丽之间。比如：高丽宣宗二年（1085）宋商林宁搭载高丽王子义天入宋求法；宣宗六年（1089）宋商徐戬搭载高丽僧寿介至杭州；献宗元年（1095）商人黄冲搭载慈恩宗僧惠珍同来等。

---

① ［高丽］义天：《高丽大觉国师文集》外集卷6，《大宋沙门道亨书（三首）》，黄纯艳点校，甘肃人民出版社2007年版，第129页。

四 文化及其他领域的媒介作用

除经济领域外,宋商的活动还为宋丽之间带来了一场持久而深刻的文化交流。书籍是宋商贩运的常见商品,更是宋丽文化交流的重要媒介,高丽政府对书籍的需求屡见于史籍,常常供不应求。高丽获取宋书籍的方式主要有四种:第一是高丽使节入宋朝贡时向宋求赐书籍;第二是宋廷向高丽赠书;第三是在宋政府的允许下高丽使节、商人在宋自行购书,"天圣中高丽贡使曾往国子监市书"[①],"熙宁七年(1074)国子监奉诏将九经、子、史诸书卖与高丽国使人"[②];第四是宋商向高丽"献书",以及高丽政府通过宋商订书,然后由宋商运至高丽,并获得酬金。

高丽宣宗(1083—1094)时鼓励商人市书,"每贾客市书至,则洁服焚香对之"[③]。由于高丽对书籍的需求量大,宋商往高丽贩书一度出现空前盛况,民谣"儿郎伟,抛梁东,书籍高丽、日本通"[④],形象描述了宋商贩书到高丽和日本的情景。显宗十八年(1027),宋商李文通向高丽国王进献书册597卷;宣宗四年(1087),泉州商人徐戬前来献新注《华严经》板,受答银三千两;明宗二十二年(1192),宋商又来献《太平御览》,得赏白银六十斤。宋商之所以如此热衷于向高丽献书,原因是可以获得高丽政府的巨额酬金。

商人贩卖至高丽的书籍无法计数、种类繁多。原因是有大批不惮风涛险恶的宋商敢于冒政府禁令,将禁运的书籍偷运过境。宋代以后由于印刷技术的提高,书籍较容易获得,书籍的流传逐渐由官方主导转为民间。"原本文化交流的形态,大有降为商业行为的趋

[①] (宋)范镇:《东斋记事》,汝沛点校,中华书局1980年标点本,第56页。
[②] 《续资治通鉴长编》卷250,神宗熙宁七年二月庚寅,第6100页。
[③] (宋)陈均:《九朝编年备要》卷21,景印文渊阁四库全书,台北商务印书馆1983年影印本,第328册,第557页。
[④] (宋)熊禾:《勿轩集》卷4,景印文渊阁四库全书,台北商务印书馆1983年影印本,第1188册,第804页。

势，既是商业行为，则必以利益为先，这就与国家以政教为先的大前提有了部分的冲突，于是宋代以来，中国政府出现了既赠书给外国友邦，又禁止民间出售某些书籍的矛盾现象。"①

高丽素以"旁搜而博蓄"闻于世，"宣和间有奉使高丽者，其国异书甚富。自先秦以后，晋、唐、隋、梁之书皆有之，不知几千家、几千集，盖不经兵火，今中秘所藏未必如此，旁搜而博蓄也"②，以至于后来宋政府都向高丽索书。元祐六年（1091），宋哲宗命馆伴将所求书目录授予高丽使李资义，并嘱托虽有卷第不足者亦须传写附来。李资义回到高丽后，就将馆伴所开列的一张"求书目录"呈给高丽国王。"这些书目在《高丽史》中有详细记载，共128种、4993卷，高丽能送来多少不得而知，但这表明宋丽书籍文化交流之面极广，高丽在保存中国文化方面有过重大贡献。"③

除书籍流通外，宋丽两国在音乐、舞蹈、书法、绘画、雕塑等领域也存在密切往来，其间宋商功不可没。熙宁八年（1075）高丽礼宾省以文帖托泉州商人傅旋乞借乐艺人，神宗批示"已令教坊按试子弟十人，可借。呼第四部给色衣、装钱"④，宋代乐曲及大量乐器跟随宋乐艺人一起传入高丽。宋代乐曲包括雅乐和俗乐两种，雅乐作为宫廷音乐主要用于宗庙祭祀与朝令仪式的演奏，它传入高丽主要是宋政府派遣的乐工所为。而俗乐传入高丽则有很多途径，俗乐主要指的是宋词的词调音乐，它是当时最流行的一种歌曲形式。不难想象，频繁来往于宋丽之间的商人，应是传播俗乐的重要人群，而且这是一种无意识的自然传播，与前面以获利为目的的"献书"行为不同。

高丽仁宗（1122—1146）喜欢名画，曾有宋商进献了一幅

---

① 周彦文：《宋代以来中国书籍的外传与禁令》，载北京大学韩国研究中心编《韩国学论文集》第3辑，1994年。
② （宋）张端义：《贵耳集》卷上，李保民校点，上海古籍出版社2012年版，第93页。
③ 杨渭生：《宋丽关系史研究》，杭州大学出版社1997年版，第295页。
④ 《续资治通鉴长编》卷261，神宗熙宁八年三月丙午，第6360页。

《天寿寺南门图》,"仁宗以为中华奇品,大悦,召李宁夸示,李宁曰:'是臣笔也。'仁宗不信,宁取图拆妆背果有姓名"①。李宁是高丽著名的画家,他曾随枢密使李资德出使宋朝,其画作深得徽宗赞赏,且徽宗命翰林待诏王可训、陈德之、田宗仁、赵守宗等从宁学画。宋商甚至连高丽人的画作也当作"宋物"进献给高丽国王,可见当时宋商兴贩物品范围十分广泛。

宋商在宋与高丽经济往来、政治交涉和文化交流领域,分别扮演了"主角"、不可或缺的"配角"以及重要的"媒介"角色。宋商作为民间阶层,他们的活动受政府限制相对较少,具有一定的灵活自主性。他们频繁赴高丽的主观目的虽然是获取经济利益,但客观上却成为宋丽两国在各方面交流的媒介,这也是宋丽之间虽曾几度断交,但又能很快复交的重要原因之一,宋商在宋丽交流中功不可没。

第五节　高丽商

《宋史》和《高丽史》对赴高丽贸易的宋商留下了较多记载,而对高丽商人来宋贸易的情况鲜少提及。"一般而言,宋朝对外贸易限制颇多,这一情形在北宋末期尤为严重,但是其主要限制对象是本国的商船,而对外国商船比较宽大,我们由此可以考虑高丽对宋民间贸易的可能性,而笔者暂且还不能找出积极的证据。"② 尽管关于高丽商史料较少,但不能否认的是宋丽贸易是由宋商和高丽商共同参与完成的。"东若高丽、渤海,岁阻隔辽壤,而航海远来,不惮跋涉。"③

---

① 《高丽史》卷122《李宁传》,第517页。
② [韩]全海宗:《论宋丽交流》,载全善姬译《中韩关系史论文集》,中国社会科学出版社1997年版,第277页。
③ 《宋史》卷485《夏国》上,第13981页。

一 构成及特点

与宋商人员构成复杂、各类民众普遍参与的状况略有不同，高丽商人构成的一个显著特点是以王室和豪族为主体。高丽海上贸易基本由王室和豪族把持，他们拥有雄厚的资金，是高丽对宋贸易的主导者，其余民间私商则不能及。高丽政府欲强化中央集权，必然要对这些具有强大离心力的海上豪族势力进行打压，打压的结果就是高丽商的销声匿迹。

除去依附海上豪族的高丽商，仅靠个人力量从事海上贸易的高丽商数量不多。在宋丽贸易的活跃期，一部分高丽商可能是选择搭附使节或宋商船只来宋贸易，他们势单力薄，没有购置商船的能力。整体上看，高丽民间商人的活动是十分"低调"的，他们或隐藏在高丽使节的队伍中，或出现在宋商回航的船队上，也许这正是他们无法见于史书记载的原因。对于高丽商搭附宋商船来宋贸易的行为，宋政府是允许的，如元丰八年（1085）的敕文提到，"诸商贾由海道贩诸蕃，惟不得至大辽国及登、莱州。即诸蕃愿附船入贡或商贩者，听"[①]。跟随使节船只来宋的高丽商也有不少，特别是在宋丽关系密切的时期，宋政府不但免其商税而且还给予各种优惠，所以曾出现高丽商人为了避税而冒充使节的情况。大中祥符九年（1016）广州知州陈世卿向宋真宗建言，凡海外国家前来进献，"非供奉物悉收税算"[②]。可见，当时各国的使团中混杂着不少入宋贸易的商人，他们之所以混入使团，是因为这样不仅可以得到官方庇护，而且还可以享受运输、交易等方面的便利。为此宋政府专门立法限制进贡的规模，严禁商人冒贡，规定只有持有本国进贡表、章的才能入贡，为求免税而冒称上贡者一概不受。

自新罗时代时起朝鲜半岛的海外贸易就已出现繁荣景象。在莞岛起家的豪族张保皋（790—846）建立起一支以其家族成员为中心

[①]（宋）苏轼：《苏轼文集》卷31，乞禁商旅过外国状，孔凡礼点校，中华书局1986年标点本，第890页。

[②]（清）徐松：《宋会要辑稿》蕃夷七之二〇，中华书局1957年整理本，第7849页。

的私人武装力量，并以此为依托打造了一个规模庞大的海商集团。张保皋的船队一度雄霸于东亚海域，操纵着中、日、韩三国间的海上贸易。张保皋的清海镇裁撤之后，虽然新罗的海上贸易大幅萎缩，但海上贸易的传统却延续下来，所以高丽商经营海上贸易的经验和能力是具备的。但与新罗时代不同的是，宋丽贸易以宋商前往高丽为主，相比之下高丽商的活动趋于萧条。

二 高丽商的沉浮

（一）活跃期

宋建国之初的五十年未见关于宋商赴高丽贸易的记载。这一时期的宋丽交流除正常的使节往来外，高丽商的活动是重要部分。并且从当时高丽国内王权尚未强大的状况判断，高丽商具备较大的活动空间。高丽建国初期的豪族中不乏靠海上贸易发家的海商势力，其中最典型的海商势力集团莫过于高丽王朝的建立者王建家族。"王建家族是长期盘踞在位于流入朝鲜半岛西海岸中部京畿湾的礼成江下游的开城，自祖辈就展开对中国海上贸易的海商世家。"①"王建统一高丽的过程实际上就是他成功争取、联合其他豪族的过程。王建所选的第一、第二政治联姻对象分别是扼守京畿湾地区的贞州海商势力与扼守西南海域的罗州海商势力，可知王建建国势力的核心是与其有相同利害关系的海商势力。"② 王建以海商势力发家，成功地从后三国的混乱中恢复秩序，并建立了新的统一王朝。但这实际上"仅标志着王朝竞争的结束，城主们（豪族势力）仍保持着他们堡寨的半独立地位，与混乱的后三国时期没有多大差异，中央政府无法派出官员来治理地方"③。

---

① ［韩］朴汉卨：《对王建世系的贸易活动——以他们的出身究明为中心》，《史丛》1965 年第 10 期。

② 白承镐：《高丽海商与宋丽民间贸易》，《朝鲜·韩国历史研究》2013 年第 1 期（总第 13 辑）。

③ ［韩］李基白：《韩国史新论》，厉帆译，国际文化出版公司 1994 年版，第 109 页。

高丽建国初期，王建在很大程度上要依靠这些地方豪族势力的支持来维护统治，为此他与全国二十多个地方豪族建立了姻亲关系，很明显，高丽初期王权极不稳定。"981年高丽成宗上台，他推行了一项标志高丽郡县职官制开始开创的改革，从而导致地方豪族势力下降，为高丽贵族制度奠定了基础。"① 可见，从高丽建国到成宗改革前后的这七十余年间，作为豪族之一的海商势力是有生存空间的。其生存方式就是盘踞在沿海地区，通过与宋的海上贸易积累庞大财富，然后以此为后盾维系其实力。同一时期的中国正处在五代末至宋初，此时宋商的活动基本处于空白期。

高丽商人兼具海上豪族的身份，他们经营的贸易都是大手笔，北宋陶谷所作《清异录》中就有关于高丽大海商的记载，"高丽舶主王大世，选沉水近千斤，叠为旖旎山，象衡岳七十二峰，钱俶许黄金五百两，竟不售"②。经常往来于高丽和中国江南吴越地区的高丽大海商王大世，购买了近一千斤的沉香木，并用它雕刻了一件表现衡岳七十二峰的精美工艺品，吴越王钱俶出价500两黄金购买，但高丽商不卖。从高丽商拒绝500两黄金的气势看，这绝不是普通商人所能掌握的经营规模，高丽海商背后大豪族的身份显露无遗。

这一时期高丽商的活动十分活跃，他们从宋兴贩的物品甚至引发当朝官员的忧虑，崔承老就曾对高丽人不分贵贱、任意着服的状况向高丽成宗进谏。《崔承老传》记载：

> 新罗之时，公卿百僚庶人鞋袜各有品色，公卿百僚朝会则著公襕具穿执朝，退则逐便服之，庶人百姓不得服文彩，所以别贵贱、辨尊卑也。由是公襕虽非土产，我朝自足用之。我朝自太祖以来，勿论贵贱任意服着，官虽高而家贫则不能备公

---

① [韩]李基白：《韩国史新论》，厉帆译，国际文化出版公司1994年版，第117—118页。
② （宋）陶谷：《清异录》下，载《宋元笔记小说大观》，上海古籍出版社2001年标点本，第133页。

襦，虽无职而家富则用绫罗锦绣，我国土宜好物少，而粗物多，文彩色之物皆非土产，而人人得服，则恐于他国使臣迎接之时，百官礼服不得如法，以取耻焉。①

当时的高丽，只要是富人都能穿上从宋贩运来的绫罗锦绣，而没钱者即便是官员也无法穿着，以至于以公服颜色为表现形式的社会等级制度都混乱了。崔承老对此十分担忧，上书要求成宗对这种现象予以制止，以恢复自新罗传下来的贵贱有别的着服等级制。这个事例从侧面反映了高丽商在当时的贩运能力，如果不是大规模的兴贩，高丽不可能出现人人皆服"绫罗"的现象，而这些能穿"绫罗"的富人应该指的就是靠海外贸易发家的大海商。以上分析表明在五代末至宋初，也就是宋商活跃前的这段时期，奔波于宋丽海道上经营宋丽贸易的正是高丽商人。

（二）销声匿迹

进入十一世纪，当宋商的船舶开始活跃之际，高丽商人海上贸易的足迹渐趋消失，宋商取代高丽商成为宋丽贸易的主角。高丽商之所以突然销声匿迹，有以下几点原因：

第一是高丽王权对海商豪族势力的打击。建国初期的高丽不能算是一个完全意义上的统一国家，"因为当时大小豪族盘踞地方，建立起各自的半独立性的势力范围，王建只不过是把这些豪族势力网罗到自己的麾下而已，草创期的高丽王朝仅能算是一个豪族联合政权"②。对高丽而言，要想建立一个可以完全控制地方的强势王权，剪除这些威胁中央政权的地方豪族势力是必须面对的问题。作为豪族之一的海商势力当然在剪除范围内。剪除海商势力唯一的办法就是切断其赖以生存的经济命脉，即对宋的海上贸易，只有这样才能达到真正抑制海商势力的目的。崔承老以儒家重农抑商的思想为突破口，上书高丽王，为高丽王剪除海商势力找到一个冠冕堂皇

---

① 《高丽史》卷93《崔承老传》，第68页。
② ［韩］李成茂：《高丽朝鲜两朝的科举制度》，张琏瑰译，北京大学出版社1993年版，第6页。

的理由，实际上就是对高丽海商下"禁海令"。《崔承老传》记载：

> 太祖情专事大，然犹数年一遣行李以修聘礼而已，今非但聘使，且因贸易使价繁多，恐为中国之所贱。且因往来败船殒命者多矣，卿自今因其聘使兼行贸易，其余非时买卖一皆禁断。①

崔承老认为频繁赴宋贸易会被宋耻笑，而且海上航行风险大，丧命者多，故建议高丽政府将必需的贸易活动一并规划到使节团的外事活动中，除此外禁断其他一切形式的贸易活动。崔承老在上书的第二年便被成宗任命为门下侍郎平章事，总理国务大事，可见成宗采纳了崔承老的建议。之后，曾经在宋丽海道上活跃一时的高丽海商活动逐渐萧条，到显宗时期（1009—1031）基本销声匿迹，这与显宗时期初步完成了中央对地方的直接统治体系有关。宋丽间的海上贸易开始由宋商接手。

第二是高丽政府支持宋商来航。高丽的海禁政策，虽然对断绝海商势力的发展起到了立竿见影的效果，但也因此不得不面临两个问题的困扰。首先是高丽对宋先进文化的吸收问题，限制高丽商出海的政策可以说是关上了一扇吸收宋文化的大门，所以只能寄希望于宋丽的官方交流。而官方交流规模有限，且由于辽的干涉时断时续，根本无法满足高丽对宋文化的渴求。在这种背景下，活跃于宋丽间的宋商无疑成为高丽政府关注的对象。为了从宋商那里引进更多的宋文化，从十一世纪初开始高丽推行积极招徕宋商的优惠措施。其次是高丽王室对奢侈品的消费也因为海禁政策而变得十分不便。先前高丽商人从宋兴贩的物品中有很大一部分是为了满足王室和贵族的需求，现在这个任务无疑也转由宋商完成，宋商向高丽王进献的物品中，奢侈品占了很大比重。

在高丽政府看来，宋商是可以完全取代本国商人的理想对象。

---

① 《高丽史》卷93《崔承老传》，第67页。

既能满足对宋文化和奢侈品的需求，又不用担心本国海商势力强大会危及王权，同时还可以从宋商那里直接了解到宋的情况，甚至是国家机密，并可获得宋政府明令禁止的书籍等，可谓一举三得。

第三是宋政府禁止民间和来华丽商私下交易。宋时海外贸易发达，尤其东南沿海地区人员混杂。"辽往往利用燕人熟悉宋地和语言等方面的优势，让他们参合在高丽贡使中间，以进贡为幌子，进行搜集宋朝情报的活动。"[1] 苏轼明确表示了对此事的担忧，多次上书朝廷，要求限制高丽来贡次数。熙宁六年（1073）十月二十三日，高丽使节至明州，宋下诏命"引伴、礼宾副使王谨初等与知明州李绖，访进奉入贡三节人中有无燕人以闻"[2]。除警惕入贡的高丽使节，对商人也是如此，宋政府明确规定禁止私下和来华的高丽商进行交易。太平兴国元年（976），又明确了对违禁者的惩罚措施，"私与蕃国人交易者，计其值满百钱以上论罪，十五贯以上黥面；配本州为兵役"[3]。如此说来，即便有数量较少的高丽商来宋贸易，其经营状况也十分艰难。

第四是宋商航海技术占据优势。十一世纪以后宋人驾驭海洋的能力已居世界前列。对当时江南地区的宋商而言，越惊涛骇浪，远涉高丽已并非难事。"距今一千年左右的中世纪的宋代，海舶航行在茫茫大海上，有指南针可以辨别方向；若遇上狂风巨浪，即可垂下船首可石，使船停止前进；船上置备有布帆和利蓬（即席帆），正风时用布帆，偏风时则用利蓬；特别是在船桅上设置转轴，可以自由起倒，不怕风吹浪打，而当时高丽的商船的桅还是'植船木上不可动'，远比中国落后。"[4] 徐兢在《宣和奉使高丽图经》中也提到了这个问题：

---

[1] 赵炳林：《宋代与高丽交易法述略》，载刘迎胜主编《中韩历史文化交流论文集》（第三辑），延边人民出版社2007年版，第132页。
[2] 《续资治通鉴长编》卷247，熙宁六年十月，第6030页。
[3] 《宋史》卷186《食货志》，第4559页。
[4] 倪士毅、方如金：《宋代明州与高丽的贸易关系及其友好往来》，《杭州大学学报》1982年第2期。

乃若丽人生长海外，动涉鲸波，固宜以舟楫为先，今观其制度，简略不甚工致，岂其素安于水而狃狎之耶？抑因陋就简、鲁拙而莫之革耶？高丽地涉东海，而舟楫之工简略特甚，中安一樯，上无棚屋，惟设舻舵而已。①

高丽地处海岛，徐兢本以为他们的造船术很发达，但实际上他在高丽看到的船只远远落后于宋船。

（三）复出

整个北宋及南宋初期，宋丽之间的海上贸易一直由宋商主导。南宋中后期开始，高丽商人又开始活动起来，出现复出迹象。这主要是因为当时出现了有利于高丽商人活动的各种条件。

首先是高丽政府海禁政策逐渐取消。高丽海禁的目的是为了加强王权，但这种王权不能有效控制地方的现象在十二世纪后已得到了根本改变。高丽"有三京、四府、八牧，又为防御郡一百一十八，为县镇三百九十，为洲岛三千七百，皆设守令监官治民"②，可见睿宗（1105—1122）以后高丽已基本实现了中央对地方的直接掌控。而先前的海商豪族也都已经转化为地方贵族或是解体，现在从事海上贸易的商人变成了以中小商人为主。所以对高丽政府而言，此时已经没有实施海禁的必要了。

其次是宋商赴高丽贸易急剧减少，为高丽商人的复出提供了有利环境。伴随金的崛起，宋丽之间政治关系再度紧张。南宋对高丽充满怀疑，不但断绝了官方往来，对民间商人的贸易也严加限制，宋商赴高丽贸易的人数急剧减少。与此同时，高丽政府也逐步取消了对宋商的各种优待，甚至出现了野蛮对待及掠夺宋商的恶性事件，宋商的正常贸易得不到保护，前往高丽的宋商又减少很多。"高丽再次面临无法及时进口宋先进文物的窘境，高丽海商活动的

---

① 《宣和奉使高丽图经》卷33，舟楫，巡船，第67页。
② 《宣和奉使高丽图经》卷3，城邑，郡邑，第8页。

复活就是迎合这种社会需求的结果。"①

虽然关于这时期高丽商人活动的记载很少，但仍可通过现有的几条史料窥探这一时期丽商在宋的贸易情况。绍兴二十九年（1159）八月戊午，"两浙市舶司言高丽贾人贩到铜器，乞收税出卖，诏付铸钱司"②。宋孝宗乾道三年（1167）四月，姜诜在奏文中言："明州市舶务每岁夏汛，高丽、日本外国船舶到来，依例提举市舶官于四月初亲去检查，抽解金珠等。"③赵彦卫《云麓漫抄》记载，"福建市舶司，常到诸国舶船，大食、嘉令，……高丽国则由人参、铜银、水银、绫布等，……以上舶船，候南风则回，惟高丽北风方回"④。理宗宝庆三年（1227）知州胡榘榜文中提到，"高丽、日本船纲首、杂事十九分抽一分，余船客十五分抽一分"⑤。明州市舶司曾推行高额市舶税，导致大批商人不来明州贸易。为了召回这些海商，明州市舶司专门制定了针对外商的优惠政策，尤其对高丽和日本更是给出了"最惠国"待遇，这说明高丽和日本商人是当时明州的主要外商。

《宋故左丞相节度使雍国公赠太师谥忠肃虞公（允文）神道碑》记载，"一日，有报国门外海舶数百艘，将及岸者，中外恍骇，上召问公，公对当是外夷贾舟风漂至此，果高丽贾胡也"⑥。宋孝宗听报数百艘船舶即将靠近宋岸十分紧张，以为有战事，紧急召见虞允文等大臣商议对策，同时派人核实，最后发现竟然是漂风至此的高丽

---

① 白承镐：《高丽海商与宋丽民间贸易》，《朝鲜·韩国历史研究》2013年第1期（总第13辑），第69页。
② （宋）李心传：《建炎以来系年要录》卷183，绍兴二十九年八月戊午，中华书局1956年点校本，第133页。
③ （清）徐松：《宋会要辑稿》职官四四之二九，中华书局1957年整理本，第3378页。
④ （宋）赵彦卫：《云麓漫抄》卷5，傅根清点校，中华书局1996年标点本，第254页。
⑤ （宋）罗濬：《宝庆四明志》卷6，市舶，景印文渊阁四库全书，台北商务印书馆1983年影印本，第487册，第82页。
⑥ （宋）杨万里：《诚斋集》卷120，《宋故左丞相节度使雍国公赠太师谥忠肃虞公（允文）神道碑》，景印文渊阁四库全书，台北商务印书馆1983年影印本，第1161册，第538页。

商船。碑文或许对高丽商船数百艘规模的记载有夸大成分,但至少可以推测当时的高丽商人也是结成船队进行海上贸易的,规模并不小。楼钥《攻媿集》也记载了高丽商人在宋的贸易情况:

> 高丽贾人,有以韩幹马十二匹,质于乡人者,题曰看行子,接处黄绫上书韩幹马,表饰以绫,尾以精纸,皆丽物也。闻有怀金来取,因命工临写而归之,再用东坡韵书临本之后。其诗云:"竹披双耳风入蹄,霜鬣剪作三花齐。相随西去皆良种,撼首势审迎风嘶。丹青不减陆与顾,丽人传来译通语。装为横轴看且行,云是韩幹非虚声,围人乘马如乘鹤。人马相谙同呼啄,中有二匹真游龙。爬梳廻立绿杨风。贾胡携金赎此马,亟呼工人临旧画。我诗无分到三韩,写向新图时自看。①"

高丽商人在宋贸易,资金不足时居然以名画作抵押进行交易,稍后再携钱财来赎回。而当高丽商人打算赎回画卷时,宋人赶紧找人临摹,可见当时高丽物品在宋十分受欢迎。又《宋史》卷487记载:

> 绍兴三十二年(1162)高丽纲首徐德荣诣明州言,本国欲遣贺使。守臣韩仲通以闻,殿中侍史吴芾奏曰:"高丽与金人接壤,昔稚圭之来朝廷惧其为间,亟遣还,今两国交兵,德荣之请得无可疑?使其果来,犹恐不测,万一不至,贻笑远方。"诏止之。②

当时宋、金正面临战事,南宋当局对高丽商人来明州贸易存有戒心,惧怕金人冒充混入其中进行间谍活动。徐德荣明明是宋商,但《宋史》却记载为高丽纲首,很明显指的是与高丽进行贸易的纲

---

① (宋)楼钥:《攻媿集》卷3,《题高丽看行子》,景印文渊阁四库全书,台北商务印书馆1983年影印本,第1152册,第315页。
② 《宋史》卷487《高丽传》,第14052页。

首。"与唐代大量新罗人来唐贸易,在唐山东及东南沿海有大量新罗人活动的遗迹一样,宋代东南沿海的泉州等地也出现了类似于高丽巷、高丽村、高丽墓等高丽人活动的遗迹。"①

三 宋对高丽遇难商船的救助

为发展海上贸易,宋政府对包括高丽在内的蕃商十分优待,既保证他们的合法权益,又帮助他们解决实际困难,遇有风险则给予救援。海上航行不确定因素多,"海舟之行触礁则摧,入洋则覆,又有黑风海动之变,遇之则天地晦冥,波涛鼎沸"②,因此时常有商船遭遇风浪,其中尤以高丽商船居多。特别是南宋时期,高丽原来的大海商势力已被摧毁,此时来宋的商人以中小私商居多。这些私商在航海技术、装备等方面比较落后,他们冒着随时可能遇到的各种风险穿梭在宋丽海道上,遭遇风浪的事情时有发生。

对遭遇风浪漂至宋境的外国商船,宋政府设立了专门的海难救助制度。特别是对于高丽船只,因为"宋室以高丽为顺臣,故待遇礼教颇异"③。宋大中祥符九年(1016)二月,宋政府下诏明州:"自今有新罗[高丽]舟漂至岸者,据口给粮,倍加存抚,俟风顺遣还。"④后来对高丽遇难商船的优待又进一步升级,曾巩知明州时曾大力救助遭遇风浪的高丽商船,且拟奏:

> 欲乞今后高丽等国人船因风势不便,或有漂失到沿海诸州县,并令置酒食犒设,送系官屋舍安泊,逐日给与食物,仍数日一次别设酒食。阙衣服者,官为置造。道路随水陆给借鞍马舟船。具析奏闻。其欲归本国者,取禀朝旨,所贵远人得知朝

---

① 叶恩典:《泉州与新罗—高丽关系文物史迹探源》,《海交史研究》2006年第2期。
② (元)马端临:《文献通考》卷325,四裔考二高句丽,浙江古籍出版社2000年点校本,第2561页。
③ 张传保等:《鄞县通志》第5《食货志》,载于春媚、贾贵荣编《地方志灾异资料丛刊》第2编,国家图书馆出版社2012年版,第564页。
④ 《续资治通鉴长编》卷86,真宗大中祥符九年二月,第1974页。

廷仁恩待遇之意。①

曾巩建议对遇难高丽民的救助不仅是给予口粮遣还，还要从衣、食、住、行四方面全面救济，认为只有"厚加抚存，令不失所"，才能体现礼仪之邦的国家气度。现对宋予以救助的高丽遇难漂流民，统计如下。

表11　　　　宋对高丽遇难漂流民救助统计表

序号	时间	姓名	事件	人数
1	宋咸平三年、高丽穆宗三年（1000）	池达	以海风坏船，漂至鄞县诏赴登州，给赀粮，遣归其国	8
2	宋天禧三年、高丽显宗十年（1019）	崔元信	遭风覆舟，漂失贡物，人多溺亡，遣中使存抚之	
3	宋天禧四年、高丽显宗十一年（1020）	阔达	夹骨岛民，以风漂至定海县，诏明州存问，给渡海粮遣还	
4	宋熙宁九年、高丽文宗三十年（1076）	幸忠	乘船遇风，漂至秀洲华亭县，赐帛遣归	20
5	宋元丰三年、高丽文宗三十四年（1080）	柳洪	进奉使，海行遇风，漂失贡物，上表自劾	
6	宋元丰三年、高丽文宗三十四年（1080）	崔举	耽罗人，因风失船，漂至泉州界，后由明州归国	
7	宋元祐三年、高丽宣宗五年（1088）	杨福	明州归罗漂风人	23
8	宋元祐三年、高丽宣宗五年（1088）	用叶	明州归耽罗漂风人	10
9	宋元祐四年、高丽宣宗六年（1089）	李勤甫	明州归高丽漂风人	24

---

① （宋）曾巩：《曾巩集》卷32，存恤外国人请著为令割子，陈杏珍、晁继国点校，中华书局1984年标点本，第471—472页。

续表

序号	时间	姓名	事件	人数
10	宋绍圣四年、高丽肃宗二年（1097）	子信	归高丽漂风人	3
11	宋元符二年、高丽肃宗四年（1099）	赵遏	归耽罗失船人	6
12	宋政和三年、高丽睿宗八年（1113）	汉白	高丽珍岛县民，因买卖往耽罗岛，被风漂到明州，赐绢二十匹、米二石发还	8
13	宋建炎二年、高丽仁宗六年（1128）	金铁衣	浮海，值风漂流到宋	6
14	宋绍兴二十五年、高丽毅宗九年（1155）	知里先	明州归高丽漂风人	5
15	宋绍兴二十五年、高丽毅宗九年（1155）	漂风人	宋送归高丽漂风人	30余
16	宋淳熙元年、高丽明宗四年（1174）	张和	宋送归高丽漂风人	5
17	宋淳熙十三年、高丽明宗十六年（1186）	李汉	宋送归高丽漂风人	6
18	宋宝祐六年、高丽高宗四十五年（1258）	漂风人	驾船往白陵县收买木植，在海遭风漂流到明州石衕山	6

资料来源：本表格制作时主要依据《高丽史》，朝鲜科学院古典研究出版委员会1957年整理本；《续资治通鉴长编》，中华书局1985年标点本；《曾巩集》，中华书局1984年标点本；《开庆四明续志》，《四库全书》史部，第487册，台北商务印书馆1983年影印本。并参考：姚礼群《宋代明州对高丽漂流民的救援措施》，载《宋丽关系史研究》，杭州大学出版社1997年版，第476—478页；［韩］张东翼：《宋代丽史资料集录》，首尔大学出版部2000年版，第424—426页。

从以上18次宋对高丽遇难漂流民的救助来看，除了第5次柳洪一行是使节团的船外，其余都是商船。并且从商船人数都是在30人以下的情况判断，大部分都是高丽民间商船。由于规模小、航海装备落后，高丽民间商人的船只很容易遭遇溺覆之类的危险。从时间分布看，在未见宋商活动记载的宋初五十余年间，高丽商船漂风事件有3次；十一世纪中后期开始又有高丽商船漂风的记录，尤其是神宗（1067—1085）、哲宗（1085—1100）、徽宗（1100—1126）三朝，共计有9次，人数多达百人。这与宋当时积极推行"联丽制辽"，招徕与厚待高丽人的策略有直接关系。

宋政府对遇难商船妥善安置并给予抚恤的同时，对他们的货物也予以免税，"（乾道）三年，诏广南、两浙市舶司所发舟还，因风水不便、船破樯坏者，即不得抽解"①。并且严加保护，不准沿海官员甚至是居民趁机私自占有，《杨公笔录》记载：

> 元祐初，张颉仲举知广州，有大舶船为风吹泊近岸，人有告其有宝犀者，其主遂赍至府庭，求进云："此舡有此犀四为海风吹至，是必为中国所有。"张颉令断之其中透盘龙立凤，上下相承，文理如画。乃遣赍至京，进奏院官以法不许闻，辙欲之。其人不得已，击登闻鼓，遂得献。②

张颉仲举知广州时私取被风吹到广州商舶上的犀角，被人告发。如果遇难船只主人不在，其货物暂由宋政府收管，严禁冒领。元符二年（1099）五月十二日，户部言："蕃舶为风漂着沿海州界，若损败及舶主不在，官为拯救，录物货，许其亲属召保认还，及立防守盗纵诈冒断罪法。"③ 政和四年（1114）钱塘江有一艘海船倾覆，居民盗取船中货物，宋政府"令杭州研究根究，并拟修下条诸州，船因风水损失或靠阁，收救未毕而急取财物者，并依水火

---

① 《宋史》卷186《食货志》，第4566页。
② （宋）杨延龄：《杨公笔录》，载上海师大古籍整理所编《全宋笔记》，第一编（十），大象出版社2012年版，第153页。
③ （清）徐松：《宋会要辑稿》职官四四之八，中华书局1957年整理本，第3367页。

惊扰之际公取法"①。元丰三年（1080）高丽进奉使柳洪等遇风漂失贡物，上表自劾。宋廷"诏降敕书，谕以风波不虞，开释罪戾之意，今据见存物投进，仍诏明州先借高丽主船兵工劾罪以闻"②。宋朝对高丽使节漂失贡物一事十分宽容，不予追究。后来两浙转运司言温州百姓获得高丽贡布等物，皇帝批示："宜下贾青、苏澥于沿海州县榜谕。如获高丽贡物，辄敢隐藏，指挥后十日不尽首，许人告，十分给三分赏，犯人计赃加凡盗二等。邻保知而不纠，减犯人二等。"③可见，无论是商船还是使节船，对于趁机私自占有船上物品的情况，宋政府都严惩不贷。

宋政府对漂流遇难船只如此体恤并给予特殊照顾，因而有些高丽商人为避税佯装遇到风浪漂至宋境。《宋会要辑稿》记载：

> 开禧元年（1205）八月九日，提辖行在榷货务都茶场赵善谧言："泉、广招买乳香，缘舶司阙乏，不随时支还本钱，或官吏除尅，致有规避博买，诈作漂风，前来明、秀、江阴舶司，巧作他物抽解收税私卖，挽夺国课。乞下广、福市舶司多方招诱，申给度牒变卖，给还价钱。仍下明、秀、江阴三市舶，遇蕃船回舶，乳香到岸，尽数博买，不得容令私卖。"从之。④

可见，佯装漂风遇难以试图逃避抽买的高丽商船确实存在。除予以特殊照顾外，宋对漂流船舶的安全性也保持高度警惕，对危及或可能危及自身政权安全和经济安全的行为采取防范措施。特别是高丽人，宋时刻提防他们充当辽、金奸细混入宋境。如熙宁九年

---

① （清）徐松：《宋会要辑稿》食货五〇之六，中华书局1957年整理本，第5659页。
② 《续资治通鉴长编》卷302，元丰三年正月乙酉，第7348页。
③ 《续资治通鉴长编》卷302，元丰三年正月丁亥，第7348页。
④ （清）徐松：《宋会要辑稿》职官四四之三三，中华书局1957年整理本，第3380页。

(1076)高丽人幸忠漂流至宋境,"权发遣两浙转运副使苏澥上言有高丽国人漂风至秀州,朝廷下诏秀州:如参验实非奸细,即居以官舍,给食,候有本国使人,入朝取旨"①。可见,为防止漂流民中出现奸细,宋朝在实施救援前是要对船只进行排查的。对漂风船所载的物品宋政府也严格检查,如有违禁物立即查封。《宋会要辑稿》记载:"(熙宁)七年正月一日,诏:诸舶船遇风信不便,漂至逐州界,速申所在官司,城下委知州,余委通判或职官,与本县令、佐躬亲点检。除不系禁物税讫给付外,其系禁物即封堵,差人押赴随近市舶司勾收抽买。"②

综上所述,宋政府对高丽漂风商船的处理有两个基本原则:一是柔远人的原则,包括维修船只、设宴款待、发放衣物、提供住宿、减免货税、保护货物、赏赐财物等一系列救助措施;二是防范安全的原则,发现漂流船后宋政府首先要对船舶进行排查,排除奸细混入、佯装漂流、搭载违禁物等特殊情况后予以救援。

---

① 《续资治通鉴长编》卷277,熙宁九年九月乙卯,第6781页。
② (清)徐松:《宋会要辑稿》职官四四之五,中华书局1957年整理本,第3366页。

第四章　留学生和求法僧

离国心壮海上尘，归时身遇浙江春；休言求法多贤哲，自古王宫祇一人。
——《南嵩山仙凤寺海东天台始祖大觉国师之碑铭序》

由于文化发达程度存在明显差异，古代中国与周边国家教育交流的形式基本上表现为周边国家和地区向中国派遣留学生，而中国学生到外求学的例子几乎没有。宋代出现了赴高丽应试求官的"移民文人"，他们应属于宋移民中的一员，而并非是留学生。本章探讨的留学生专指来宋求学的高丽留学生，而且是官派留学生。尽管宋代也存在自费来宋留学的高丽学生，但因资料所限，关于这部分留学生无从考究。与唐时新罗政府大量派遣留学生入唐求学的情况不同，宋代明确见于史书记载的高丽留学生仅有十一人，这与当时的国际局势有直接关系。由于辽、金崛起，宋与高丽之间的交流受到严重影响，官方往来也时断时续，因此高丽向宋派遣留学生变得十分艰难。

与留学生不同，僧人的活动具有双向性，既有来宋求法的高丽僧，也有赴高丽弘法的宋僧，只是在人数上来宋的高丽僧要远远多于赴高丽的宋僧。中国与朝鲜半岛间的佛教文化交流始自公元四世纪后半期，止于十四世纪末十五世纪初，历时十个世纪，长达千余年。有学者说，"在中朝两国的历史交往中，还没有哪一项活动像佛教文化交流这样具有如此的广泛性、群众性"[①]。高丽建国之初，太祖王建

[①] 黄有福、陈景富：《中朝佛教文化交流史》，中国社会科学出版社1993年版，第19页。

便奉行"国家大业必资佛护卫之力"的政策，鼓励僧人赴宋求法，目的是想借助统一的佛教精神来巩固政权。伴随佛教在高丽的不断传播，高丽佛教逐步走上独立发展的道路。再加上辽、金势力相继兴起，宋丽交流受阻，因此宋与高丽的佛教交流较之隋唐与新罗之佛教交流大为减弱。来宋求法的高丽僧人在人数上亦不可与唐时的新罗僧人同日而语，尤其南宋时期，入学僧越来越少以至于绝迹。

第一节 来宋的高丽留学生

朝鲜半岛派遣留学生到中国学习的传统始自新罗时代，有历史记载的最早一次向中国派遣留学生是在唐贞观十四年（640）。唐代新罗学生在所有入唐求学的留学生中人数居首，唐国子监内甚至特辟了"新罗马道"。九世纪时新罗学生入唐求学达到顶峰，据《唐会要》[①] 记载，837年在唐国学中修业的新罗学生已多达216名。但进入宋代后，这种往昔的繁盛局面不复存在。

一 科举制和宾贡科
（一）高丽科举制的建立

高丽以科举制取代盛行于新罗的门阀骨品制，开启朝鲜半岛科举选拔人才的新时代。直到1894年朝鲜王朝实行甲午更张废除科举为止，科举制在朝鲜半岛实行了近千年之久。高丽科举制的建立源于当时后周移民双冀的建议。双冀是后周显德三年（956）跟随册封使薛文遇来高丽的使臣，因病滞留高丽，他在后周官至武胜军节度巡官、将仕郎大理评事。双冀病愈后被引荐给高丽光宗（949—975）并得到赏识，光宗曾专门写信给周世宗请留双冀。高丽光宗任命双冀为元甫翰林学士，让其执掌高丽文柄，双冀因此留在高丽为官。双冀于高丽光宗九年（958）五月向光宗提出了仿效唐实行科举制的建议，"双冀献议，始设科举，试以诗、赋、讼及

---

① （宋）王溥：《唐会要》卷36，上海古籍出版社2006年标点本，第779页。

时务策，取进士兼取明经、医、卜等业"①。次年光宗任命他为知贡举，全权负责科举选人之事。这一年在他的主持下，"以诗、赋、颂、策，取进士甲科崔暹等二人，明经三人，卜业二人"，且"自后屡典贡举，奖劝后学，文风始兴"②，这是高丽实施科举的开端。

高丽建国初期盘踞在各地的豪族是建立专制王权的最大障碍，因此光宗（949—975）上台后开始筹划变革，而科举制的实施就是其中最重要的一环。从政治上讲，实行科举的目的就是要把中央和地方那些拥有武装力量的半独立豪族势力转化为中央集权体制下的文官群体。"科举是以武功得国的武人们把国家转到文治主义时所采用的方法，自前汉武帝以降累二千年矣。"③

高丽的科举制分为三个时期："第一个时期是科举制的初定期，自高丽第四代王光宗九年（958）起至第十八代王毅宗二十四年（1170），这一时期高丽的科举制刚刚起步，深受唐制和宋制影响，'大抵其法颇用唐制'；第二个时期是武臣执政时期，自第十九代王明宗元年（1171）起至第二十四代王元宗十五年（1274），这一时期科举和学校的发展均处于委顿状态，武臣上台执政，科举制很难正常发展；第三个时期是进入元朝治下始至高丽末期，起自第二十五代王忠烈王元年（1275）至第三十四代王恭让王四年（1392），这一时期武臣政权倒台，文臣势力重新抬头，科举制度和学校都得以恢复并发展。"④

(二) 高丽科举制的影响

科举制对高丽社会的政治生活产生了深远影响，克服了过去选拔制度的种种弊端，推动了高丽学校教育的不断进步与完善，同时为高丽王朝走向文官政治、实行重文轻武政策铺平了道路。

首先是推动高丽学校教育的发展。科举制是推动高丽官学发

---

① 《高丽史》卷73《选举志》一，第494页。
② 《高丽史》卷93《双冀传》，第71页。
③ [韩] 李成茂：《高丽朝鲜两朝的科举制度》，张琎瑰译，北京大学出版社1993年版，第10页。
④ 同上书，第17页。

展、私学出现的直接动力。高丽时代学校制度的确立始自成宗,成宗二年(983)将地方乡吏子弟集中于开京就读,但结果因中央对地方的控制尚不彻底而失败;成宗六年(987)向十二牧派出了经学博士和医学博士,"今选通经阅籍之儒,温古知新之辈于十二牧,各差遣经学博士一员、医学博士一员、勤行善诱、好教诸生"①,目的是为了使地方乡吏子弟能够走上仕途;成宗八年(989)下令奖励教学成绩优异之博士,进一步刺激学校教育的发展;成宗十一年(992)在开京设立国子监,国子监既是高丽最高学府亦是王廷直辖的教育行政机构,中央官学正式出现。以国子监为代表的中央官学不仅在前代基础上完善了自己的官学系统,并且在吸收宋朝官学有益成分的基础上,形成了自己的特点。"这个时期是朝鲜半岛古代中央官学教育制度承上启下和调整完善的阶段,无论是在机构设置、教学内容,还是在奖励措施上,都有了长足的进步,为后世官学教育提供了一个蓝本。"②

  中央官学兴盛的同时,地方官学也在逐步发展。成宗五年(986)令各州、郡、县选拔优秀人才诣京入学,以促进地方官学的发展。高丽还仿宋建立了经筵制度,高丽睿宗(1105—1122)时曾置清燕、宝文两阁,如睿宗"十一月庚子,御清燕阁,命翰林学士承旨朴景仁讲尚书二典","十二月庚申朔御清燕阁命内侍讲礼记、中庸投壶二篇"③。

  在中央官学和地方官学的带动下,民间私学亦逐步出现。高丽由于连续三次遭到辽的入侵,中央官学和地方官学被严重破坏。战乱后的高丽短期内很难迅速恢复各级官学,在这种情况下部分具有儒学修养的学者纷纷创办私学来恢复教育事业。文宗九年(1055),年逾七旬的崔冲退职后在开京创办私学,就学学生众多,

---

① 《高丽史》卷3《成宗世家》,第40页。
② 郑永振、霍嫣然:《高丽中期中央官学的变迁考察》,《延边大学学报》2012年第1期。
③ 《高丽史》卷14《睿宗世家》,第208页。

以至"填溢街巷"①。崔冲在高丽首开私人讲学之风，行谊有似孔子，被尊称为"海东孔子"。除崔冲外，同一时代建立的私学还有十一所，统称"十二公徒"，类似于宋代的书院。但这些私学的办学目的与宋书院不同，"在科举竞争问题上，宋代书院教导学生不要着迷于功名利禄，为科举而科举；高丽十二公徒正是要学生如何学好科考本领，以便榜上有名，挤上仕途"②。

其次是使高丽走上文官政治的道路。科举制下凡是及第者即可获得为官资格。随着及第者的不断增加，这些文官逐步占据了各类显要官职，形成了所谓的文官政治。文官政治导致了重文轻武和崇尚儒学的社会意识。当然由于高丽科举制的不完善，实际上高级官吏中仍有相当一部分人是通过门阀居高位，而非靠科举出身。但此时世人至少已经有了这样一个普遍认识：科举是能成为显官大吏的重要途径。到了高丽中期文官政治极度发展，文官逐渐成为可以享受国家特权的特殊阶层，动辄轻视武官，最终导致了毅宗（1146—1170）时期的武臣叛乱。武臣执政时期尽管科举制一度停滞，但仍无法废弃，因为武臣的执政亦离不开文臣的参与和帮助，以科举选拔人才仍是必经之路。

科举制还促进了高丽儒家思想的国家化。无论中央官学、地方官学、私学还是皇帝的经筵，其教学内容都是儒家经典著作。学子们为了能够及第，无不苦心专研儒家典籍，这些学子无论今后能不能进入仕途，经过这样长时间的磨砺，大多数也都能成为文人学者，成为儒家思想文化的阐发者。科举制、学校教育、文官政治和儒家思想四者无法分开阐释。高丽时代"尽管未完全摆脱多元化的思想格局，但他还是吸收了中国唐宋的成功经验，逐步建立了国家文官体制，并健全与之相配套的选举制度和教育体制"③。

---

① 《高丽史》卷95《崔冲传》，第95页。
② 杨渭生：《宋丽科举教育之比较》，载《宋丽关系史研究》，杭州大学出版社1997年版，第457页。
③ 李岩：《高丽朝科举制度的实施对其社会文化走向的影响》，载北京大学韩国研究中心编《韩国学论文集》第19辑，2010年。

(三) 宋代的官学及宾贡科

宋代官学分为中央官学和地方官学,中央官学辖属的有国子学、太学、辟雍、四门学、广文馆和专科学校。国子学亦称国子监,它既是宋代最高教育管理机构,又是最高学府,国子学的学生为京朝七品以上子孙。太学为中央官学的核心,其地位低于国子学,学生主要为八品以下官员之子孙,或者是庶民百姓之学业优良的子弟。辟雍,即太学之分校,宋徽宗崇宁元年(1102)于汴京(开封)南郊建立辟雍。四门学和广文馆是为士子准备参加科举考试之预备学校,专科学校包括武学、律学、医学、算学、书学、画学等。

入宋的高丽留学生,一般是进入国子监(国子学)或者是太学、辟雍就读。如"景宗元年(976)遣金行成如宋入学国子监"①;"开宝中(968—976)允遣(康)戬随宾贡肄业国学"②;"雍熙三年(986)十月[高丽]遣本国学生崔罕、王彬诣国子监肄业"③;"[高丽]遣进士金端、甄惟底、赵奭、康就正、权适等五人赴大学(太学),……伏望陛下愍恻深衷,惟明故事,特下国子监,或于辟雍收管,许令就便学业"④。宋代教育发达,各类学校众多,建立了一套比较完整的办学机制。有学者说,"宋代兴学奠定了中国文化近千年来广大和深厚的基础,就地方学校教育而言,在世界社会教育史上特放异彩,对近千年来中国文化渗透于贫民阶层,贡献尤大"⑤。正是因为有如此健全的学校教育体制,才为高丽学生入宋留学提供了基本保证。

高丽留学生在宋经过一段时间的学习便会参加考试,及第后或者留任宋官或者是归国从政。宾贡科就是专门为外来学子特设的一项科举考试项目,其考试对象是外国或周边少数民族出身的学子,

---

① 《高丽史》卷74《选举志》二,第515页。
② 《宋史》卷487《高丽传》,14045页。
③ 同上书,14039页。
④ 《高丽史》卷14《睿宗世家》,第203页。
⑤ 刘子健:《略论宋代地方官学和私学的消长》,载台北《宋史研究集》第4辑,1969年,第20页。

及第者即为宾贡进士。宾贡进士始于唐代，北宋的宾贡科考试是沿袭唐代的宾贡科而来。有关"宾贡"二字，有学者做了专门的考释，把"宾贡"的含义分为三层："一为宾服纳贡，指中国周边国家和地区归顺纳贡；二为宾礼贡士，指古代地方向朝廷举荐人才时待以宾礼、贡于京师；三为宾贡进士，特指由外邦推举而来的人才应举及第者。"① 可见宾贡进士专指及第的外来学子，宾贡考试即"区别对待考试"。外来学子因存在语言障碍等困难，和本土学子竞争有失公允，因此设立宾贡科十分必要。对外来学子而言，宾贡科也为他们提供了一个能够被认可和重用的专门渠道。

宋代的宾贡考试虽沿袭唐代，但也发生了一些变化，如"别试"的现象就是唐代没有的。"唐代科举考试还没有糊名制度，应试学子的身份一目了然，因此没有必要'别试'；而宋淳化三年（992）实行糊名考校法，'别试'才有了必要。"②

（四）高丽的宾贡科

像其他制度一样，高丽也模仿宋制设立了宾贡科，其考试对象是"来投的移民"，当时有不少宋朝移民都参加了高丽的宾贡科考试。"文宗十年（1056）以前未行考取之法，十年以后始行考取，肃宗以前考试时特设宾科，让宋人投归者赴试，考中者赐别头及第，从肃宗时代考取时间不定考试场所定为殿中，王召见直接考试，及第者及考取者的初授官职大部分是校书郎、阁门承旨、殿前承旨、世子师傅、宝文阁待制等文学之职。"③《宋史》卷487《高丽传》也记载了高丽的"宾贡"：

> 有国子监、四门学，学者六千人。贡士三等：王城曰土贡，郡邑曰乡贡，他国人曰宾贡。间岁试于所属，再试于学，所取不

---

① 张伯伟：《"宾贡"小考》，《古代文献研究》2003年，第275—299页。
② 樊文礼：《宋代宾贡进士杂考》，载黄时鉴主编《韩国传统文化·历史卷》，学苑出版社2000年版，第77—80页。
③ ［韩］金渭显：《宋丽关系与宋代文化在高丽传播及其影响》，载《韩中关系史研究论丛》，香港社会科学出版社有限公司2004年版，第135页。

过三四十人,然后王亲试以诗赋论三题,谓之帘前重试。①

高丽的有关文献中虽然没有出现"宾贡进士"一词,但却有关于宋移民在高丽应试的记载。如肃宗六年(1101)"宋人邵珪、陆廷俊、刘伋来投,王召试于文德殿,并授八品官"②;次年四月肃宗在乾德殿试新科进士时,一并招试了来投的宋进士章忱,赐其"别头乙科及第",六月份章忱就被授予"将仕郎、礼宾主簿同正"③。

二 高丽官派留学生群像

高丽政府向宋派出的留学生,明确见于史书记载的仅有十一人,且多数在宋考取了宾贡进士,下面以这十一名留学生为对象进行考察。

(一) 金行成

金行成是首位在宋及第的高丽留学生。他于景宗元年(976)入宋,在宋国子监学习一年后便顺利登第,考取宾贡进士。有关金行成的史料如下:

> 制科景宗元年遣金行成如宋入学国子监,二年行成在宋登第。④

> 太宗即位,……俾遣国人金行成入就学于国子监。太平兴国二年,……行成擢进士第。⑤

> 金行成者,累官至殿中丞,治表乞放还。行成自以筮仕朝廷,不愿归本国。又以父母垂老,在海外旦暮思念,恨禄不及,令工图其置正寝,于妻史氏居旁室,晨夕定省上食,未尝少懈。淳化初,通判安州。被病,知州李范与僚佐数人省之,

---

① 《宋史》卷487《高丽传》,第14053页。
② 《高丽史》卷11《肃宗世家》,第166页。
③ 同上书,第169页。
④ 《高丽史》卷74《选举志》二,第515页。
⑤ 《宋史》卷487《高丽传》,第14037页。

行成病已笃，泣且言曰："行成外国人，为朝官，佐郡政，病且死，未有以报主恩，虽瞑目固有遗恨。二子宗敏、宗讷皆幼，家素贫，无他亲可依，旦暮委沟壑矣。"未几，行成死，其妻养二子，誓不嫁，织履以给。范表其事，诏以宗敏补太庙斋郎，令安州月给其家钱叁缗、米五斛，长吏岁时存问。①

景宗二年（977）金行成在宋进士登第后并没有归国，而是选择留宋为官。为此高丽王曾"表乞放还"，但他以自己初次为官是在宋为由拒绝归国，"行成自以筮仕朝廷，不愿归本国"。可见金行成在宋为官完全是他自愿，并非宋廷强留。金行成作为首位在宋及第的宾贡进士，如果他归国肯定会受到高丽王重用，且他在宋期间十分思念在高丽的双亲，曾专门请画工绘父母像并置于正室，即便如此他还是选择留在了宋。

淳化（990—994）初年，金行成官至安州（湖北安陆）通判，在任职期间他不幸染病，知州李范和同僚前往探望。临终前他发出了"未有以报主恩，虽瞑目固有遗恨"的感慨。从金行成入宋的976年算起，他在宋的时间为十五年左右。高丽向宋派遣的学生多为青年学子，故推测金行成入宋时年纪应该在20岁上下，加上他在宋的十五年，那么他去世时应该还不到40岁，因此临终前才有如此感慨。

金行成虽是以宾贡进士的身份留宋，但从他在宋为官并娶妻生子的经历看，他实则是这一时期入宋的高丽移民。金行成去世时他的两个儿子还十分年幼，因为是外国人，"无他亲可依，旦暮委沟壑矣"，情况十分凄惨，其妻誓不再嫁，靠织履为生。后来知州李范把这种情况上报朝廷，朝廷命金行成的儿子宗敏补太庙斋郎，并令安州月给其家"钱叁缗、米五斛"，以示慰藉。

（二）康戬

康戬入宋的时间是宋开宝年间（968—976），比高丽首位宾贡进士金行成入宋的时间还早，但康戬进士及第是在宋太平兴国五年

---

① 《宋史》卷487《高丽传》，第14044—14045页。

(980），比金行成晚三年。《高丽史》卷七十四《选举志》提到了金行成、崔罕、王琳、金成绩、金端、甄惟底、赵奭、康就正、权迪这九人，但唯独没有提到康戬和康抚民，不过《宋史》卷487《高丽传》却对康戬记载颇详，引史料如下：

> 又高丽信州永宁人康戬，字休祐，父允，三世为兵部侍郎。戬少好学，时纥升与契丹交兵，戬从允战木叶山下，连中二矢，神色不变。后陷契丹，遁居墨斗岭，又至黄龙府，间道得归高丽，时允尤在。开宝中，允遣戬随宾贡肄业国学。太平兴国五年，登进士第，解褐大理评事，知湘乡县，再迁著作佐郎，知江阴军、江州。历官以清白干力闻，改太常博士。苏易简在翰林，称其吏才，命为广南西路转运副使，赐绯鱼，就迁正使，再转度支员外郎、户部判官。出知峡、越二州，连被诏褒其能政。又为京西转运使，加工部郎中，赐金紫。戬所至好行事，上章多建白，以竭诚自任。景德三年，卒，真宗特以其子希龄为太常寺奉礼郎，给奉终丧。①

康戬，字休祐，父亲是高丽兵部侍郎康允。康戬入宋是"允遣戬随宾贡肄业国学"，故推测康戬之所以能入宋留学，很可能是因为康允向高丽王奏请并得到了许可。康戬并非像其他留学生一样是由高丽政府选拔派出，因此《高丽史》卷74《选举志》上并未提到康戬的名字。康戬入宋前不仅仅是文人身份，他还是一位杰出的武将，曾跟随其父与契丹作战。战争中他连中两箭仍面不改色，被契丹俘虏后他遁居墨斗岭，后又至黄龙府，最后才绕道回到高丽，可谓九死一生。也许正因如此，康允才有意让康戬"弃武从文"入宋求学。

康戬不负众望，于太平兴国五年（980）在宋进士及第，成为继金行成后的第二位高丽宾贡进士。与金行成的选择一样，康戬进士及第后也没有归国，而是选择在宋为官。他先后担任大理评事，

---

① 《宋史》卷487《高丽传》，第14045页。

知湘乡县,著作佐郎,知江阴军、江州,太常博士,广南西路转运副使、正使,度支员外郎、户部判官,知峡、越二州,京西转运使加工部郎中,官历十分丰富。康戬为官清廉有才干,"以清白干力闻"、"以竭诚自任",多次受到褒奖,如受"赐绯鱼"、"被诏褒其能政"、"赐金紫"等。在宋任职期间康戬频上建议书,被采纳者不少,被奉为模范官吏。

景德三年（1006）康戬卒于宋。他在宋三十余年,可以说是在宋度过了他的后半生,并为宋做出了积极贡献,因此《宋史》卷487《高丽传》较为详细地记载了康戬的相关情况。康戬死后,宋真宗对他恩遇有加,任命其子康希龄为太常寺奉礼郎。康戬入宋后再也没有归国,在宋娶妻生子,其后代也在宋为官。所以他与金行成一样,既是入宋的宾贡进士,也是这一时期的高丽移民。

（三）崔罕、王彬①

崔罕、王彬于成宗五年（986）入宋求学。宋淳化三年（992）二人同时宾贡及第,并被授将仕郎、守秘书省校书郎。由于同时登第且被授职,高丽成宗十分满意,专门上表宋太宗谢恩,引史料如下：

> （高丽成宗五年）遣崔罕、王琳如宋入学,十一年罕、琳登宾贡科,授秘书郎。②
>
> 十月,遣使朝贡,又遣本国学生崔罕、王彬诣国子监肄业。③
>
> 先是,三年,上亲试诸道贡举人,诏赐高丽宾贡进士王彬、崔罕及第,既授以官,遣还本国。至是,靖等使回,治上表谢曰："学生王彬、崔罕等入朝习业,蒙恩并赐及第,授将仕郎、守秘书省校书郎,仍放归本国。窃以当道荐修贡奉,多历岁年,盖以上国天高,遐荒海隔,不获躬趋金阙,面叩玉墀,唯深拱极之诚,莫展来庭之礼。彬、罕等幼从鲍系,嗟混

---

① 关于王彬的姓名,《宋史》卷487《高丽传》记载为"王彬",《高丽史》和《高丽史节要》记载为"王琳",实为同一人。
② 《高丽史》卷74《选举志》二,第515页。
③ 《宋史》卷487《高丽传》,第14039页。

于嵎夷，不惮蓬飘，早宾王于天邑。缊袍短褐，玉粒桂薪，堪忧食贫，若为卒岁。皇帝陛下天慈照毓，海量优容，丰其馆谷之资，勖以艺文之业。去岁高悬轩鑑，大选鲁儒，彬、罕接武泽宫，敢萌心于中鹄，滥巾英域，空有志于羡鱼。陛下以其万里辞家，十年观国，俾登名于桂籍，仍命秩于芸台，悯其怀土之心，慰以倚门之望，别垂宸旨，令归故乡。玄造曲成，鸿恩莫报，臣不胜感天戴圣之至。①

高丽成宗在谢恩表中对宋太宗感激涕零。之所以如此，并非仅仅是因为二人的及第，更重要的是宋太宗对他们的遣还。太宗诏赐"既授以官，遣还本国"。在他们二人之前高丽已有金行成、康戬进士及第的先例，但遗憾的是他们均未归国。此次宋太宗下诏让崔罕、王彬二人归国，对高丽而言无疑是件幸事。只有归国才可能为高丽真正效力，也才不会枉费成宗遣他们赴宋求学的苦心。崔罕、王彬二人在宋求学六年，深入系统地学习了宋文化，这对于迫切引进宋先进文化的高丽而言，他们无疑是难能可贵的人才。关于王彬，除上述相关史料外《宋史》卷304还有《王彬传》，引史料：

王彬，光州固始人。祖彦英，父仁偡，从其族人潮入闽。潮有闽士，彦英颇用事，潮恶其逼，阴欲图之。彦英觉之，挈家浮海奔新罗。新罗长爱其材，用之，父子相继执国政。彬年十八，以宾贡入太学。淳化三年，进士及第，历雍丘尉。皇城司阴遣人下畿县刺史，多万民，令佐至与为宾主。彬至，捕鞠之，得所受赂，致之法，自是诏亲事官毋得出都城。易右班殿直，辞不受。后以秘书省著作佐郎通判筠州，历知抚州。抚州民李甲、饶英恃财武断乡曲，县莫能制。甲从子晋县令，人告甲语斥乘舆。彬按治之，索其家得所藏兵械，又得服器有龙凤饰，甲坐大逆弃市。并按英尝强取人孥，配岭南，州里肃然。

---

① 《宋史》卷487《高丽传》，第14041页。

擢提点荆湖南路刑狱,徙知潭州,入判三司户部勾院,出为京西转运使徙河北。部吏马崇正倚章献太后姻家豪横不法,彬发其奸赃,下吏。忤太后意,徙京东,又徙河东、陕西。复为三司监铁判官,判都理欠凭由司,累迁太常少卿,卒。①

《王彬传》中记载了他的身世。王彬的祖父彦英本是五代时期的中国人,是为了避难才举家迁往新罗,"挈家浮海奔新罗"。王彬在宋进士及第的时间是992年,距离五代末年已有三十余年,而王彬及第时年纪在20岁左右,因此可以判断王彬是出生在高丽。换言之,他是出生在高丽的中国移民后裔。樊文礼在《宋代宾贡进士杂考》②一文对这个问题做了专门论述,认为按照唐代"内附后所生子,即同百姓,不得为蕃户"的条例,王彬出生在高丽即为高丽人。樊文礼依据"彬、罕等幼从鲍系,嗟混迹于嵎夷"的记载,提出崔罕有可能也是中国移民后裔的猜测,这种猜测似无合理性可言。王彬出生在高丽,自然也是生长在高丽,即便王彬幼时与崔罕"从鲍系",地点是在高丽而不是中国,以此来判断崔罕的身世并不合理。

除身世外,《王彬传》还详细记载了他在宋为官的经历。王彬性情耿直不畏恶势,任职抚州时为民伸张正义,果断制服了恃财横行的李甲、饶英,使得"州里肃然",王彬因此被擢提点荆湖南路刑狱,徙知潭州。不仅是恶势,王彬在强权面前亦不低头。他惩治了倚仗太后势力而作恶多端的部吏马崇正,揭发了其贪赃枉法的罪行,但却因此获罪太后,被贬徙京东,又徙河东、陕西。

王彬丰富的为官经历显示他应是长期在宋,这与《宋史》中王彬和崔罕在进士及第后被遣归国的记载似有冲突。关于这个问题樊文礼、杨昭全③均已作出了合理解释,因为《淳熙三山志》里还有一条关于王彬的史料:

---

① 《宋史》卷304《王彬传》,第10076页。
② 樊文礼:《宋代宾贡进士杂考》,载黄时鉴主编《韩国传统文化·历史卷》,学苑出版社2000年版,第81页。
③ 杨昭全:《中国—朝鲜·韩国文化交流史》,昆仑出版社2004年版,第183—184页。

> 王彬系高丽宾贡，长乐人。初挈族奔高丽，以外国生宾贡入太学。至是登第，授校书郎放归。寻归正省墓，知汀州、抚州，终太常少卿。①

这条史料明了了这一问题。王彬进士及第后确实奉命与崔罕一同返回了高丽，但是很快他又以"归正省墓"为由重新回到了宋。王彬之所以很快返回宋，肯定与他的身世有关。虽然出生在高丽，但他深知自己是中国人，因此才以"归正"为由再次入宋。他后来再也没有返回高丽直至死去，由此不难看出王彬深厚的故乡情结。

（四）金成绩、康抚民

金成绩、康抚民二人入宋留学时宋与高丽的关系已经发生变化。所以有关金、康二人在宋学习的情况，史书记载不多，引史料如下：

> 穆宗元年金成绩入宋登第。②
>
> （景祐元年）四月，赐高丽宾贡进士康抚民同进士出身，召试舍人院，诗论稍堪，故命之仍附今年榜第五甲。③
>
> 逮我高丽，亦尝贡士于宋。淳化孙何榜，有王彬、崔罕；咸平孙仅榜，有金成绩；景祐张唐卿榜，有康抚民。④

与前述几位留学生不同，《高丽史》卷74《选举志》对金成绩仅有一句记载，且未见康抚民的记载；而《宋史》卷487《高丽传》则根本没有提及二人的名字。之所以如此，并非因留学生本身的名气或者是其他个人因素，而是取决于当时宋与高丽关系的微妙变化。景

---

① （宋）梁克家：《淳熙三山志》卷26《人物类·科名》，景印文渊阁四库全书，台北商务印书馆1983年标点本，第484册，第354页。
② 《高丽史》卷74《选举志》二，第515页。
③ （清）徐松：《宋会要辑稿》选举九九之八—九，中华书局1957年整理本，第4400—4401页。
④ ［高丽］崔瀣：《送奉使李中父还朝序》，《东文选》卷84，韩国民族文化刊行会1994年版。

德元年（1004）辽大举南下攻宋，随后宋、辽签订澶渊之盟，这对宋丽关系产生了不小的影响。宋在对辽作战屡遭败绩后，终于对自身的实力有了初步清醒的认识。为求自保，宋开始调整对外战略，对高丽态度日趋冷淡，对高丽与辽的纠葛更是避而远之。

金成绩及第的时间是998年，即澶渊之盟签订的前夕，这时的宋丽关系刚开始发生变化；康抚民及第的时间是1034年，这时宋与高丽已经断交。宋天圣八年（1030）高丽遣使元颖等至宋朝贡后双方便断绝了往来，其后"绝不通中国者四十三年"[①]。推测康抚民入宋的时间应是在1030年以前，但因他是在宋丽断交后才进士及第，所以《高丽史》和《宋史》中都未出现他的名字。金成绩在宋进士及第时的情况比康抚民稍好，因为当时宋丽之间尚未断交，故《高丽史》提到了他的名字，但由于此时宋对高丽的态度已十分冷淡，《宋史》中并没有提到他。

关于金成绩和康抚民进士及第后的去向，从当时国际局势及宋丽关系的状态判断，他们返回高丽的可能性很小。金成绩尚有一点可能，因为他及第时宋丽还未断交，且《高丽史》提到了他的名字。而康抚民则几乎没有可能，因为他及第时宋丽已经断交，《高丽史》对其无任何记载的情况似乎表明了这一点。

（五）金端[②]、甄惟底、赵奭、康就正、权适

宋天圣八年（1030）宋丽断交后，四十余年内双方再无官方往来，直到宋神宗熙宁四年（1071）高丽遣使入宋，双方关系才恢复正常。宋神宗（1067—1085）上台后宋调整对外战略，开始积极推行"联丽制辽"，对高丽采取了招徕与厚待的策略。在这种情况下，宋哲宗元符二年（1099）高丽主动向宋提出了派遣留学生的请求。高丽人馆伴中书舍人郭知章言："高丽人使言国王欲遣士宾贡，此乃远人悦慕教化，诏令说谕许宾贡"[③]，《高丽史节要》载："宋诏许举

[①] 《宋史》卷487《高丽传》，第14045页。
[②] 《宋史》记载"金瑞"，实指同一人。
[③] 《续资治通鉴长编》卷506，元符二年二月己卯，第12052页。

子宾贡"①，至此中断了八十余年之久的留学生派遣终于恢复。

宋徽宗政和五年（1115），高丽睿宗一次就向宋派出了五位留学生，分别是：金端、甄惟底、赵奭、康就正和权适。睿宗为此还特别上表宋徽宗，引史料如下：

> 遣使吏部尚书王字之、户部侍郎文公美如宋谢恩兼进奉，仍遣进士金端、甄惟底、赵奭、康就正、权适等五人赴大学，表曰："化民成俗由乎大学之风，用夏变夷借彼先王之教，故呼韩遣子于汉室，吐蕃请书于唐家，事虽不同，义则无异，伏惟大宋之兴也，……谨遣学生五人令随入朝赴阙，诸生并非秀颖，……伏望陛下愍恻深衷，惟明故事，特下国子监，或于辟雍收管，许令就便学业"。②

> （五月）丁巳李资谅还自宋，进士权适、赵奭、金端等偕资谅还，帝初亲策试适等于集英殿，赐适等四人上舍及第，特授适华贯，及还，帝赐御制亲札诏，王迎于乾德殿，诏曰："朕仁不异违声教所暨靡间内外罔敢不祗，惟而忠孝克笃，事大制节，谨度恭于时命……朕实汝嘉，康就正、甄惟底二人死于宋。"③

> 肃宗四年二月，宋诏许举子宾贡。睿宗十年七月遣金端、甄惟底、赵奭、康就正、权迪如宋赴大学，十二年迪④、奭、端登上舍及第。⑤

> 颙卒，子俣嗣，贡使接踵，且令士子金瑞等五人入太学，朝廷为置博士。⑥

> 二月，御集英殿策高丽进士。三月庚寅，赐高丽祭器。高

---

① ［朝鲜］金宗瑞等：《高丽史节要》卷6，肃宗四年二月，首尔亚细亚文化社1973年版，第174页。
② 《高丽史》卷14《肃宗世家》，第203页。
③ 同上书，第209—210页。
④ 此处"迪"为"适"的误载，《高丽史》选举志把"适"误载为"迪"，《权适墓志铭》明确记载其讳适，而不是迪。
⑤ 《高丽史》卷74《选举志》二，第515页。
⑥ 《宋史》卷487《高丽传》，第14049页。

丽进士权适等四人赐上舍及第。①

（政和）七年二月九日，上御集英殿，试高丽学生金端等。……赐学生权适等上舍及第，释褐。以适为承事郎。赵奭、金端并文林郎、甄惟底从事郎。令随奉使李资谅归本国。②

高丽睿宗一次就派了五名学生入宋，远远超过了先前每次派一到两名的惯例，可见复交后高丽对宋文化的渴求十分强烈。睿宗在求学表中也以"呼韩遣子于汉室，吐蕃请书于唐家"为例，表达了高丽欲学习宋文化的强烈愿望。

宋徽宗对这五名高丽留学生十分优待，妥善安排他们入太学，专门为他们"置博士"，并且亲自主持在集英殿的考核。宋徽宗赐四人上舍及第，其中权适因为表现突出还被授以"华贯"。熙宁四年（1071）宋太学制订了考核生徒成绩的"三舍法"③，神宗曾颁布学令规定太学外舍生2000人、内舍生300人、上舍生100人。从上舍生数量十分有限的情况看，上舍及第非常困难。金端等五人1115年进入太学，1117年便被赐予上舍及第，很可能是宋徽宗对他们进行了一定的"特殊照顾"，否则不可能在短短两年内就能成为上舍生，而且是四人全部上舍及第。四人及第后宋徽宗还赐予他们官职，权适为承事郎、赵奭和金端为文林郎、甄惟底为从事郎。不仅如此，对于教授高丽留学生的"老师"，宋政府也给予奖励，国子司业葛胜仲就因"训导高丽生有功"④升大司成，转朝议大夫。

五位入宋的高丽留学生中，康就正和甄惟底意外死于宋。关于

---

① 《宋史》卷21《徽宗本纪》，第397页。
② （清）徐松：《宋会要辑稿》选举七之三五，中华书局1957年整理本，第4373页。
③ 熙宁四年（1071），宋太学制订了考核生徒成绩的"三舍法"，将太学分为三舍，以区分学生的学习程度和资格，初入太学者为外舍生，外舍生升入内舍生，内舍生升为上舍生；外舍生每年公试一次，成绩为一等、二等者升入内舍生，而内舍生则每两年才舍试一次，且成绩必须为优、平者才能升入上舍生。
④ （宋）葛胜仲：《丹阳集》卷24附录《宋左宣奉大夫显谟阁待制致仕葛公行状》，景印文渊阁四库全书，台北商务印书馆1983年影印本，第1127册，第660页。

这件事，宋徽宗曾专门"赐御制亲札诏"，以告高丽睿宗。政和七年（1117）宋徽宗在集英殿举行殿试时就只有权适、赵奭、金端、甄惟底四人，这说明康就正在殿试前就已经去世。但甄惟底去世的时间比较可疑。按照时间推算，政和七年三月宋徽宗赐他们四人上舍及第时他还在，但五月"李资谅偕权适、赵奭、金端还自宋"时便没有他的记录了。五月份他们一行已经回到高丽，算上路上所需时间，也就是说他们很可能是四月便从宋出发了。如此说来，三月殿试时甄惟底还活着，四月从宋返国时却去世了。虽然不能否认有这种可能，但亦值得怀疑。做一个大胆的推测，是不是甄惟底因不愿归国而"诈死"呢？当然因没有史料证明，无从考证。

在同时及第的四位留学生中，权适以其出色的才学格外备受瞩目。他学业最优，在宋徽宗亲策的殿试中表现突出，被宋徽宗授以"华贯"，这种殊荣绝非是一般学子可以获得。权适归国后得到了高丽王的重用，出掌高丽最高学府，为高丽的教育事业做出了巨大贡献。《高丽墓志铭集成》收录了权适墓志铭，援引部分录文如下：

> 高丽国朝议大夫检校大子大保守国子祭酒翰林学士宝文阁学士知制诰赐紫金鱼袋权公墓志铭。
>
> 公安东府人也，曾王父户长陪戎校尉，讳均汉大王。父追封正朝，讳佐暹王，父检校大子詹事，讳德舆。公讳适，字得正，其为人清明坦夷表裏洞达，口不言人过，"傃贫贱行乎贫贱，傃富贵行乎富贵，傃夷狄行乎夷狄"，此其志也。十三岁已能属文，虽老儒宿学不得点勘十九。
>
> ……睿庙选公等五人，遣中朝就学，大上皇御笔赐诏曰：朕嘉与高丽世济其美能遣生徒就学庠序，为临便殿策试于庭，亲阅其文，试有可採，内公文意俱善，擢为第一，依贡士第一人出身命官。……政和五年，高丽乡风请吏遣国之子弟金端等五人受业京师，陛下纳其诚心，处之大（太）学，为之置师儒、辟黉舍，盛饩廪月书季考岁简其能教养之甚厚。端等分受五经，夜以继晷，拳拳无怠，越三年以行修艺成，闻公为最。

第四章　留学生和求法僧

七年二月己卯，亲策于庭……。三月庚寅，临轩崇政殿俱锡（赐）上舍及第，释褐，命随进奉使李资谅以归，是岁回国。

上悦之，授左右卫录事参务郎。……赐紫金鱼袋，……入为礼部员外郎知制诰……。庚申十二月转试尚书礼部侍郎……；翌年改试刑部侍郎，余如故；壬戌三月为同知贡举，取人多贤者，皆公力也；四月除试兼翰林侍讲学士知制诰；十二月改礼部侍郎，余并如故；癸亥五月以前岁……；十二月转左谏议大夫，余如故；甲子正月以恩加检校尚书右仆射；二月出为东北兵马副使；八月从事籍田转朝请大夫；皇统五年迁试国子祭酒翰林学士、宝文阁学士知制诰；乙丑拜为西北面兵马使；四月加朝议大夫，是月除试；七月转检校太子太保行本职，享年五十三。

丙寅岁十二月二十日卒于家，殡于定光寺。戊辰岁二月十三日，葬于龙虎山之麓。公娶盈德郡夫人金氏，生子男五人……。①

权适卒世的时间为"丙寅岁"，按照干支纪年推算即1146年。卒世时年龄53岁，可推算其生年为1093年。权适入宋的时间是1115年，当时他22岁，在宋上舍及第时是24岁。墓志铭记载权适出身于官宦家族，父亲和祖父均在朝为官。他13岁时便以个人才华崭露头角，因而顺理成章地被高丽睿宗选拔为赴宋留学生。入宋后，权适不负众望，"夜以继晷，拳拳无怠"，在宋学习一年多后便上舍及第，且在同时及第的四位高丽留学生中排名第一。"越三年以行修艺成，闻公为最"，"内公文意俱善，擢为第一，依贡士第一人出身命官"。除墓志铭外，还有三点可以佐证权适"第一"的名次：第一，权适是四人中唯一被授以"华贯"的学生，如此殊荣当然是最优者获得。第二，在集英殿策试前，史书对五人的记事往往以"金端等"字样表述，《高丽史》记载权适五人入宋时的顺序是：金端、甄惟底、赵奭、康就正、权迪（适），权适排在最后；但策试后情况就发生了变化，"如宋赴大学，十二年迪（适）、

---

① 《高丽墓志铭集成》，《权适墓志铭》，第95—97页。

奭、端登上舍及第"①，权适被排在了第一，很显然这是按照及第的排名记载的。第三，从他们被授的官职上看，权适为承事郎，官阶比赵奭、金端的文林郎以及甄惟底的从事郎都要高。

权适学业成绩如此优异，回国后即被授职左右卫录事承务郎。他24岁归国，53岁卒世，在高丽为官近三十年。从墓志铭看，入仕的三十年间权适不断升迁，历任了高丽朝大小各类官职。在他执掌高丽文柄期间还为高丽选拔了一大批贤才，"壬戌三月为同知贡举，取人多贤者，皆公力也"，为高丽的教育事业做出了特殊贡献。除文职外，权适亦曾担任过武职的僚佐，"甲子二月出为东北兵马副使，乙丑拜为西北面兵马使"。可以说在有记载的十一位高丽留学生中，权适对高丽所做的贡献最为突出。

权适深受高丽王器重，早年入宋求学的经历对他影响很深。墓志铭最下面的一段文字，或许是对他一生最简练而全面的概括："久矣权公，超迈洒脱粤自儿童凛若成人，应诏入宋，就学黉堂，岁未三周，术业大成，策试于庭，擢第第一，天子优诏，冠映古今，迨夫回辕，中外瞻颂，睿庙欣然，特赐颜色，紫微玉堂，独堂大笔，鸾台凤阁绰有清风，社稷之卫，邦家之光，不幸短命，有如颜回，一点灵台，丹青莫状。"②

三 高丽官派留学生群体特征

以上分别对有记载的十一位高丽官派留学生进行了考察，现以表格的形式总结如下：

表12　　　　　　　　入宋高丽留学生统计表

序号	姓名	入宋时间（年）	及第时间（年）	及第后的去向	备注
1	金行成	976	977	在宋为官	不愿返国，病卒于宋

① 《高丽史》卷74《选举志》二，第515页。
② 《高丽墓志铭集成》，《权适墓志铭》，第95—97页。

第四章　留学生和求法僧

续表

序号	姓名	入宋时间（年）	及第时间（年）	及第后的去向	备注
2	康戬	968—975	980	在宋为官	高丽兵部侍郎康允之子，终老于宋
3	崔罕	986	992	返回高丽	及第后被授予将仕郎，应成宗之请，翌年返回高丽
4	王彬	986	992	返国后再次赴宋	中国移民后裔，终老于宋
5	金成绩	不详	998	留宋？	澶渊之盟前夕入宋
6	康抚民	1030前	1034—1037	留宋	宋丽断交，无法归国
7	金端	1115	1117	跟随李资谅返国	上舍及第，授予文林郎
8	甄惟底	1115	1117	病逝？滞居北宋？	上舍及第，授予从事郎，未应诏归国
9	赵奭	1115	1117	跟随李资谅返国	上舍及第，授予文林郎
10	康就正	1115	病逝		应试前便病卒于宋
11	权适	1115	1117	跟随李资谅返国	学业最优，上舍及第排名第一，被授"华贯"，回国后出掌高丽最高学府

资料来源：本表格制作时主要依据《宋史》，中华书局1985年标点本；《续资治通鉴长编》，中华书局1985年标点本；《宋会要辑稿》，中华书局1957年整理本；《高丽史》，朝鲜科学院古典研究出版委员会1957年整理本；《高丽史节要》，首尔亚细亚文化社1973年版。并参考（宋）葛胜仲：《丹阳集》卷24附录《宋左宣奉大夫显谟阁待制致仕葛公行状》，景印文渊阁四库全书，台北商务印书馆1983年影印本，第1127册；（宋）梁克家：《淳熙三山志》卷26《人物类·科名》，景印文渊阁四库全书，台北商务印书馆1983年影印本，第484册；[韩]《东文选》卷84，韩国民族文化刊行会1994年版；[韩]金龙善：《高丽墓志铭集成》，翰林大学校出版部1993年版；杨昭全：《中国—朝鲜·韩国文化交流史》，昆仑出版社2004年版，第157—194页。

因高丽向宋派遣留学生的间隔时间长、密度小、人数少，故留学生群体展现出的特征并不像使节或商人群体那样特别突出。但通过对这十一①位高丽留学生分别考察后仍可以发现他们的共通性。

(一) 派遣间隔时间长、人数少

高丽学生入宋留学的时间跨度很大，从北宋初直到北宋末。但期间高丽真正可以向宋派遣留学生的时间，也就是宋丽建交初期和1071年宋丽复交至1126年北宋灭亡的这两段时期，前后加起来不足四十年。最后一次权适等五人入宋留学的时间距离上一次高丽派遣留学生长达八十余年。唐代宾贡科116年间共取士九十人，除去"渤海十数人，余皆东士"即新罗人。而北宋168年间，有名可载的高丽宾贡进士仅11人而已。宋代高丽留学生之所以如此萧条，原因主要有两点：

首先是宋丽关系及周边的国际环境没有为高丽向宋派遣留学生提供适宜的土壤。由于辽的牵制，宋丽之间根本无法自由地发展关系，高丽留学生的派遣随着宋丽关系的沉浮而时断时续。宋初三十年（962—994）为第一阶段，这一阶段双方是典型的封贡关系，因此高丽留学生入宋的六次中，有四次都是在这一阶段。澶渊之盟前后三十年（999—1030）为第二阶段，这一阶段宋伐辽备受挫折，对高丽基本是不干涉的态度，这一阶段高丽学生入宋仅有一次。北宋后五十年（1071—1127）为第三阶段，这一阶段宋制订了"联丽制辽"方案，不遗余力地拉拢厚待高丽，高丽向宋派遣留学生在睿宗朝（1105—1122）重新启动，且一次就派遣了五名。南宋与高丽的关系为第四阶段（1127—1164），这一阶段高丽为求自保对金称臣纳贡，宋丽关系渐行渐远，高丽向宋派遣留学生变得没有可能。

其次是高丽科举制的建立为广大学子提供了一条进入仕途的新途径。与新罗时代按照骨品制取士不同，高丽进入了科举选拔人才的新时代。这不仅解决了国家选拔人才的问题，而且为广大平民学子

---

① 《宋史》卷5有一条关于高丽宾贡进士40人的记载，"淳化三年戊戌，亲试礼部举人。辛丑，亲试诸道举人。戊午，以高丽宾贡进士四十人为秘书省秘书郎，遣还"。经考证，此处为误载，高丽宾贡进士不可能有40人之多，详见樊文礼：《宋代宾贡进士杂考》，载黄时鉴编《韩国传统文化·历史卷》，学苑出版社2000年版，第80—81页。

步入仕途提供了一条途径。在科举制的推动下，高丽中央官学、地方官学及私学都蓬勃发展。对高丽学子而言，国家有了独立的人才选拔机制和较为健全的学校教育体制，他们通过在国内系统学习，应试及第后便可获得步入仕途的机会。有学者统计，"从高丽创立科举的光宗九年（958）到睿宗十七年（1122）的165年间，高丽共开科取进士1550人，明经345人，其他科目81人，总计1576人，年平均近10人"[①]。高丽的文化教育事业逐步步入正轨，再加上唐和五代时期大量留学生来华学习和归国后的传播，以及五代、宋时期文人移民高丽，这些都有力地促进了高丽教育事业的迅速发展。因此过去那种负笈忘彼，乘桴涉险来华留学的热情逐步降低。

（二）质量优

从高丽在宋留学生的表现看，这些学生都是高丽青年学子中的"优等生"，金行成入宋时20岁左右，权适入宋时22岁，而王彬入宋时仅有18岁。这十一位留学生中，除康抚民意外病逝外，其余凡是参加了考试的留学生都顺利进士及第。及第前他们在宋学习的时间都不算太长，显然这与他们较好的文化功底分不开。如金行成在宋国子监学习一年后便顺利登第。康戬于开宝年间（968—976）入宋，太平兴国五年（980）及第，康戬"少好学"，在宋为官期间多次受到褒奖，被奉为模范官吏。崔罕和王彬986年入宋，992年进士及第，被授将仕郎、守秘书省校书郎。金端、甄惟底、赵奭、康就正、权适1115年入宋，1117年便全部上舍及第，在宋学习期间"夜以继晷，拳拳无怠"。权适尤为突出，他"十三岁已能属文，虽老儒宿学不得点勘十九"，在上舍及第中排名第一，深受宋徽宗喜爱，被授予"华贯"，这不但是其他留学生难以获得的殊荣，而且在整个中韩交流史上也难能可贵。

横向对比高丽进入元朝的留学生，情况则不一样。如《高丽史》卷74《选举志》记载："忠肃王元年（1314）正月，元颁科

---

① 樊文礼：《宋代高丽宾贡进士杂考》，载《韩国传统文化·历史卷》，学苑出版社2000年版，第73页。

举诏,令选合格者三人贡赴会试,二年正月遣朴仁幹等三人应举,皆不第[①]"。在忠肃王二年(1315)举行的会试中,高丽派出了三名学生参加,但无一人及第。

(三)及第后归国意愿不强

从高丽留学生进士及第后的去向看,他们返回高丽的比例很低,归国意愿不强。相比之下他们更愿意留在宋,为说明问题特列简表如下:

在共计十一名留学生中,进士及第后真正返回高丽的只有四人,占总人数的比重仅为36%,而且这四人之所以返回高丽,很大程度上是因为宋皇帝明确下达了让他们归国的命令。如崔罕及第后,宋太宗曾下诏"既授以官,遣还本国",为此高丽成宗感激涕零专门上谢恩表。金端、赵奭和权适归国时,宋徽宗亦下诏曰"命随进奉使李资谅以归",明确表示让他们跟随高丽使节归国。

表13　　　　　　　　高丽宾贡进士归国情况统计表

分类	人数	比重	姓名
主动留在宋	3	27.3%	金行成、康戬、王彬
返回高丽	4	36.3%	崔罕、金端、赵奭、权适
意外留宋	2	18.2%	金成绩、康抚民
在宋病卒	2	18.2%	康就正、甄惟底

资料来源:数据依据表12"入宋高丽留学生统计表"统计。

主动留宋的有三人,分别是金行成、康戬和王彬。金行成及第后,高丽王曾"表乞放还",因为他是首位在宋及第的高丽宾贡进士,宋也同意其归国,但他仍以自己初次为官是在宋为由拒绝归国,理由十分牵强。康戬的情况与金行成相似,进士及第后也是选择留宋为官,他在宋三十余年一直没有返回高丽,最后卒于宋。王彬作为五代时期进入新罗的移民后裔,他在归国后又千方百计返回

---

① 《高丽史》卷74《选举志》二,第515页。

宋并最终卒于宋。

意外留在宋的有两人,即金成绩和康抚民,这是因为他们在宋及第时宋丽关系已经开始出现紧张态势。金成绩及第时正值宋辽澶渊之盟签订的前夕,而康抚民及第时宋丽已经断交,虽然没有直接的史料证明两人未归国,但从当时的局势判断两人留在宋的可能性极大。因为这一时期的宋丽关系在走下坡路,所以《宋史》中没有出现与两人相关的任何记载。因病意外卒于宋的亦有两人,分别是康就正和甄惟底,宋徽宗在给高丽睿宗的诏书中已言明"康就正、甄惟底二人死于宋"。

以上考察的十一位高丽留学生,身份均是在宋及第的宾贡进士。就留学生群体而言,他们也只是其中的一小部分。历史上朝鲜半岛来华的留学生不仅有政府派遣的官派生,还有大量自费来华的自费生,宋代情况亦是如此。所以尽管有名字记载的高丽留学生只有十一人,但实际的人数肯定不只这个数字。蔡绦在《铁围山丛谈》中描述:

> 大观政和之间(1107—1118),天下大治,四方乡风,广州泉南请建番学,高丽亦遣士就上庠。及其课养有成,于是天子召而廷试焉。上因策之以洪范之义,用武王访箕子故事,高丽盖箕子国也。一时稽鼓之盛,蹈越汉唐矣。①

当时在东南沿海港口地区从高丽入宋的学生有很多,甚至堪比汉唐,否则不至于请建专门的蕃学。《朱子语类》亦曰:

> 或问高丽风俗好,曰终带蛮夷之风。后来遣子弟入辟雍,及第而归者甚多。尝见先人同年小录中有宾贡者,即其所贡之士也。②

---

① (宋)蔡绦:《铁围山丛谈》卷2,载《宋元笔记小说大观》,上海古籍出版社2001年标点本,第3055页。
② (宋)黎靖德:《朱子语类》卷133,景印文渊阁四库全书,台北商务印书馆1983年影印本,第702册,第696页。

"宋太祖一朝十六年中录取进士180名,诸科120名;太宗太平兴国二年(977)录取进士109名,诸科207名,一年就超过太祖一朝的录取总数;真宗咸平三年(1000)贡举录取总额竟达1500余名,其中进士409名。"① 这种取士宽厚之风,自太祖、太宗,历真宗、仁宗而不衰。就像宋文人获悉高丽王优待移民而选择奔赴高丽一样,在这种宽厚取士之风的影响下,只要宋丽关系正常,相信还是有不少高丽学生愿意来宋留学的。由于宋商一直活跃于宋丽海道,高丽学子欲来宋学习的话,亦可以像移民或僧人一样搭乘宋商船。只是由于他们中的很多人是自费留学,来宋的行为与政府无关,因此有关他们的记载很难出现在史书中。

就留学生这个群体而言,可以分为官派和自费两种情况。官派生中只有那些在宋及第的学生才能称为宾贡进士,所以宾贡进士只是留学生中的一小部分。相对官派生来说,千里迢迢来宋的自费生更难出人头地。因周边局势的影响,宋丽关系复杂多变,宋代不像唐代那样可以为留学生提供一个较为宽松的留学环境。新罗时代的崔致远被誉为东国儒宗,他实际上最初就是一个自费入唐求学的"自费生"。可以说是唐代稳定的国际局势、发达的留学生教育和开放的对外政策成就了他的一生,而这些条件宋代相对欠缺。"留学生能够长期深入异民族文化的母体社会之内,所以能够以相当长的深度和广度去理解和把握该民族文化的本质,他们往往在移植中国文化的进程中起到指导作用。"② 所以尽管宋代高丽留学生人数相对较少,但他们仍是沟通和促进宋丽文化交流的主力军。

第二节 求法僧的互动

佛教从中国传入朝鲜半岛至今已有一千六百余年的历史,直到

---

① 杨渭生:《两宋文化史研究》,杭州大学出版社1998年版,第9页。
② 李梅花:《10—13世纪宋丽日文化交流研究》,华龄出版社2005年版,第71页。

朝鲜半岛被日本吞并前为止的一千余年时间里，朝鲜半岛佛教的发展基本是受中国佛教影响，而且是中国佛教传向日本的中转站。高丽时代是佛教在朝鲜半岛发展的鼎盛期，佛教文化在政治生活中占据很重的分量，是各阶层人士精神生活的重要组成部分。高丽太祖王建对佛教采取保护政策，在全国大力修建寺塔伽蓝，优待高僧，举行盛大法会，他临终前曾亲授训要，"我国家大业，必资诸佛护卫之力"①。因此王室成员"崇尚释教，虽王子弟亦常一人为僧"②，国王的直系亲属中有不少出家为僧者。

朝鲜半岛历代国王均重视与中国的佛教交流，僧侣往来是其中最重要的内容之一。佛教初传时期，由于教义典籍少、疑义多，修行及弘法中遇到的诸多难题亟待解决，因此入华求法的僧人代不乏人。"仅就青史丰碑可稽者，自东晋至元末明初，僧俗总人数约有270人。"③ 与高丽留学生情况相似，由于受周边局势影响，五代以后至北宋中叶高丽僧侣入宋求法活动也陷入低潮，人数骤减至几十人。而北宋后半叶和整个南宋时期则几乎绝迹。整体而言，宋与高丽的佛教交流较之隋唐与新罗的佛教交流大为减弱。

一 宋丽佛教典籍交流

佛教典籍的频繁流通是中国与朝鲜半岛佛教交流的一大特色，"弄清中国佛教典籍如何传入朝鲜以及朝鲜佛教典籍怎样回传中国，这不仅有助于中国佛教发展史和朝鲜佛教发展史的研究，而且有助于我们从更广、更深的角度去审视中朝两国文化交流的长期性、连续性、广泛性和深刻性"④。高丽建国后，对佛教典籍的收藏更加重视，高丽人通过多种途径在宋境搜集、购买佛教经典。他们或自己抄写，或从宋廷求得，源源不断携归本国。在佛经的交流中，最

---

① 《高丽史》卷2《太祖世家》，第26页。
② 《宋史》卷487《高丽传》，第14054页。
③ 陈景富：《中韩佛教关系一千年》，宗教文化出版社1999年版，第22页。
④ 黄有福、陈景富：《中朝佛教文化交流史》，中国社会科学出版社1993年版，第79页。

令人瞩目的是《大藏经》的流传。在整个十至十四世纪,《大藏经》一直是宋丽佛教典籍交流的主角。"汉文大藏经是中国与朝鲜半岛间佛教交流和图书出版交流的重大项目,有着典型意义,十至十四世纪中国刻本汉文大藏经流播朝鲜半岛前后分19次,传去20几藏,或由赐送,或为购买,是当时贡赐贸易的生动反映。"[①]

(一)《大藏经》传入高丽

宋太祖一改后周世宗柴荣的禁佛政策,下令修复寺院、召集天下高僧,赐以紫衣并遣僧侣赴西域求法;宋太宗致力于翻译佛经,为普及佛教经典下令建译经院和印经院,并在宫中设道场亲自受菩萨戒;宋真宗命在京师太平兴国寺设奉先甘露戒台,同时在国内设72所戒台。由于皇帝的重视,宋初佛教得到了迅速发展。开宝四年(971)宋太祖下令在益州雕造《大藏经》[②],共十三万块,太平兴国八年(983)完工,历时十三年,史称《开宝藏》。此次为《大藏经》的首次雕版印刷,是中国佛教史和印刷史上的一大壮举。此后,其他佛籍、经疏著述也陆续刻印出版。宋代在佛经典籍印刷与推广方面所取得的巨大成就成为宋丽佛教交流的重要内容,同时也是吸引高丽僧人来宋求法的原因之一。后来由于辽、金的兴起宋丽交通受到很大影响,但高丽僧人仍坚持长途跋涉,甚至涉险渡海到宋访求《大藏经》。

1. 宋刻版《大藏经》的传入

宋代用雕版印刷的汉文大藏经有七种,加上辽、金刻藏各一种,共为九种。以《大藏经》的流通为代表的宋丽佛经典籍交流,主要有如下几次:

第一次是宋开宝年间(968—976)杭州永明寺禅师延寿所撰

---

① 章宏伟:《10—14世纪中国与朝鲜半岛的汉文大藏经交流》,《古籍整理研究学刊》2009年第6期。
② "大藏经"是中国人创造的佛教名词,梵文中没有与之对应的原词,人们起初用"众经"、"一切经"、"经藏"、"藏经"等词来称呼所传承的佛教典籍,唐代才出现"大藏经"一词。详见章宏伟:《10—14世纪中国与朝鲜半岛的汉文大藏经交流》,《古籍整理研究学刊》2009年第6期。

《宗镜录》传入高丽。"高丽国王'览师言教',深得启发,极力推崇,并遣使携带国书越海前来叙弟子礼,奉赠金线织成袈裟、紫水晶数珠、金澡罐等,同时派出三十六位僧人就教于延寿,这些僧人'亲承印记'之后,陆续回归本国,各化一方。"①

第二次是宋端拱二年(989)高丽成宗遣僧人如可入宋朝觐,并请求宋廷赐予《大藏经》,宋太宗慨然应允。"先是,治遣僧如可赍表来觐,请《大藏经》。至是赐之,仍赐如可紫衣,令同归本国。"② 此次为雕版印本《大藏经》首次传入高丽,即《开宝藏》,距其初雕本开始印刷流通的太平兴国八年(983)仅有六年时间。

第三次是宋淳化元年(990)高丽成宗遣韩彦恭入宋朝贡,并"表述治意,求印佛经,诏以《藏经》并御制《秘藏诠》、《逍遥咏》、《莲华心轮》赐之"③。这部《藏经》共有四百八十一函,凡二千五百卷。高丽王亲迎入殿内,请僧开读,并下令大赦,且于同年复遣使白思柔入宋谢恩。此次韩彦恭请回的仍是《开宝藏》初雕本。

第四次是宋天禧三年(1019)高丽进奉使崔元信来贡,"十一月元信等入见,贡麤锦衣褥、乌漆甲、金饰长刀匕首、麤锦鞍马、纻布、药物等,又进中布二千端,求佛经一藏。诏赐经还布,以元信覆溺匮乏,别赐衣服、缯彩焉"④。

第五次是宋乾兴元年(1022)高丽使节韩祚如携佛经归国。"六月丁卯,遣韩祚如宋谢恩"⑤,"丙子韩祚还自宋,帝赐《圣惠方》、《阴阳二宅书》、《乾兴历》、释典一藏"⑥。

第六次是宋元丰六年(1083)高丽太子迎《大藏经》并置于开国寺。"己丑,命太子迎宋朝《大藏经》,置于开国寺,仍设道

---

① (宋)潜说友:《咸淳临安志》卷70延寿载《宋元方志丛刊》四,中华书局1990年标点本,第3986页。
② 《宋史》卷487《高丽传》,第14039页。
③ 同上书,第14040页。
④ 同上书,第14044页。
⑤ 《高丽史》卷4《显宗世家》,第64页。
⑥ 同上书,第65页。

场,辛卯幸开国寺。"①

第七次是宋元丰八年(1085)高丽进奉使求购佛经。"十二月甲戌,高丽国进奉使人乞收买《大藏经》一藏、《华严经》一部,从之。"②

第八次是宋元祐元年(1086)高丽文宗第四子煦(义天)自宋归国,携带大量佛经。"煦献释典及经书一千卷,又于兴王寺奏置教藏都监,购书于辽宋,多至四千卷,悉皆刊行。"③"北辽天祐帝闻其名,送大藏及诸宗疏钞六千九百余卷,其文书、药物、金帛,至不可胜计。"④义天不仅携带了大量从宋求得的佛经,又旁求日本、契丹等撰述,编撰成《新编诸宗教藏总录》,即《高丽续藏经》。高丽宣宗四年(1087)二月甲午,"幸开国寺,庆成《大藏经》";三月己未,"王如兴王寺,庆成《大藏经》";四月庚子,"幸归法寺,庆成《大藏经》"⑤,在连续的三个月里高丽宣宗接连三次"庆成《大藏经》",可见对义天所撰《高丽续藏经》的高度重视。

第九次是宋元丰年间,具体时间不详。"兴王寺,在国城之东南维,出长霸门二里许。前临溪流,规模极大。其中有元丰间所赐夹佛像,元符中所赐《藏经》,两壁有画。"⑥

上述九次宋佛教典籍流入高丽的记载,有八次都与《大藏经》有关,可见《大藏经》的传入是这一时期宋丽佛教交流的大事件。高丽向宋求得佛经的方式主要有购买和请赐两种,在宋丽关系正常时期高丽多次向宋廷求购、求赐佛典,宋廷基本上都满足了其请求。"宋丽间佛经典籍的流通,由高丽求法僧的恭请转而为主要由

---

① 《高丽史》卷9《文宗世家》,第140页。
② 《续资治通鉴长编》卷362,元丰八年十二月甲戌,第8671页。
③ 《高丽史》卷90《大觉国师煦传》,第35页。
④ [高丽]义天:《高丽大觉国师文集》外集卷12《灵通寺大觉国师碑》,黄纯艳点校,甘肃人民出版社2007年版,第171页。
⑤ 《高丽史》卷10《宣宗世家》,第145页。
⑥ 《宣和奉使高丽图经》卷17,王城内外诸寺条,第34页。

宋丽两国使节奉诏、请赐来实现"。①

2.《契丹藏》的传入

高丽确立与辽关系后,积极向辽购买各类佛教典籍,其中最引人注目的是《契丹藏》,辽曾经多次将《契丹藏》赏赐给高丽。

第一次是高丽文宗十七年(1063),"三月丙午契丹送《大藏经》,王备法驾,迎于西郊"②。

第二次是辽道宗咸雍八年(1072),"十二月庚寅,赐高丽佛经一藏"③。

第三次是高丽肃宗四年(1099),"四月丁亥,辽遣横宣使宁州管内观察使萧朗来,兼赐藏经";五年春正月庚辰,"辽使萧朗还,王附表以谢"④。

第四次是高丽睿宗二年(1107),"正月庚寅,辽遣高存寿来贺生辰,仍赐《大藏经》"⑤。

第五次是高丽睿宗(1105—1122)朝,高丽僧人曾在辽购得《大藏经》,"本朝睿庙时,慧照国师奉诏西学,市辽本大藏经三部而来。一本今在定惠寺"⑥。

十至十四世纪期间,无论宋版《大藏经》还是辽版《契丹藏》均多次传入高丽,为高丽日后独立雕印大藏经奠定了基础。

(二)《高丽藏》的三次雕印

《高丽大藏经》即高丽王朝自己雕版印造的佛教典籍大汇编,亦称《高丽藏》或《丽藏》。宋朝的雕版印刷术以及雕造《大藏经》的做法对高丽影响巨大,高丽亦想像宋、辽一样雕印自己的大藏经,其结果就是《高丽藏》的出现。《高丽藏》的雕刻过程,经

---

① 黄有福、陈景富:《中朝佛教文化交流史》,中国社会科学出版社1993年版,第85页。
② 《高丽史》卷8《文宗世家》,第118页。
③ (元)脱脱:《辽史》卷23《道宗本纪》,中华书局1974年标点本,第274页。
④ 《高丽史》卷11《肃宗世家》,第163—164页。
⑤ 《高丽史》卷12《肃宗世家》,第182页。
⑥ [高丽]一然:《三国遗事》卷3,塔像第四"前后所将舍利",岳麓书社2009年版,第284页。

历了初雕、续雕和再雕三次。

《初雕高丽藏》出现的初衷源于高丽显宗抵抗契丹的决心。"昔显宗二年（1011）契丹主大举兵来征，显祖南行避难，丹兵犹屯松岳城不退，于是乃与群臣发无上大愿，誓刻成大藏经版本，然后丹自退。"① 据此可以判断《初雕高丽藏》的始刻年代②是高丽显宗二年（1011）。《初雕高丽藏》与宋《开宝藏》一样都是卷轴装，其母本是宋朝的《开宝藏》。日本学者小野玄妙在《佛教经典总论》中说："我新近发现之南禅寺大藏中初雕本之零本大集经，正是北宋官版之覆刻，不但字数、行数、版心之高度全同，且字体之气韵亦相仿佛。"③ 韩国学者也认为，"初雕《高丽大藏经》大体上是以宋的官版大藏经的内容和体裁为基础覆刻的"④。

《续雕高丽藏》由高丽名僧义天所为，义天即王煦，是高丽王朝第十一代王文宗王徽（1046—1083）第四子。高丽文宗时义天曾发出感慨：

> 《高丽大藏经》虽经论而具矣，然疏钞以阙如。欲以于古于今，大辽大宋，凡有百家之科教，集为一藏以流通。俾夫佛日增光，邪纲解纽，重兴像法，普利国家。⑤

义天孜孜不舍二十年，终于仿唐朝智昇《开元释教录》体例，编成《新编诸宗教藏总录》三卷。后来在兴王寺开雕，刊行《高

---

① 《东国李相国集》卷25，转引方广锠《中国刻本藏对高丽藏的影响》，《世界宗教研究》2013年第2期。
② 有关初雕《高丽藏》的始刻及完成年代，可参阅陈景富：《中韩佛教关系一千年》，宗教文化出版社1999年版，第74—75页；章宏伟：《10—14世纪中国与朝鲜半岛的汉文大藏经交流》，《古籍整理研究学刊》2009年第6期。
③ ［日］小野玄妙：《佛教经典总论》，杨白衣译，台北新文丰出版公司1983年版，第650页。
④ ［韩］柳富铉：《〈高丽藏〉的底本及雕造考》，《文献》2002年第4期。
⑤ ［高丽］义天：《高丽大觉国师文集》卷14，疏文一，黄纯艳点校，甘肃人民出版社2007年版，第57页。

丽续藏经》。应义天所请，高丽文宗特设教藏司以掌管《续藏》雕造事宜。"《续雕高丽藏》的基本内容即开元录藏的5048卷、文宗朝续雕的开元录未入藏经、大宋新译经论、宋太宗御制的《秘藏诠》、《逍遥咏》、《莲花心轮》等，再加上义天增补的《续贞元录》，所收之经论典籍等总计6000余卷。"①

《新雕高丽藏》亦称《再雕高丽藏》。高丽遭到蒙古兵长驱直入，《初雕高丽藏》和《续雕高丽藏》均被焚毁。面对蒙古入侵的严重威胁，高丽高宗效法显宗，立愿重刻《大藏经》，意欲借刻大藏经而作功德，祈凭佛教之力来攘敌保国。"（高宗三十八年）九月壬午，幸城西门外大藏经板堂，率百官行香。显宗时板本毁于壬辰蒙兵，王与群臣更愿立都监，十六年而功毕。"②无论高宗还是显宗，其雕造《大藏经》的行为都可看作是对太祖王建临终训要"我国家大业，必资诸佛护卫之力"的有力执行。"显宗、高宗刻藏与中国历代编辑释教目录及编藏、刻藏的目的，或者说性质是大为不同的。后者的出发点首先在于对佛典章疏的荟集、分类、编辑、刊刻，以便于广泛流通，满足弘法之需要。而前者的第一位因素则在于收藏、供养，祈祷求佑。这和佛舍利崇拜供养、开设各式各样的道场、饭僧等活动同属一类性质，共同反映了高丽佛教的祈祷性倾向。"③《新雕高丽藏》的完成时间是高宗三十八年（1251），历时十六年。"《新雕高丽藏》经版总数为86525块，双面刻字，故有'八万大藏经'之称。"④

宋与高丽间佛经典籍的交流，首先满足了高丽僧人研习诵读佛经的需要，助他们解决修行中遇到的难题，为高丽佛教的持续发展

---

① ［日］小野玄妙：《佛教经典总论》，杨白衣译，台北新文丰出版公司1983年版，第650页。
② 《高丽史》卷24《高宗世家》，第361页。
③ 陈景富：《中韩佛教关系一千年》，宗教文化出版社1999年版，第78页。
④ 章宏伟：《10—14世纪中国与朝鲜半岛的汉文大藏经交流》，《古籍整理研究学刊》2009年第6期。

提供可能；其次为高丽带去了中国佛教发展的最新信息及动向，使宋丽佛教保持着最紧密的联系；再次与佛经相关的雕刻技术、佛教艺术等一并传入高丽，促进高丽佛教文化的同时，在更广阔的领域也产生了影响。

二 高丽僧人群像

陈景富先生把朝鲜半岛历代僧人来华游学求法的活动，概括为五大阶段：①

第一是六朝时期，这一时期属于兴起阶段，游学求法的中心在金陵（今南京）和天台山（今浙江天台县）。

第二是隋唐两代，这一阶段是游学求法活动的鼎盛时期，其中又可分为义学宗派创立与南宗顿悟阐发勃兴两个阶段。前一个阶段的游学求法中心主要在东西二京，即长安、洛阳两地。后一个阶段的游学求法中心则主要在南岳怀让和青原行思两系禅法最活跃的地区，即今天的湖南、江西以及广东、安徽、福建、浙江、江苏、河北等省的相关地点。此阶段的游学求法僧俗共有185人，占可考的全部游学、求法僧总数的三分之二左右。

第三是五代时期，这一时期僧人的游学、求法活动仍然呈现一种持续的态势。

第四是宋朝及辽、金时期，这一时期属于式微乃至停滞阶段，迨至蒙元立国，游学求法活动才又出现了一个小高潮。

第五是明朝建立后，李成桂灭高丽建立朝鲜政权，推崇理学，佛教在半岛受到抑制，不过入华游学求法活动也未中断，只是难见于文献而已。

（一）对入宋高丽僧的统计

高丽时期是朝鲜半岛僧人入华求法的低潮期，这与高丽以佛教作为国教的现实似乎不吻合。究其原因，与当时的国际局势紧密相关。为进一步考察入宋求法的高丽僧人，列简表如下。

---

① 陈景富：《中韩佛教交流源远流长》，《中国宗教》2006年第1期。

表 14　　　　　　　　　　入宋求法高丽僧人统计表

序号	法号	入宋时间（年）	活动寺庙/地区	宗派	师承关系	归国时间（年）	备注
1	重峰		长庆院	禅宗	慧棱弟子	949—975	
2	澄观①	949—975	长庆院	禅宗	慧棱弟子		
3	义通	936—947	云居寺、螺溪定慧院、宝云禅院、华顶寺	天台宗	义寂弟子，天台宗十六祖	未归	988 年圆寂于宋
4	智宗②	955	永明寺、国清寺、宝云禅院、灵隐寺、雪窦寺	天台宗	师事延寿禅师，又拜谒国清寺净光大师（义寂）	970	
5	谛观	961	螺溪定慧院③	天台宗	义寂弟子④	未归	970 年前后圆寂于宋
6	如可	989	汴京（开封）			当年归国	请大藏经
7	令光		天龙寺	禅宗	重机弟子		
8	观音		开元寺、钱塘				

① 《海东七代录》记载，澄观入华的时间是在 949 至 975 年之间，澄观拜福州长庆院慧棱为师学习禅宗，但慧棱圆寂时间是 932 年，早于澄观入华，存疑。
② 据宋《景德传灯录》延寿本传记载，除智宗之外，到杭州永明寺师事延寿禅师的高丽僧还有 36 人，详见（宋）释志磐：《佛祖统纪》卷 12；（元）释念常：《佛祖历代通载》卷 26、《释氏稽古略》卷 3。
③ 浙江天台山螺溪寺院是佛教天台宗中兴祖庭之一，在天台宗发展史上具有重要的地位，由天台宗第十五祖净光义寂大师（919—987）正式开创于北宋乾德二年（964）。
④ 关于谛观拜义寂为师一事，李海涛在《高丽谛观与吴越佛教天台宗》一文中提出怀疑，认为谛观很钦佩义寂的天台教观思想，并向其行礼、称其为师的行为并不一定是所谓的拜师行为，提出谛观和义寂并非是师徒关系，而只是同住天台山国清寺，致力于天台教学的研习和传承。（详见李海涛：《高丽谛观与吴越佛教天台宗》，《延边大学学报》2013 年第 2 期。）

续表

序号	法号	入宋时间（年）	活动寺庙/地区	宗派	师承关系	归国时间（年）	备注
9	慧洪		普门寺	禅宗	希辨弟子		
10	义天	1085	普光王寺、普净院、相国寺、兴国寺、真如寺、大中祥符寺、慧因寺、国清寺、阿育王寺、金山寺、上天竺寺、雪窦寺、灵芝寺、龙井寺、佛陇修禅寺、真觉讲寺、普照王寺	华严宗、天台宗、律宗、唯识宗	跟从净源法师学习华严，从天竺寺慈辨大师学习天台宗，从大智元照律师学习律宗，从圆照宗本禅师学习禅宗。先后拜访了50余位高僧	1086	高丽王子，字煦，谥大觉国师
11	寿介	1085	同义天	华严宗	义天弟子	1086	追随义天入宋
12	乐真						
13	元景						
14	慧宣						
15	道邻						
16	子正						
17	慧照	睿宗朝 1105—1122					购得辽本大藏经三部
18	通一						曾入北宋求法

续表

序号	法号	入宋时间（年）	活动寺庙/地区	宗派	师承关系	归国时间（年）	备注
19	坦然①		阿育王寺	禅宗	师事介谌		

资料来源：本表格的制作参考黄有福、陈景富：《中朝佛教文化交流史》，中国社会科学出版社1993年版，第468—471页；杨昭全：《中国—朝鲜·韩国文化交流史》，昆仑出版社2004年版，第379—385页；黄有福、陈景富：《海东入华求法高僧传》，中国社会科学出版社1994年版；陈景富《中韩佛教关系一千年》，宗教文化出版社1999年版。

注：本表格收录的僧人不仅包括宋建国（960）后入宋的高丽僧，也包括五代末至宋初入宋，且在宋有重大活动和影响的高丽僧。

表中共列举了十九位入宋求法的高丽僧人，他们均有在宋游历和求法请益的经历。有些僧人甚至圆寂于宋，成为一代宗师，为宋丽佛教交流做出巨大贡献。除这19位名号见于史书记载的高丽僧外，在宋丽佛教交流进程中还有很多求法僧是未见于史书记载的。如与宋初入宋的智宗同时期到杭州永明寺师事延寿禅师的高丽僧还有36人，但这些僧人名号不详。尽管两宋时期由高丽入华的求法僧相对以前而言在人数上减少了许多，但从未中断，只是由于国际局势紧张，很多僧人的求法活动受到限制。

（二）义通、智宗、谛观、坦然

以上见于记载的这些高丽僧中，有些也只是记载了名号而已。如杭州普门寺希辨禅师的法嗣高丽僧慧洪，《景德传灯录》卷26只记其名，无行迹。但有些成就卓著者，如智宗、谛观、义通等，有关他们的求法行迹史书及相关佛教文献记载就颇为详细。为进一步探究高丽僧人在宋求法活动的情况，以下分别列举几位对宋、丽佛教交流有特殊贡献的高丽僧。

---

① 关于坦然是否亲自到宋存疑，有说坦然仅以所撰《四威仪颂》交赴海商携人宋，即通过信函的方式向宋名僧介谌禅师求教。

1. 义通

义通(927—988)出身高丽王族,后晋天福(936—947)末期入华求法。《佛祖统纪》卷8记载:

> 十六祖宝云尊者义通,字惟远,高丽国族,姓尹氏。梵相异常,顶有肉髻,眉毫宛转伸长五六寸。幼从龟山院释宗为师,受具之后学《华严》、《起信》,为国宗仰。晋天福时来游中国。①

义通最初在天台山居德韶门下游学,后来拜谒天台螺溪受学于义寂,是义寂的首座弟子。义通想把天台止观法门传入高丽,游学后准备从四明归国,但被郡守淮海王钱惟治(吴越王钱弘之子)挽留,钱氏拜他为菩萨戒师并行授受大礼,请为戒师住持明州传教院。"太宗太平兴国七年(982)宋太宗赐'宝云寺'号,故称宝云大师或宝云尊者。"② 义通在浙东传教二十余年,直至端拱元年(988)圆寂于宋。义通在宋留下了丰富的著述,被尊为中国天台宗十六祖,对中国天台宗的复兴贡献巨大。义通的弟子甚多,他们亦是复兴天台宗的重要人物,其弟子知礼被尊为天台宗十七祖。

2. 智宗

智宗(930—1018)字神则,俗姓李。高丽光宗六年(955)奏请入华求法,光宗亲置钱筵为他送行。智宗先是跟从杭州永明寺延寿禅师习法,建隆二年(961)又至天台山国清寺拜谒天台宗第十五祖净光大师义寂。开宝元年(968)智宗应宋僧统赞宁等人之邀,于传教院(即宝云禅院)开讲《大定慧论》和《法华经》,听者甚众,大受欢迎。宋开宝三年(970)智宗从海路返回高丽。"高丽光宗(949—975)请住金光禅院,先后加署为'大师'、'重

---

① 《佛祖统纪》卷8,《大正藏》第49卷,转引龚缨晏:《宝云义通:来自朝鲜半岛的天台宗祖师》,载《中国江南社会与中韩文化交流》,杭州出版社1997年版,第153—169页。

② 陈荣富:《浙江和韩国的佛教文化交流》,《浙江社会科学》2000年第1期。

大师'尊号，赐施磨衲袈裟；高丽景宗（975—981）封智宗为'三重大师'，赐予水晶念珠；高丽成宗（981—997）初年迁住积石寺，号'慧月'，后又请入宫演法，并赐磨衲荫背；高丽穆宗（997—1009）时累加封号为'光天遍至觉智满圆默禅师'，赐绣方袍，并以佛恩寺、护国外帝释院为其住持之所；高丽显宗（1009—1031）授与'大禅师'称号，请住广明寺，加法号'寂然'，四年（1013）显宗亲自至寺拜智宗为'王师'并加赐法衣等，越三年又加号'普化'。"① 显宗九年（1018）智宗圆寂，终年八十九岁，显宗赠其谥号"圆空国师"。智宗是高丽前期亦禅亦教、禅教双弘的著名高僧，历五朝备受殊礼优待，是宋丽佛教交流史上的重要人物。

3. 谛观

谛观与其他以求法为目的的僧人不同，他入华是以"国使"的身份，肩负奉献教籍和请益求法的双重任务。唐末五代中国佛教经历了会昌法难，在这场浩劫中中国佛教各大宗派几乎都受到了毁灭性打击。天台宗也未能幸免，其宗派典籍被大量销毁。宋初虽有天台僧义寂传承天台宗，但其宗讲习教义已中断，急需找回散失的教籍。宋建隆元年（960），素奉佛法的吴越王钱弘遣使前往高丽、日本求取天台宗典籍。前往高丽的使者带去了钱弘的亲笔书信及五十种宝物，故高丽光宗遣僧人谛观持佛典入华，并叮嘱说："《智论疏》、《仁王疏》、《华严骨目》、《五百门》等诸种章疏禁止传授，至中国后求解问难，若不能解答即夺教籍归国②"。

谛观入宋后，并未完全遵照高丽光宗的嘱咐行事。他一到宋境便至天台螺溪定慧院拜谒义寂禅师，"将所携带的全部天台宗教藏悉付于（寂）师教门，中兴实基于此，至此天台一宗教文复还中

---

① 杨渭生：《禅宗东传与智宗、坦然》，载《宋史研究论丛》2003年版，第231—240页。

② 黄有福、陈景富：《海东入华求法高僧传》，中国社会科学出版社1994年版，第40页。

国,以此为契机,中国天台宗开始走上中兴之路。"① 谛观带来的佛籍填补了宋天台宗缺失的教籍,使天台宗得以复兴。此外谛观据智者大师的《妙法莲华经玄义》著述了《天台四教仪》,为天台宗僧提供了一本很好的宗派入门书。

谛观与义通都是五代末北宋初入华的高丽国僧,二人都终老于宋,对宋初中国天台宗的复兴做出了重大贡献。"作为高丽僧人,谛观和义通一个为中国天台宗典籍的失而复得建立了不朽业绩,一个为宋代天台宗的振兴培养了一大批不可多得的人才。"②

4. 坦然

坦然(约1075—1158)俗姓孙,曾是肃宗太子王俣(睿宗)的老师。坦然于宋高宗绍兴初年(约1131—1140)乘海商方景仁船入华求法,抵明州阿育王寺,拜临济宗著名高僧无示介湛为师。坦然学成后归国,作《语要》、《四威仪渴》、《上堂语句》等,委托方景仁带给无示介湛师。湛师大加赞赏,回书并寄赠衣钵,承认坦然为其法嗣。关于坦然还有一种说法。认为坦然并未亲自入宋,因海商方景仁抵四明录无示介湛的语录传入高丽,坦然阅受启悟,作《语要》等书并让方景仁呈无示介湛师。不管坦然是否到宋,但他所传至高丽的临济宗确实是得自中国阿育王寺南岳系临济禅的正脉。高丽毅宗元年(1147)坦然请老,归断俗寺,毅宗十二年(1158)坦然圆寂于寺,谥号大鉴国师。其后高丽名僧知纳(1158—1210)在坦然禅学基础上继续弘扬临济宗风。高丽明宗二十五年(1195)知纳入曹溪山松广寺,大弘禅学,弟子数百人,现代韩国的曹溪宗即源于此。

(三) 义天

义天(1055—1101)俗名王煦,是高丽文宗王徽(1046—1083)的第四子,因避宋哲宗赵煦之讳,遂以字"义天"行世。义天十一岁便受王命出家灵通寺,师从景德国师学习华严宗。文宗

---

① 杨渭生:《天台宗与高丽》,载《中国江南社会与中韩文化交流》,杭州出版社1997年版,第105—149页。
② 何劲松:《论韩国僧人在中国佛教史上的地位和作用》,《当代韩国》2002年冬季号,第30—32页。

二十一年（1067），义天被其父封为"广智开宗弘真佑世僧统"。义天曾对母亲仁睿太后说："天台三观最上真乘，此土宗门未立，甚可惜也，臣窃有志焉。"① 可见义天很早便立下了要在高丽创建天台宗门之志。文宗在世时，义天要求入宋求法未得应允。宣宗（1083—1094）即位后，义天又多次请求入宋，但高丽唯恐获罪于辽，一直不允许义天入宋。无奈之下，宣宗二年（1085）义天与门徒寿介等人微服，乘宋商林宁之船离开了高丽。宣宗闻之惊叹，遂命元景、慧宣、道邻追踪入宋，侍事报平安。义天一行先由山东密州②板桥镇登陆，再由陆路进入汴京（开封）。义天在给宋哲宗的上表中写道："若不问津于中国，固难抉膜于东方。窃惟圆光振锡已还，义想浮杯以降，清风绝后，高迹无追。臣是敢视验若夷，发奋忘食，虚襟致想，引领俟时……"。③ 宋哲宗见表后大为感动。由于义天身份特殊，宋哲宗随即命人引导义天入京，并亲自在垂拱殿接见他。随后义天便在汴京遍参名僧大德，正式开启他在宋的求法之旅。

1. 义天相关研究中几个较为集中的问题

第一是义天与净源法师的交游。义天入宋的主要目的是想研习和传承向往已久的天台、华严教义，为此宋廷专门推荐高才硕学、堪为师表的有诚大师向义天传授华严教。但有诚以"识趣浅陋"和年事已高为由上表推辞，并力荐杭州慧因院僧净源自代，于是义天上表请求前往杭州拜华严座主晋水净源学习华严。净源成就卓著，先后住持泉州清凉寺、苏州报恩观音院、杭州大中祥符寺，元丰八年（1085）始住持杭州慧因院。义天与净源早在义天入宋前便有书札往来，义天

---

① ［高丽］义天：《高丽大觉国师文集》外集卷13，碑二《仙凤寺大觉国师碑》，黄纯艳点校，甘肃人民出版社2007年版，第176页。
② 黄夏年、朴永焕《高丽义天来华在何处登陆》一文依据晁说之所撰《宋故明州延庆明智法师碑铭》的记载，认为义天来华时，宋对高丽的港口只有明州是开放的，其他都不属于官方正式列入，因此认为义天走南路的可能性是存在的，也就是在明州登陆。（杭州佛学院编《吴越佛教》第1卷，北京宗教文化出版社2006年版，第57—70页。）
③ ［高丽］义天：《高丽大觉国师文集》卷5，表一《请入大宋求法表》，黄纯艳点校，甘肃人民出版社2007年版，第14页。

曾写给净源法师书信十余封，并求得净源法师的画像和著书。

第二是义天在宋求法及赠送经卷。义天入宋时从高丽带来教藏经书7500多卷，对华严宗的复兴起了很大作用。因唐武宗和后周世宗反佛，宋华严文献已严重缺失，许多寺院主持仅凭回忆向僧徒口头传授。"义天入宋使天台、华严宗重新获得这些章疏，而且义天回国后又送回好多《华严经》的章疏。"① 净源之所以被誉为华严宗的"中兴教主"，很大程度上是得益于义天的赠书，慧因禅院也改名为慧因教院。义天除在慧因院学习华严外，还到灵芝寺向灵芝照律师请教戒法及《行事钞资持记》。"义天请受《资持记》足见他的佛学造诣很深，也说明他入宋求法并非是一种政治姿态，而是真的为寻师求道而来。"② 义天在杭州还拜谒了天竺寺慈辩从谏法师，义天本想在天竺寺住持深造，但高丽宣宗上表朝廷，以国母思念为由要求义天尽快归国。慈辩大师劝义天不要"为经背母"，义天遂决定返回高丽。义天由杭州返回汴京向皇帝辞行，之后又再度南下，途经真如寺时慨然施金以修葺，且再至杭州慧因院听净源法师讲论《华严》大义，可见义天对此次入宋之行意犹未尽、恋恋不舍。宋元祐元年（1086）五月二十日，义天师徒乘本国朝贺使船返国，同月二十九日抵达高丽。

第三是义天回国后进金塔以及捐赠财物修建经阁。义天返回高丽后，仍与杭州慧因院保持着联系。元祐三年（1088）净源圆寂，慧因院的行者颜显到高丽送信并带去了净源的真影和舍利。义天特派他的弟子寿介、继常、颖流、院子金保、裴善五人乘宋商徐戬商船前来杭州祭奠，且以进金塔求取舍利归国奉护来表达他对净源大师的尊重。元符二年（1099）义天施金两千两，在慧因教院内建华严经阁，经阁于建中靖国元年（1101）告成。为表感谢，慧因教院僧人还将修阁剩余资金在禅堂、楞伽室前修建了一座高丽王祠。慧因教院的名称也因此渐被"高丽寺"取代，慧因教院也别称"高丽教院"。

---

① 杨渭生：《天台宗与高丽》，载《中国江南社会与中韩文化交流》，杭州出版社1997年版，第137页。
② 同上书，第139页。

第四是苏轼反对义天与宋继续交流。1088年净源圆寂后义天派弟子寿介等搭乘宋商徐戬船至杭州祭奠一事，引发苏轼强烈不满。苏轼把徐戬拘留起来，主张要以法律手段制裁违法的商人并警戒与高丽的关系，"送左司理院根勘，即当具案闻奏，乞法外重刑，以戒一路奸民猾商次"①。苏轼一方面派官吏、兵卒照管寿介等人居住于寺内，除吊祭活动外"不许出入接客，及选有行止经论僧伴话"②；另一方面上奏章建议宋廷拒其金塔，不予引见，不许他们"诸处寻师学法"，并尽快遣回。究其原因，这与宋国内的政治演变有关。宋哲宗（1085—1100）年幼即位，宣仁太后垂帘听政，重用司马光等人反对王安石变法，对宋神宗时期发展与高丽密切关系的做法大加非议。宋廷内部新旧党争激烈，最终演变为权力之争。元祐（1086—1094）更化中，宋丽间颇为兴盛的文化交流活动开始受到限制，包括佛教交流。当时对熙宁（1068—1077）、元丰（1078—1085）时期发展与高丽关系的做法大加非议者，以苏轼为代表。苏轼之前就曾上奏朝廷，谴责宋商徐戬受高丽委托在杭州雕造《华严经》的行为，认为徐戬是"专擅交通高丽，引惹牟利"。

苏轼反对宋与高丽继续密切往来的做法，《高丽大觉国师文集》卷11也有记载：

> 往年，行者颜显到来，曾辱手教，不胜铭佩。是时闻苏牧断截，商船持书往复者，俱罹非法之诛。是以未敢裁答，非怠故也。③

苏牧即苏轼，"商船持书往复者"指的应是被枷送左司理院根勘的宋商徐戬。宋僧辨真在赠义天诗文的序中亦曰："先年，伏承

---

① （宋）苏轼：《苏轼文集》卷30《奏议》，论高丽进奉状，孔凡礼点校，中华书局1986年标点本，第848页。
② 同上书，第847页。
③ ［高丽］义天：《高丽大觉国师文集》卷11，状三，黄纯艳点校，甘肃人民出版社2007年版，第41页。

附到《圆宗文类》全部，日夕披阅，未尝释手。自后国朝禁制，不得贡书，良增倾向。"① 当时宋廷除阻止高丽僧入宋外，对宋僧前往高丽亦有限制，对包括僧人在内的"私赴"海外行为，宋廷采用连坐法处罚。如"宋僧法邻应义天邀请欲渡海东去高丽，却担忧触犯法规而遗祸家人、师主，故建议义天上奏宋廷奏明请法邻东渡主持新创国清寺，并交待了如何编排事由、文书格式以及行文细节"②。由于受周边局势及宋国内政治的影响，宋与高丽的佛教交流和僧人往来一度陷入颇为困难的局面。

第五是义天的贡献。义天在宋求法的十四个月间，足迹遍布中州和东南，访问名师大德五十余人。义天不但为高丽佛教贡献突出，而且用精深的佛学知识反哺宋佛教，为宋佛教文化发展注入了新鲜血液。义天将宋已失传的华严经典籍带至宋，有力促进了宋朝华严宗的复兴和发展；同时义天将在宋搜集的佛教典籍一千余卷带至高丽，其中大半为高丽"所未尝行者"，义天入宋求法带动了宋丽佛籍的大流通。义天归国后在高丽弘扬天台教学，创立了海东天台宗。作为名重东亚的僧统，义天留下了丰富的著述："一是《园宗文类》，此书是义天从浩繁的华严宗文献中选编的文献集；二是《释苑词林》，义天汇古今有补于佛教的文章编成此书，但未及完成便谢世，后由其门人觉纯最终完成，此书保存了大量中国从晋到宋的佛教文献；三是《新编诸宗教藏总录》，此书是义天历时十七年于 1090 年编订的佛教经论、律章疏的目录，在此基础上义天刊印了《高丽续藏经》；四是《大觉国师文集》，为义天门人集其所著诗文编定而成，是研究义天思想的重要文献；五是《大觉国师外集》，亦由义天门人编定，收录辽、宋、高丽等僧俗给义天的书简、赞、诗、碑文等"。③

---

① [高丽] 义天：《高丽大觉国师文集》卷 10，诗一，大宋沙门辨真诗，黄纯艳点校，甘肃人民出版社 2007 年版，第 153 页。
② 顾宏义：《义天入宋求法：北宋神哲朝宋丽海上交通与文化交流》，载《中华文明的历史与未来国际学术研讨会论文集》，河北大学宋史研究中心，2010 年 4 月，第 116—117 页。
③ 王巍、杜若：《中朝佛教文化交流大师高丽义天》，《延边大学学报》1994 年第 2 期。

2. 尚需明瞭的两个问题

第一是义天入宋后的馆伴使。义天兼具高丽王子身份，因此他入宋途中所到之处均受到了隆重接待。各地寺庙都以贵宾礼节迎送，宋廷更是派出了多名馆伴使陪同帮助义天在宋的求法活动。《谢差引伴表》记载义天至密州后，主客员外郎苏注廷奉诏自京城前来引导，"五月二十一日，伏蒙圣慈，令臣赴阙次，仍差降朝奉郎守尚书主客郎中苏注（原文"廷"字缺载）为引伴者"①。而《王释煦墓志铭》则记载"乙丑岁，师以微行越海，巡游宋境，而主客郎中杨杰被诏导引，自密水至汴河，直上宸殿，且访丞相"②。义天由密州至汴京途中的馆伴使③，究竟是苏注廷还是杨杰？为明瞭这个问题，现对义天入宋行程中的接待人员梳理如下：

> 宣宗二年（1085）五月二日，义天越海到达宋密州板桥镇，立即向密州及高密县两级地方政府致状并上表宋朝廷，等待朝旨期间，知密州朝奉郎范锷给予热情接待，并安排在板桥镇圣寿院和密州资福寺斋宿。
>
> 二十一日，义天获准赴阙，主客员外郎苏注廷奉诏自京城前来引导。
>
> 六月七日，义天到达海州（连云港），中使黄永锡来传敕旨，并赐御斋，由于旅途劳累，义天生病滞留海州。
>
> 六月十三日，中使复来传敕旨，并赐御茶、药，义天上表谢恩。病愈后，过泗上（安徽泗县东南），至普光（照）王寺礼僧伽舍利塔，继而经宿州，达南京（商丘）。
>
> 七月六日，义天终于到达汴京（开封），住京师启圣寺（院），中书舍人范百禄为馆伴。七月二十一日，宋哲宗于垂拱

---

① [高丽]义天：《高丽大觉国师文集》卷5，表一《谢差引伴表》，黄纯艳点校，甘肃人民出版社2007年版，第15页。
② 《高丽墓志铭集成》，《王释煦墓志铭》，第31页。
③ 陈景富《中韩佛教关系一千年》第406页记载为苏注廷，黄有福、陈景富《海东入华求法高僧传》第42页记载为杨杰，前后记载不一。

殿接见义天,差中书舍人钱勰为押伴。

八月十四日,义天获准南下。

八月底九月初,义天离京辞行,宋哲宗敕朝散员外郎尚书主客员外郎杨杰为送伴,此后义天在宋的一切活动均由杨杰陪同。

通过以上梳理可知,杨杰是义天由汴京南下求法时被差的馆伴使,而之前初到宋境由密州至汴京的馆伴使是苏注廷。主客员外郎杨杰作为馆伴全程陪同义天南下求法,直至义天自明州离境。义天相关文献中留下不少有关杨杰言行的记载,在义天与各地高僧交往中亦多见杨杰的身影。杨杰是陪同义天时间最长的馆伴使,《王释煦墓志铭》把他记为由密州至汴京的馆伴使,疑因墓志铭行文简略而误载。

杨杰字次公,自号无为子,无为(今属安徽)人。"少有名于时,举进士。元丰中,官太常数任,一时礼乐之事,皆预讨论。元祐中,为礼部员外郎,出知润州,除两浙提点刑狱。卒,年七十。"① 作为馆伴使,杨杰对义天评价很高:

> 自古圣贤越海求法者多矣,岂如僧统一来上国,所有天台、贤首、南山、慈恩、曹溪、西天梵学,一时传了,真弘法大菩萨之行者,此真实义谛,非溢美之言也。②

义天入杭州慧因院师从净源法师,杨杰曾作《大宋慧因院净源法师真赞》,曰:"了此一尘,圆融十身;不举一步,遍周诸土。王子僧来印上乘,炉拂亲传海东去"③,赞誉义天已尽得佛法精髓,东归高丽后定能担起弘传佛法的重任。元祐年间杨杰出任两浙提点刑狱,高僧善聪在与义天书信中言:"杨次公每常相会,无不美谈盛德。近受两浙

---

① 《宋史》卷443《杨杰传》,第13102页。
② 黄有福、陈景富:《海东入华求法高僧传》卷3,法华师《释义天传》,中国社会科学出版社1994年版,第43页。
③ [高丽]义天:《高丽大觉国师文集》外集卷9《大宋慧因院净源法师真赞》,黄纯艳点校,甘肃人民出版社2007年版,第148页。

职司提刑，甚是外护贤首教门，此皆吾师发明引导之功也①"。

第二是宋廷对义天微服潜入宋的行为是否预先知情。义天隐瞒高丽王私自入宋，前提是多次请求未果。对于此事高丽王廷虽然不知情，但从宋方史料看，宋廷很可能是已预先了解了义天的意向。义天不仅是求法僧还是高丽王子，身份如此特殊，他不可能在跟宋方毫无联系的情况下贸然潜入宋境。入宋前义天必定会先试图了解宋廷的意向，如果宋廷不予接收，那么他即便潜入宋也是徒劳，甚至可能有生命危险。义天入宋前的熙宁（1068—1077）和元丰（1078—1085）年间，宋启动"联丽制辽"方案，宋丽往来十分密切。因此对于义天的入宋行为，宋廷至少是默许的，这从义天一登陆便受到各种优待中可以看得出来。尽管义天不是高丽政府派出的使节，但宋廷还是十分重视他的到来，以来使规格接待。

除此外还有两点可以证明义天入宋绝非仅仅是"私自潜入"的个人行为。

首先，义天入宋前便与宋净源法师有书札往来。两人来往书信十余封，义天还求得了净源法师的画像和著书，更重要的是宋廷对此事是知晓的。元丰七年（1084）五月己酉，宋帝诏曰："高丽人赍王子僧统书及金银遗秀州僧净源，源有答书，即明州移牒报之。"② 不仅如此，净源似还曾邀义天入宋。义天在《请入大宋求法表》中曰：

> 于去年八月，得大宋两浙华严阇梨净源法师书一道，其书云："因风而来，口授心传，则针芥虽远，悦高下之相投，笙磐同音，穆宫商而切向"。……今与双溪寺大师昙真等缁素共一十一人同约，欲随商客船发行，不敢专擅。③

---

① ［高丽］义天：《高丽大觉国师文集》外集卷6《大宋沙门善聪书》（第三），黄纯艳点校，甘肃人民出版社2007年版，第131页。
② 《续资治通鉴长编》卷345，元丰七年五月己酉，第8285页。
③ ［高丽］义天：《高丽大觉国师文集》卷5，表一《谢差引伴表》，黄纯艳点校，甘肃人民出版社2007年版，第14—15页。

可见义天入宋求法也是净源法师所希望的，这或许就是二人见面后为何有"相见恨晚"之叹的原因。事实证明义天所选择的入宋时间十分正确，如果因高丽王廷不允许而一再推迟入宋的话，那么义天入宋的夙愿可能无法完成。宋哲宗（1085—1100）即位后，宋丽双方的往来越来越受限制，后来义天的徒弟寿介等入宋遭到苏轼强烈反对，就是很好的证明。

其次，义天抵宋之初所上宋帝的《谢差引伴表》提供了一条证据。义天在表中曰："承密谕而潜投商舶，越大洋而始践雄疆。"① 这里的"密谕"可能就是宋廷给义天入宋的某种允诺。所以有学者得出结论："推知宋廷不但预知高丽僧统义天将入宋，且于暗中促成义天成行，也正因为如此，且预定有接待礼仪，故得知义天已抵密州，宋廷即遣主客员外郎苏注廷为引伴使，去密州接义天入京。"②

义天入宋求法，实际上已经超出了纯宗教的性质。他不但精通佛法，而且才行俱优，除佛教外也为宋丽文化乃至经济交流做出了不可磨灭的贡献。如高丽朝在成宗（981—997）、穆宗（997—1009）时曾一度铸造钱币，但不久便停止使用。义天入宋后亲身体会到钱币流通的好处，向肃宗上《铸钱论》，认为钱币流通有利于"劝农"，对百姓亦有好处，高丽从此开始铸造、使用银瓶钱和海东通宝。义天还努力将传入高丽的传统儒学和道教思想融合起来，只是由于英年早逝来不及做这件事。高丽肃宗六年（1101）八月义天患病，肃宗亲自到寺看望奉药，十月五日义天圆寂，享年四十七岁，肃宗与群臣隆重追悼，赠谥大觉国师。

三 对高丽僧的群体考察

以义天为代表的高丽僧人为入宋求法明义，不惜孤帆远指，问波沧海。他们不仅将宋佛教的义学思想和主要宗派传到高丽，同时

---

① ［高丽］义天：《高丽大觉国师文集》卷5，表一《谢差引伴表》，黄纯艳点校，甘肃人民出版社2007年版，第15页。

② 顾宏义：《义天入宋求法：北宋神哲朝宋丽海上交通与文化交流》，载《中华文明的历史与未来国际学术研讨会论文集》，河北大学宋史研究中心，2010年4月，第100页。

也对宋佛教的义理建设和宗派建设发挥过重大作用。

（一）求法行迹和在宋活动

四世纪初至十四世纪末的千余年里，朝鲜半岛僧人入华求法不绝于途，他们的求法足迹遍布大半个中国，前往参礼或居住求法的寺院不下百余所。"活动范围南起广州沿海，北至代北、燕京一线，西到帕米尔高原，东及于海，而尤为重要的地区是黄河、长江、珠三角三大河中下游流域一带。"[①] 进入宋代，伴随政治、经济和文化中心的东移，高丽求法僧的活动范围也由唐及以前的长安、洛阳一带转移至宋中东部地区，统计如下。

表15　　　　　　　高丽僧人在宋求法寺院统计表

地点	浙江	福建	安徽	江苏	河南
寺院名称	云居寺（天台县）、螺溪定慧院（天台县）、宝云禅院（宁波）、华顶寺（天台山）、永明寺（今杭州净慈寺）、国清寺（天台县）、灵隐寺（杭州）、雪窦寺（奉化）、天龙寺（杭州）、开元寺（鄞县东）、普门寺（杭州）、真如寺（嘉兴）、大中祥符寺（杭州）、慧因寺（杭州）、阿育王寺（鄞县）、上天竺寺（杭州）、明州阿育王寺（宁波）、灵芝寺（杭州）、龙井寺（杭州）、佛陇修禅寺（杭州）、真觉讲寺（天台县）	长庆院（福州）	普照王寺（泗县）	金山寺（镇江）	泗洲普光王寺（开封）、普净院（开封）、相国寺（开封）、兴国寺（开封）

资料来源：此表依据表14"入宋求法高丽僧人统计表"统计。

[①] 陈景富：《中韩佛教关系一千年》，宗教文化出版社1999年版，第509页。

高丽僧入宋求法所到寺院遍及浙江、福建、安徽、江苏、河南五省，特别是浙江省，留下高丽僧人足迹的寺院有二十一座之多。较为集中的求法地点有浙江天台、杭州、宁波、嘉兴及河南开封和江苏镇江、福建福州等，足迹基本上是围绕宋京城开封及各名山、重镇。

高丽僧人与宋各寺院的渊源主要分以下三种情况：第一是单纯的参礼求法、巡礼圣迹，如义天在由开封南下杭州时便一路拜访各名僧圣迹。第二是专门住寺拜师求法，有些高丽僧终生未归，如义通在浙东传教二十余年，直至端拱元年（988）圆寂于宋。第三是在寺求法时参与该寺建设，甚至是开创该寺新的历史，最典型的事例莫过于义天与高丽寺，义天再度南下途经真如寺时也慨然施金以修葺。

在宋丽关系友好期，宋政府对高丽僧人在宋的求法活动十分支持。熙宁四年（1071），高丽遣使入宋，宋丽恢复了中断四十余年的外交关系。入宋求法的高丽僧人也逐渐增加，这些僧人在宋境内大都能受到优待，有的还被宋廷召见、赐号。如熙宁九年（1076）宋神宗得知有三名高丽僧寓杭州天竺寺问法受道，特命召见高丽僧人。"元丰三年（1080）这三名高丽僧人至开封，宋神宗专门接见，并诏高丽学法僧党真赐号法照大师，昙真赐号法远大师，丽贤赐号明悟大师，仍赐紫方袍，听随贡使归国。"①

神宗（1067—1085）时期宋丽佛教交流出现高潮，但这种局面随着宋神宗病逝而结束。宋哲宗（1085—1100）年幼即位，宣仁太后垂帘听政，对宋神宗时期发展与高丽密切关系的做法大加非议，对当时比较密切的宋丽佛教交流活动也多加限制。高丽僧人在宋的活动备受约束，苏轼对义天弟子寿介一行的阻挠就是例证，两国间的佛教文化交流受到很大影响。元祐八年（1093）宋哲宗亲政，政治上逐渐恢复宋神宗时期的变法政策，注意发展与高丽关系，宋

---

① 顾宏义：《宋朝与高丽佛教文化交流述略》，《西藏民族学院学报》1996年第3期。

丽佛教交流情况也随之有所改观。

宋徽宗（1100—1126）时，宋丽两国政治交往再度密切，佛教文化交流活动也较前增多。如高丽睿宗重修安和寺，"因使介如宋求妙笔书扁额"，宋徽宗为之"御笔书佛殿，扁曰能仁之殿"，并命太师蔡京"书门额曰靖国安和之寺"，与"十六罗汉塑像"一并赐之；政和六年（1116）高丽贡使王字之还国，宋徽宗"以金函盛佛牙、头骨以赐"，高丽王奉置外帝释院，数年后"迎入佛骨于禁中"置于山呼亭。①

1127年北宋灭亡后，南宋政府因惧怕高丽人充当金人间谍，对高丽来人持戒备态度，对宋丽民间交往也严格控制。在整个南宋期间，宋丽佛教文化交流活动较北宋大为减少，高丽僧的入宋求法活动步入低潮。

（二）求法特征

作为千余年来朝鲜半岛入华僧人的一部分，高丽僧在人数上并不占优势，甚至可以说两宋时期是朝鲜半岛僧人入华求法的低潮期。即便如此，入宋高丽僧这一群体也是中韩千余年佛教交流史上不可或缺的重要部分。他们既与其他时期入华的求法僧有共通性，也具有特定阶段的特殊性。

第一，多数高丽僧的求法行为是受到高丽与宋政府支持的官方行为，从而使这一活动成为两国政治外交的组成部分。求法必然会寻访寺庙，而许多寺庙都与地方各级政府有一定牵连，所以僧人不像商人的活动那样具备纯粹的民间性。特别是两宋时期，周边国际局势紧张、宋丽关系复杂多变，即便是僧人的求法行为也会受到政府关注。如谛观就是应吴越王之请入华，背景是中国天台宗急需找回散失的教籍，此次交流就是比较典型的宋丽佛教交流的官方行为。还有高丽僧统义天，虽然他搭乘商船潜入宋，并非是高丽官方派出的使节，但宋廷还是以迎接来使之礼对他，优待备至。

---

① 顾宏义：《宋朝与高丽佛教文化交流述略》，《西藏民族学院学报》1996年第3期。

第二,密切关注和追踪宋佛教发展的新动向,及时调整求法请益的重心。禅宗是中国化最深的宗派,到后来逐渐呈现一枝独秀的局面。华严宗、天台宗这些中国化较深的宗派也向禅宗靠拢,这种导向性直接诱发了入宋高丽僧以参禅为要的热情。

第三,主从明确,求法请益效率高、效果好。入宋高丽僧在整个求法活动中贯穿两个主从关系。一是以入宋求法为主,以赴西域求法为辅,高丽僧认定的佛教并非原汁原味的佛教,而是"华化"后的佛教。二是以求取汉译佛教典籍为主,翻译胡、梵经典为辅。比起印度佛教,高丽学僧更注重宋佛教,这与几百年来朝鲜半岛佛教与中国佛教密不可分的渊源有关。印度终归是佛教的发祥地,高丽僧中也有部分僧人立志到印度求法和巡礼圣迹,但因路途遥远困难重重,敢于或者能够迈出这一步的僧人并不多。与留学生一样,入宋求法僧归国后也倍受重视,这些求法僧积极推动高丽本土教宗的发展,有的甚至成为教门的嫡传祖师。

第四,崇尚正统的宋文化,求法请益地点集中在宋文化的主体文化区。这一时期入宋的十九名高丽求法僧中,只有如可和义天驻足过北方,而且是宋都城开封,其余僧人的求法地点均集中在东南部的浙江、江苏、福建等地。高丽求法僧的这种流向与宋主体文化的流向是一致的。

(三)高丽僧人在宋佛教发展史上的作用

文化的交流具有双向性,佛教文化亦是如此,高丽僧人在宋佛教发展史上占有一定地位,其作用体现在三个方面:

第一,在完善宋佛学体系和振兴宋佛学宗派方面发挥了重大作用。一些高丽僧在宋居留未归,他们或参与宋的译经事业,或埋头静室撰述,或广开法门接引弟子、化度众生,其中不少人学有独到、自成体系。如后晋天福(936—947)末入华的义通,他使宋摆脱了天台教后继无人的困境,在天台宗日益衰微的关头继承了天台宗的一线命脉,被后人尊为天台宗十六祖。一个异国僧人能成为中国一宗之祖师,实属不易。

第二,实现对宋佛教的反哺。由于特殊的历史机缘,一些中国佛典在传播到朝鲜半岛后又重新回到中国，从而弥补了中国相关佛典缺失的遗憾，并由此带动了一些佛教宗派的复兴。在这方面，高丽僧谛观和义天的贡献最为突出。谛观使宋失传的天台教藏失而复得，其著作《天台四教义》是对天台教义的经典阐述。义天入宋时携带了大量教籍，而且在归国后还与宋僧保持密切联系，有力推动了宋丽佛教典籍的大流通。

第三，丰富和完善了宋的佛教思想。高丽求法僧以参访名刹、问学高僧、埋头著述等形式，为宋佛教文化的发展注入了新鲜血液。他们深研义理，勤于著述，对宋佛教发展起到了重要的促进作用。还有一些高丽僧虽未入华，但其佛教著述却漂洋过海传到中国，深为宋僧俗所推崇。

高丽求法僧大多具有较高的文化素养，他们在宋期间除研习佛法教理外，还积极吸收宋先进的文化艺术。宋丽两国僧人在进行宗教交流的同时，结下了深厚的友谊，高丽求法僧与宋僧俗中的不少人成了亲密朋友，如义天与净源。"从这些个体与个体、个体与群体、群体与群体之间表现出来的友谊，就像佛经中所说的阿赖耶种子那样，经过千百年的熏染，不断地积累增长新的种子，不断地变现出越来越多的友谊硕果，曾增色于过去，正维系着现在，更展示着未来。"[①] 重视宋丽佛教交流的双向特征，充分肯定高丽僧人对宋佛教发展所作的历史贡献，是研究宋丽佛教交流必不可少的部分。

四 赴高丽弘法的宋僧

宋丽佛教交流过程中，除入宋求法的高丽僧外，还有赴高丽弘法的宋僧，只是人数上比入宋的高丽僧少很多。陈景富先生说："韩僧求法取代了中国僧人传法，海东佛教的发展由第一阶段进入第二阶段，而正是由于求法请益活动的兴起与发展，海东佛教由被

---

① 黄有福、陈景富：《中朝佛教文化交流史》，中国社会科学出版社1993年版，第20页。

动转为主动，开始迈开了迅速发展的步伐。"① 所以宋僧赴高丽弘法人数的稀少，与当时高丽国内佛教的发展阶段有关。高丽前期佛教基本承袭了新罗时期的精神遗产，到了中期高丽佛教的本土化特征愈加突显，传统宗派在完善自身的同时，新兴宗派在这一时期也得到了壮大和发展。相较之下，宋佛教的发展却遭遇窘境。首先是唐末武宗的会昌灭佛使佛教遭到毁灭性打击，佛教陷入了无典弘法、后继无人的窘境；其次是代唐兴起的五代十国时期，连年战乱、社会动荡，佛教很难在短时间内恢复元气。宋建国后，佛教虽然获得了一定的恢复和发展，但已无法再现唐时佛教发展盛况。而且宋国势衰微，宋丽之间僧人的往来主要集中在北宋前期和中期。在高丽佛教相对迅速发展与宋佛教相对衰微的局面下，不仅高丽僧入宋求法人数不多，前往高丽弘法的宋僧也更加稀少。

元祐八年（1093）宋哲宗亲政后，注意恢复与高丽的关系，宋丽佛教交流随之有所改观。一些宋朝僧侣相继去高丽游学访圣，但目前见于史书记载的仅有慧珍和省聪二人。与高丽僧人入宋寻师求法不同，宋僧去高丽多为拜访圣迹。高丽献宗元年（1095），宋商黄冲一行三十余人与慈恩宗慧珍一起来到高丽，献宗命近臣文翼备轩盖迎慧珍，安置于普济寺。慧珍在高丽的活动因缺乏史料不得而知，但慧珍曾请求前往游览高丽普陀山圣窟，却未获得高丽王同意。《高丽史》卷10记载：

> 辛卯，宋商黄冲等三十一人与慈恩宗僧慧珍来，王命近臣文翼备轩盖迎珍，置于普济寺，珍常曰欲见普陁落山圣窟而来，请往观之，朝议竟不许。②

慧珍前往高丽的目的之一是拜访圣迹，本欲游览高丽圣迹普陀山圣窟，但高丽"朝议不许"，最终未成行。省聪也是这一时期赴

---

① 陈景富：《中韩佛教交流源远流长》，《中国宗教》2006年第1期。
② 《高丽史》卷10《献宗世家》，第155页。

高丽的宋僧,由于关于他的记载太少,对于他来高丽的目的及在高丽的活动等均不详。《高丽史》卷11仅记载省聪被赐号"明悟三重太师":

> 肃宗元年(1096)九月丁未,御宣政殿引见宋僧慧珍,赐食于翰林院,戊申以来宋僧省聪、慧珍各为明悟三重太师。①

从记载看,省聪赴高丽的时间比慧珍还要早。尽管史书提到的赴高丽宋僧仅有省聪和慧珍,但在实际的僧侣往来中肯定不只他们二人。

随着僧人互访及交流的深入,宋朝不少的佛教风俗也传入高丽。宋时儒、佛、道三教合一的思想得到大力提倡,并普及和深入到了民间百姓。当时有请僧人为自己祖先举行周年忌日法会的现象,甚至有在父母生日请僧尼诵经祈福者,这种风俗约在北宋中期传入高丽。如元丰元年(1078)高丽王以宋帝生日,"设祝寿斋于东林、大云二寺";元符三年(1100)宋哲宗崩驾,高丽王为哲宗"荐福于大安寺"等;其他如高丽国王出行,令"奉《仁王般若经》前导,遵宋制也";高丽民间于"二月望,诸僧寺然(燃)烛",国王、众官皆"往观之,国人喧闹道路",如同中国之上元观灯;高丽使臣入宋时曾因宋帝生辰,"买鸽放生"以求福等;同时也有一些高丽法物传入中国,如高丽"僧衣磨衲者,为禅师、法师衲,甚精好",为宋朝僧俗所珍重,宋哲宗就曾赐法通大师善本"高丽磨衲衣,"以示宠渥、尊信。②

道教理论在宋代取得重大突破,这对高丽亦产生了深刻影响。《宣和奉使高丽图经》记载道教在唐武德(618—626)年间便传入朝鲜半岛:

---

① 《高丽史》卷11《肃宗世家》,第160页。
② 顾宏义:《宋朝与高丽佛教文化交流述略》,《西藏民族学院学报》1996年第3期。

> 武德间高丽遣使,丐请道士至彼,讲五千文(指《道德经》),开释玄微。高祖神尧奇之,悉从其请。自是之后,始崇道教,逾于释典矣。①

虽然道教早在唐代就已传入朝鲜半岛,但宋真宗大中祥符八年(1015)时高丽"尚有僧,无道士"②。道教在朝鲜半岛真正兴起是在高丽朝。宋真宗(997—1022)、宋徽宗(1100—1126)崇信道教,宋时士大夫出佛入道的情况十分普遍,为崇扬道教,宋徽宗曾专门派道士前往高丽。高丽欣然接受,并立福源观,"因遣信使以羽流","遴择通达教法者以训导之"③,大力宣扬道教。在宋影响下建立的福源观,成为高丽道观之首。宣和五年(1123)徐兢出使高丽时,发出了"前此国俗未闻虚静之教,今则人人咸知归仰之"④的感叹。

五 宋丽海道上的佛教信仰

在古代的对外关系中,文化交流往往能起到国际关系中政治外交和经济贸易关系所不能取代的深层次作用。佛教一直是宋丽文化交流的重要载体,不仅在宗教方面,在文化等诸多领域佛教也起到了不可忽视的传递、交流作用。辽雄峙于东北,宋丽陆路交通被阻断,所以宋丽之间主要依靠船舶渡海往来。海上行船不定因素多,十分危险,"海舟之行触礁则摧,入洋则覆,又有黑风海动之变,遇之则天地晦冥,波涛鼎沸"⑤。航行中覆入海中甚至葬身鱼腹的海难时有发生。因此出海者在航行前都祭祀海神,以祈平安。

北宋中期以后,宋与高丽的来往船只大都到明州上岸,明州港

---

① 《宣和奉使高丽图经》卷18,道教释氏,第37页。
② 《宋史》卷487《高丽传》,第14043页。
③ 《宣和奉使高丽图经》卷18,道教释氏,第37页。
④ 《宣和奉使高丽图经》卷17,福原观,第33页。
⑤ (元)马端临:《文献通考》卷325,四裔考二高句丽,浙江古籍出版社2000年点校本,第2561页。

外的海岛普陀山正是观音菩萨之道场，于是普救众生、苦海慈航的观音菩萨就成为海客的祈祷偶像。普陀山位于宋丽交通要道上，随着宋丽交往的密切，使臣、商贾、僧侣来此祈祷者大增，促进了当地佛寺的迅速发展，使普陀山成为闻名中外的观音道场。在高丽沿海以及海船所经的岛屿上也建有一些观音寺，以供海客祭祀、朝拜。宋人文集中，也留下了许多在宋丽海道上人们为祈求航行平安而崇佛、拜佛的记载，即宋丽海道上的佛教信仰，列举史料如下。

1. 初，高丽使王舜封船至山下，见一龟浮海面，大如山，风大作，船不能行，忽梦观音，龟没浪静，申奏朝廷，得旨建寺，乃元丰三年也。

——赵彦卫《云麓漫钞》2《宝陀落迦山》

2. 昭利庙，东渎越王山之麓，故唐福建观察使陈严之长子。乾符中黄巢陷闽……，本朝宣和二年，始降于州民，遂置祠今所。五年，路允迪使三韩，涉海遇风，祷而获济，归以闻，诏赐庙额昭利。

——梁克家《淳熙三山志》8 公廨类2 祠庙

3. 东海助顺孚圣广德威济王庙，在县东北五里，皇朝元丰元年，左谏议大夫安焘、起居舍人陈睦，奉使高丽还，十一月请建庙。崇宁二年赐额崇圣宫，大观四年加封助顺二字，仍建风、雨二神殿于左右。宣和三年，又加显灵二字，封风神曰宁顺侯，雨神曰宁济侯，且拨赐官田五顷，皆因高丽使回奏请也。

——罗濬《宝庆四明志》19 定海县志2 叙祠神庙

4. 昭顺灵孝夫人庙在县东七十二里曹娥镇，盖汉上虞孝女曹娥也，娥葬于祠之后，……政和五年十一月，以高丽遣使入贡经从，适值小汛，严祭借潮，即获感应，丽人有请，加封灵孝昭顺夫人。

——张淏《宝庆会稽续志》3 祠庙会稽县

1079年奉使高丽的王舜封是从七品的阁门通事舍人，他赴高丽目的是为高丽王王徽医病，与他同行的还有四名翰林医官。王舜封一行在航海途中遇到障碍物"大龟"，危急关头忽然"梦观音"，竟转而风平浪静。他认为能化险为夷全赖"观音"之功劳，因此归国后立即上奏朝廷请求兴建寺庙。1122年奉使高丽的给事中路允迪遇到了相同情况，他涉海遇风时祷而获济，因此归来后上诏书要求赐庙额为"昭利"。1078年安焘、陈睦向高丽传达国信后归国，同年十一月他们便请求建庙赐额，后又建风、雨二神殿并赐额。这些官员之所以请求建庙，原因都是因为他们曾奉使高丽，深感海上行船之艰难，因而希望建庙来祈求平安。昭顺灵孝夫人庙之所以得此名，也是因为来宋的高丽使节认为此庙"即获感应"，因此才请求加封"灵孝昭顺夫人"。

  海上行船常会受到突变的恶劣天气影响，文人笔下出现的"大龟"、"大鱼"等各种异象应该指的是当时海上风浪及迷雾给人造成的错觉。在人力无法克服的危难面前，海客往往把祈求平安的心愿寄托在佛教信仰上。因此奉使高丽的使节在完成任务归宋后，很多人会请求建立寺庙或者是加赐寺庙等。除平安归来后信佛、崇佛的具体行为外，还有在航海途中往海中投掷佛经以求平安的事例，列举史料如下：

  5. 又阁门宣事陈安上言，元丰初，安焘厚卿陈睦和叔二学士奉使三韩，济海舟中，安贮佛经，及所过，收聚败经余轴，以备投散。放洋之二日，风势甚恶，海涛忽大汹涌，前后舟相失，后舟载者，俱见海神百怪，攀船而上，以经轴为求。先举轴付之，继来者众，度不能给，即折经随纸付之，又度不给，则剪经行舆之，至剪经字而得一字之授者，莫不预戴忻悦而去。字又随尽，独余一鬼，肯求甚且云：都纲某所顶之帽，愿以付我也？舟人询其由，云：此人尝赴传经之集，是帽戴经久矣，此有大公德也。亟取付之，称谢而去，指顾之间，风涛恬息，即安行，晚与前舟相及，往还，皆获安济焉。

  ——何蓬《春渚纪闻》2 龙神需舍利经文

6. 吕相端奉使高丽，过洋祝之曰：回日无虞，当以金书维摩经为谢。比回，风涛辄作，遂取经沉之，闻丝竹之声，起于舟下，音韵清越，非人间比，经沉隐隐而去。崔伯易在礼部，求奉使高丽，故实遂得申公事，故杨康国、钱勰皆写此经往。

——孙升《孙公谈圃》上吕相端

7. 王子飞观文，为予言：吾使三韩泛海，每危于风涛，翦佛书以投，异物出没，争夺以去，至投道书则不顾。

——邵博《河南邵氏闻见后录》28

《春渚纪闻》是一部笔记集，北宋何薳撰，主要记载一些仙道异事和民间奇闻，其中有不少关于谶语、经文、梦境、道术灵验神效的记载。材料5记载了安焘和陈睦在奉使高丽海道上所经历的奇遇。为求平安，他们在航海前曾专门收集"败经余轴"，以"备投散"，如果遇到风浪或海怪便向海中投掷。结果安焘一行途中果然遭遇险境，他们先是向海中投掷经纸，不够，后来又"剪经行舆之"，又不够，最后投掷了一顶曾"赴传经之集"都纲的帽子才化险为夷，在佛经的保佑下众人均获平安。材料5中所记之事情节或许是虚构，但这至少反映了当时往来于宋丽海道上的人们所推崇的佛教信仰。材料5与材料3前后呼应，材料3是安焘、陈睦回来后请求建立寺庙的记载，靠"投掷佛经"而幸存的二人可谓九死一生，回来后立即请建寺庙以报"佛恩"。材料6、7所记之事也是使节奉使高丽航海途中以"投掷佛经"换取平安的记载，"吾使三韩泛海，每危于风涛，翦佛书以投"。由以上三例可以推测，"佛经"或许是当时宋士大夫前往奉使高丽的必备物品。不仅是士大夫，当时频繁往来于宋丽海道的商人、移民及留学生等，在他们的航海经历中可能也都存在着一定的"佛教信仰"，这从宋丽海道上海船所经岛屿上建有供海客祭祀、朝拜的寺庙可见一斑。

第五章　定居高丽的宋朝移民

生于西，卒于东。无他肠，有孤忠。岁月久，山谷裂。石可朽，名不灭。

——《林光墓志铭》

中国与朝鲜半岛交往的历史中，双方间移民的流动开始很早，每当出现王朝更替、社会动乱，或天灾人祸、意外事故，或政治关系的新发展时，都会伴随有移民的出现。两宋时期正值朝鲜半岛高丽中前期，与以往两国移民流动都是朝鲜半岛移民居多的情况不同，这一时期宋人移民高丽展现出高调态势。但到了高丽后期，宋人移民高丽的现象就几乎消失了，直到元朝建立后才又有移民进入高丽。两宋时期移居高丽的中国移民，除了以汉族为主的宋人外，还有渤海遗民、契丹人和女真人等北方少数民族，他们共同构成了这一时期进入高丽的中国移民群体，但是以汉族为主的宋人与处于北部的渤海、契丹、女真等人进入高丽的移民活动在诸多方面都有不同。移民政策方面，两宋的移民政策主要是趋向封闭，而高丽的移民政策却相对开放。

两宋时期移居宋的高丽人以文人为主，特别是留学生还有求法僧人，而对于一般的民众，史书留下的记载很少。当时中国大陆多政权分立，高丽人进出宋境受到诸多限制，即便在宋丽官方关系正常时期，也没有出现高丽人大量迁入宋境的现象，主要是因为当时宋国内情况及面临的国际局势并没有为高丽人移民宋境提供合适的土壤。虽然对于宋和高丽而言双方都有加强交往的内在需求，但是这种需求却被来自辽、金的政治压力和军事打击所抑制。本章探讨的移民主要指进入高丽的宋朝移民。

第一节 宋人移民高丽的可行性条件

一 "归化"和"投化"的含义

对宋人及中国北方各少数民族迁入或投奔、依附高丽的行为，高丽文献往往以"某某人来投"或者"某某人来奔、奔入"等字样记载。在古代中国的文献中对不同国家间移民的迁移行为，随着时代的变迁有很多不同的记载方式，包括古代的日本也是如此。纵观中、日、韩三国史书，对古代的移民活动有"投化"、"归化"、"归义"、"归德"、"来（徕）服"、"来附"、"来归"、"来投"、"来奔"、"奔入"、"亡入"等多种记载，而对于移民也有"归化人"、"投化人"、"化外人"等诸多称谓。就历史上这些词汇的使用频率而言，"归化人"一词比较具有代表意义，它的基本含义是"放弃原有国籍而加入侨居国国籍"[①]。也就是说，"归化是侨民在政治上、经济上和意识上归属当地国的表现"[②]。尽管站在不同角度，从理论上来解读"归化"一词会得出各种不同的结论，但事实上真实历史进程下移民的迁移行为往往是为了基本的生存需要。尤其在古代，这种离开故土、侨居他国的移民活动，都是在一定历史条件下发生的。

日本古代文献中多次且明确出现了"归化"一词，日本学者对"归化"也做了一番详细的解读。上田正昭[③]认为"归化"意味着"钦内归化"，并与律令制下的王权思想紧密相连；石母正田[④]进一步提出"归化人"就是指初次被吸收为"王民"的人或将被吸收的化外人。从历史上看，"归化"或"投化"等词的出现和使用经

[①] 周南京：《世界华人华侨词典》，北京大学出版社1993年版，第173页。
[②] 萧永坚：《试论侨民归化》，《华人华侨历史研究》1991年第4期。
[③] ［日］上田正昭：《归化人》，东京中央公论社1965年版。
[④] ［日］石母正田：《日本古代国家论》，东京岩波书店1973年版。

历了一个漫长的过程，在这个过程中其基本含义被逐渐缩小并确定下来。

中国古代文献最初使用的表现移民行为的词语中并没有"化"这个字，如《中庸》提到的"柔远人则四方归之"，使用的是"归"字，而且这里的"远人"也不单指异国人或异族人，也包括一国之内居住在不同地区的人。"归化"或者"投化"均是后来出现的，伴随"化"字的出现，古代对移民迁移行为的描述也多了一层含义，那就是归依于教化或者说是德化、王化。

这些含义相近的描述移民的用语，源头都在中国，只是在使用过程中伴随某种含义倾向性的变化，词汇本身发生了变化，所指对象也随之发生变化。特别是这类词汇传入日本和朝鲜半岛后，他们根据各自历史的发展进程，又对这类词汇的使用进行了一番演绎。与日本古代文献中明确使用"归化"、"投化"、"归朝"、"来附"等词汇的情况不同，朝鲜半岛古代的文献更多的是以"来投"、"来奔"、来服"等较为含蓄的词汇来表现。对此，全海宗先生的解释是："在韩国古代史上有关归化问题中反映出来的儒教德治主义倾向甚微，日本文献中之所以明确出现'归化'字眼，是因为日本沿袭在唐朝中央集权制律令国家的德治主义和中华主义意识，而'归化'一词的出现就是对这种意识严重的虚构和修饰；朝鲜半岛历史上对移民行为的描述就没有这么刻意，在很多时候，韩国以'投'、'来投'等词语代替德治主义用语，即使如此，它全然不用在中国和日本出现的'投化'用语，除'投'、'来投'之外，以'奔'、'降'以及'附'、'属'、'亡入'等用语来表现，这一点应该看作是接近历史现实的手法。"[①]

在对移民行为的描述中，"化"字的使用具有特殊意义。高丽文献中出现的"来投"、"来奔"与中国和日本文献中出现的"归化"、"投化"等词语背后的含义不一样，有没有资格使用"化"字是这

---

① [韩]全海宗:《试论东洋古代史上"归化"的意义》，载全善姬译《中韩关系史论集》，中国社会科学出版社1997年版，第104—105页。

一问题的关键。古代的中国在文化上远远领先于日本和朝鲜半岛，并且日本和朝鲜半岛都是儒家文化圈内的国家，所以古代中国对于从这些地方迁入的移民可以称之为"归化"、"投化"。但是反言之，对于从中国迁入这两个国家的移民，从传统意义上看，日本和朝鲜半岛其实不具备称"化"的资格。这也是高丽文献中为什么以"来投"、"来奔"、"来服"等较为含蓄的词汇来表述移民行为的原因。对此日本却不以为然，从日本文献中出现的"归化人"等词汇就可以明确看出这种倾向。公元645年日本大化改新后，日本古代的中央集权制政治制度通过一系列的律令建立起来，日本民族的自立意识和自豪感空前增强。日本也企图像唐一样建立一个以自己为中心的文化圈，所以对于从周边政权迁入的移民，称之为"归化人"。从本质上看，日本的这种做法实际上是对古代中国对外来移民处理方式的一种模仿。全海宗先生说在这一点上应该给予古代朝鲜更高的评价，正是基于这个原因。相对于古代日本不切实际的盲目模仿，古代朝鲜半岛对移民称谓的谨慎做法更接近历史现实。

二 宋人积极的高丽观

关于宋人的高丽观，从理论层面看主要体现在宋廷对高丽的外交策略上；但从现实角度而言，更多的是体现在以士大夫为主的宋统治阶层或者是普通宋人民大众对高丽的基本看法、态度和评价上。迁入高丽的宋人，其移民行为多属自愿，所以他们持有的积极的高丽观，是决定他们选择移居高丽的首要因素。

儒家思想早在新罗时代就是朝鲜半岛占主导地位的思想，高丽时代也是如此。宋廷对高丽态度基本是延续了唐以来对新罗的态度。唐玄宗曾高度赞誉新罗为仁义之乡、君子之国，"三韩善邻，时称仁义之乡，世著勋贤之业，文章礼乐，闻君子之风，纳款输忠，效勤王之节"[①]，"新罗号为君子之国，颇知书记，有类

[①] ［高丽］金富轼：《三国史记》卷8《新罗本纪》，韩国新华社1983年版，第177页。

中华"①。宋廷对高丽的文化水准也十分认可。宋太祖在册封高丽王的诏书中称赞高丽"习箕子之余风，抚朱蒙之旧俗"②；宋神宗评价高丽，"其俗尚文，其国主颇识礼仪，虽远在海外，尊事中朝，未尝少懈"③；在普通的宋人眼中"高丽国知文字，庶民子孙夜诵书，昼习射"④。在宋人眼中，高丽是深受中原文化影响的礼仪之邦，与兴起于北方的契丹人、女真人相比，高丽在文化上遥遥领先。宋人深受辽、金困扰，文人阶层相当程度上把这种憎恨转化为对契丹和女真人文化上的蔑视，斥之为野蛮民族。在这种反差下，宋人对高丽更为重视，把高丽与其他外夷区别对待。

除传统观念上对高丽的认可外，宋人对高丽也有进一步的了解。出使高丽的使节和大批赴高丽贸易的宋商，正是普通宋人尤其是东南沿海的宋人了解高丽的重要渠道。当时在官员中甚至出现了争相出使高丽的现象，尤其是宋前期很多当朝文人把代表宋廷出使高丽视为一项美差。如1083年钱勰出使高丽，回来后他把从高丽带来的特产物品分赠同僚好友。刘攽、孔武仲、张耒、苏轼、苏辙、黄庭坚等纷纷作诗表示庆贺与感谢，一度在朝野引发热烈的轰动效应，钱勰成为大家羡慕的对象。可见宋时无论是以士大夫为主的官僚阶层，还是一般的文人甚至是东南沿海的普通民众，都对高丽怀有一种强烈的认同感，这种认同感就是宋人高丽观的最基本体现。

与宋人持有积极的高丽观一样，高丽人对发达的宋文明也充满了极度渴望与羡慕。太祖王建在其《训要》第四条中指出："惟我东方，旧慕唐风，文物礼乐悉尊其制，殊方异土，人性各异，不必

---

① （后晋）刘昫：《旧唐书》卷199（上）《东夷》，中华书局1975年标点本，第5337页。
② 《宋史》卷487《高丽传》，"赐高丽王昭推诚顺化保义功臣制"，第14036页。
③ 《续资治通鉴长编》卷323，元丰五年二月，第7786页。
④ （宋）方凤：《夷俗考》，上海古籍出版社1988年标点本，第2565页。

苟同。"① 积极吸收中国文化是朝鲜半岛各王朝一贯采取的措施，特别是高丽时期，由于辽、金的阻挠，高丽对宋文化的吸收变得十分艰难和有限，所以相对于其他朝代而言，高丽对宋文化的渴求度更高。高丽王派遣了大量使节入宋，还有留学生和求法僧等，他们中有不少人直接在宋学习、与宋人广泛接触，并有机会大量购买宋书籍带回，有的甚至就留在宋供职，成为在宋的高丽移民。不仅如此，高丽王还希望吸收和任用宋朝人才，这样一方面可以解决高丽人才不足的问题，另一方面也可以通过他们引进宋先进的文化。所以高丽政府十分欢迎宋文人到高丽供职、定居，对于到来的宋人，只要有真才实学都会委以高职。有的文人来到高丽后本拟返回宋，但因高丽王热情挽留，最终定居高丽。对宋移民的态度完全可以反映高丽的对宋观，从高丽厚待与优待宋人移民的事实看，高丽对宋朝也有特殊的亲近之感。

三　宋人移民高丽的时代背景

宋人移民高丽的行为大多属于自发，所以他们移民高丽的原因也因个体的差异而多种多样。但当时的时代背景作为移民行为的一个诱因，仍是不能忽视的重要因素，移民行为与时代背景紧密相连。

（一）宋文人的处境

首先，宋廷内部出现人才积滞。北宋自开国起就形成了重文轻武的社会风气，统治者对文官的宽容吸引了大量士人参政议政。不少人怀着以天下为己任的宏伟抱负，为宋廷积极出谋划策，大大刺激了文人的出仕愿望。宋政府因此任命了大量文官，冗官现象十分严重，尤其到了仁宗后期，文臣在庙堂之上已占绝对地位。北宋仁宗朝大臣宋祁曰："纡朱满路，袭紫成林，州县之地不广于前，而官五倍于旧"②，就是对冗官现象的直观描述。官员队伍极度膨胀，

---

① 《高丽史》卷2《太祖世家》，第26页。
② （宋）赵汝愚：《宋名臣奏议》卷101，景印文渊阁四库全书，台北商务印书馆1983年影印本，第432册，第228页。

官吏守选、待阙时间大大延长，众多中小官员因待阙时间长而生活得窘迫不堪。此种情况下，对某些官员而言与其被淹没在冗官群中碌碌无为，还不如远赴高丽寻找更好的发展机会。与官员移民相似，文士移居高丽也主要是为了寻求仕途上的发展，因为入仕是中国古代文人普遍都有的情结。对普通文人而言，科举是步入仕途的唯一渠道，宋代每届科举登第的文人较前代虽然增加了很多，然落第者更多，而且宋代冗官现象严重，登第者也未必能在仕途有所成就。因此对这些文士来说，与其庸碌一生，不如另辟蹊径，而移民高丽就是他们的选择之一。

其次，宋周边局势令人担忧。伴随契丹和女真的相继崛起，宋逐渐失去主导东亚的能力，这种现实深深刺激了持有传统华夷观的宋文人阶层。他们眼中的契丹与女真都是文化落后的蛮夷，内心十分抵触，但是又承担不起富国强兵的重任，因此北方很多的文人和有志之士纷纷南渡，或者进入高丽。对南方文士而言，当时朝廷内部的重要官职很多都由北方出身的官员独占，即便入仕，他们也很难在官场站稳脚跟。春秋时代的孔子尚且发出欲居东夷的感慨，所以对这些文士来讲，移民高丽不仅不会违背儒家的伦理规范，而且是实现人生价值的明智选择。高丽文化水准低于宋，竞争力小，在宋接受过教育的文人很容易在高丽出人头地。《蔡仁范墓志铭》记载"兴礼让之风，尚神仙之道，孔圣欲居而何陋，徐生不返以案矣"[1]，就是对当时宋文人移民高丽的真实写照。

（二）高丽政府的优待和诱仕

一般而言，对于主动来投的契丹人、渤海人和女真人等，高丽只是敞开大门接纳，并不主动招徕。但对于宋人移民，高丽却是千方百计地招徕，"密试其能，诱以禄仕或强留之终身"[2]。为网罗人才，高丽朝廷对宋移民开出了一系列优惠条件，有时甚至不惜采取

---

[1] 《高丽墓志铭集成》，《蔡仁范墓志铭》，第13—15页。
[2] （元）马端临：《文献通考》卷325，四裔考二高句丽，浙江古籍出版社2000年点校本，第2560页。

强留的手段。

高丽对宋文人的渴求,除了是因为崇尚和仰慕先进的宋文化外,还有其内部原因。高丽建国后,打破了新罗时期的骨品制,在新的支配势力和身份秩序确立的过程中,以儒家政治理念为指导的官僚体制逐渐建立起来。为加强中央集权,高丽建国初期需要重新构建一个为国王服务的官僚系统,急需招贤纳士。与高丽本土官员相比,这一时期高丽王更愿意重用移民,其中一个最重要的原因就是移民没有本土官僚那些盘根错节的复杂关系。对高丽王而言,这些由宋迁入的移民不但学识高而且更值得信赖。比如光宗(949—975)在改革期间,主要任用的就是那些科举及第但没有显赫的家族背景,或者是在高丽没有权势基础的移民官员。成宗(981—997)在位时,也十分重视那些通晓中国典籍的贵族官员及移民官员们的意见,试图在自己的政治决策中反映他们的观点。

文宗(1046—1083)在位期间,高丽进入了太祖王建建国以来的鼎盛期,政治、经济和文化得到全面发展,海东呈现一片繁华景象。加上文宗本人十分推崇宋文化,对宋朝有一种特殊的向往情结,甚至是祈愿来世能生在中国。因此他在位期间积极招贤纳士,鼓励宋文人及各种技艺人来高丽入仕。据《高丽史》和《高丽史节要》统计,文宗时代供职于高丽的有名可考的宋朝移民有15人之多,是宋人入仕高丽的一个高峰期。

四 其他可行因素

首先,没有文字交流障碍是宋人移民高丽的重要可行因素。古代的朝鲜半岛一直使用汉字,通用汉文,宋移民到达高丽后不仅没有文字障碍,还可以凭借先天的文字优势得以供职于高丽的文职部门,深受国王的青睐和重用。尤其在科举制设立后,汉字的地位更加重要,高丽十分重视对汉语人才的培养。不仅在中央设置官方的汉语教学机构,在民间也有一些汉语教学机构供普通百姓学习汉字。进入高丽的宋移民中,有不少人都在担当高丽的汉语教师、译语人或者是在文职部门充当书状官等。如当时官至参知政事的宋移民慎修，其子慎安之就因通晓汉语而被重用，"凡移南北朝文牒多出其手"①。

其次，频繁往来于宋丽之间的宋商为宋人移民高丽提供了交通便利。宋商对移民的贡献，归纳起来表现为三点：一是向宋人传达高丽招贤纳士的消息。高丽政府为了吸纳更多的人才，会委托宋商代为招募，宋商因此可以获得高丽政府的奖赏。二是无形中成为普通宋人了解高丽的窗口。通过商人之口宋人不仅可以打探到关于高丽的真实信息，甚至可以捎带口信至高丽以探虚实，对想移民高丽的宋人而言无疑这些都是十分珍贵的信息。三是充当移民进入高丽的"渡海人"，史料表明很多宋朝移民都是搭乘商人的船只前往高丽的。

第二节　对宋移民的群体考察

据《宋史》记载，当时在高丽的宋人已经形成了一定的规模，仅在高丽京城开京就有数百人之多，"王城有华人数百，多闽人，因贾船而至者。密试其所能，诱以禄仕，或强留之终身，朝廷使至有陈牒来诉者，则取以归"②。对于有才能的宋人，高丽政府会想办法挽留，但若宋廷出面，高丽政府便会遣归。

一　宋移民事例统计

有关宋人移民高丽的情况，中国史书记载较少。这部分史料主要集中在韩国史书《高丽史》和《高丽史节要》中，此外韩国现存的一些文集、族谱、地方志和墓志铭中等也零散地保存了一些信息，整理如下表。

---

① 《高丽史》卷97《慎安之传》，第129页。
② 《宋史》卷487《高丽传》，第14053页。

第五章 定居高丽的宋朝移民

表16　　　　　　　　　　定居高丽宋人移民统计表

序号	姓名	移民时间	籍贯	在宋身份/官职	在高丽官职	备注
1	双冀①	光宗七年（956）		武胜军节度巡官、大理评事	元甫翰林学士	后周人，从薛文遇来，以病留，光宗爱其才，表请为僚属，遂擢用
2	双哲	光宗十年（959）		侍御、清州守	佐丞	双冀之子，闻双冀有宠，随回使王兢赴高丽
3	韦寿余	光宗十一年（960）			门下侍中、上柱国江华县国子食邑五百户、赠内史令	
4	池宗海	光宗十一年（960）		大学士	金紫光禄大夫、太保平章事	出使高丽，居留不归，忠州池氏始祖
5	蔡仁范	光宗时（949—975）	泉州		礼宾省郎中	随持礼使至
6	吴仁裕	成宗三年（984）		进士	检校军监器	以其知华制，超迁，海州吴氏始祖
7	杜庆宁	穆宗七年（1004）		兵部尚书	杜陵君	遇风浪漂至高丽宫池县，杜陵杜氏始祖
8	周仁	穆宗八年（1005）	温州	文士	礼宾主簿	随商舶赴高丽

---

① 双冀、双哲虽为后周人，但他们对高丽时代科举制度和文化事业做出了巨大贡献，故列入表内。关于双冀，可参考黄约瑟：《仕高丽朝的后周官人双冀》，载刘健明编《黄约瑟隋唐史论文集》，中华书局1997年版，第139—164页。

续表

序号	姓名	移民时间	籍贯	在宋身份/官职	在高丽官职	备注
9	王福、钱华、杨太、叶清、王弩、李太、林惜	显宗三年（1012）				宋人来投
10	叶居腆、林德、王皓	显宗三年（1012）				宋人来投
11	戴翼	显宗四年（1013）	闽	文士	儒林郎守宫令	
12	欧阳征	显宗六年（1015）	泉州		右拾遗	来投
13	忘难等60人	显宗十年（1019）	两浙			
14	陈亿	显宗十四年（1023）	泉州			来投
15	刘志诚①	显宗时（1009—1031）	扬州	文士	中散大夫、尚书右仆射、判阁门事轻车都尉	谥质良
16	赵之遴	显宗时（1009—1031）			左仆射恭和公	宋太祖长子魏王德昭第三子，魏王被祸之日变名渡海，居于银川县（今白川）；为白川赵氏始祖

---

① 据《刘志诚墓志铭》可知他的生存年代为972—1039年，故推测他赴高丽的时间是在显宗时期。

第五章 定居高丽的宋朝移民

续表

序号	姓名	移民时间	籍贯	在宋身份/官职	在高丽官职	备注
17	赵天赫	不详		进士	嘉林伯	宋太祖第二子岐王德芳之后；林川赵氏始祖
18	刘守全等14人	德宗二年（1033）	不详			来奔
19	申流等12人	德宗二年（1033）	不详			来奔
20	曹一	文宗四年（1050）	契丹汉儿			来投
21	张廷	文宗六年（1052）	不详	进士	秘书校书郎	
22	高士文	文宗六年（1052）	咸州（辽宁开原）	没蕃人		自东女真来投
23	黄忻父子3人等	文宗九年（1055）	不详	商人都纲		
24	张琬	文宗十一年（1057）	不详		太史监候	擅历术、占卜
25	黄文景、萧宗明	文宗十三年（1059）	泉州	商人	权知阁门祗候	将还，制许留之
25	江朝东	文宗十三年（1059）	泉州	医人		随商船至高丽，将还，制许留之
26	卢寅	文宗十四年（1060）	不详	进士	秘书省校书郎	有文才
27	陈渭	文宗十五年（1061）	不详	进士	秘书省校书郎	有文艺
27	萧鼎、萧迁	文宗十五年（1061）	不详		阁门承旨	晓音律
27	叶盛	文宗十五年（1061）	不详		殿前承旨	晓音律

229

续表

序号	姓名	移民时间	籍贯	在宋身份/官职	在高丽官职	备注
28	慎修	文宗十五年（1061）	开封	进士	守司徒、左仆射、参知政事	随海舶东来；有学识、精医术；居昌慎氏始祖
29	慎佾、陈潜古、储元宾	文宗二十二年（1068）	不详	进士		太子试诗赋
30	周沆	文宗二十五年（1071）	不详	文士	礼宾主簿	因贪污被遣出
31	刘荃、林八及、薛仁俭、许董、宋圭、崔洰、权之奇、孔德狩①	文宗三十六年（1082）		学士	翰林学士、御史大夫、吏部侍郎、太中大夫中郎将	反对青苗法，遭到贬谪而东迁
32	田盛、陈养	宣宗八年（1091）	不详			敦请留止，且加职秩
33	刘载	宣宗八年（1091）	泉州	文士	千牛卫录事	随商船来，以诗赋授官
34	惠珍、省聪	肃宗元年（1096）	不详	僧人		引见宋僧惠珍，赐食于翰林院；各为明悟三重太师
35	邵珪、陆廷俊、刘伋	肃宗六年（1101）	不详	文士	授八品官	召试于文德殿；赐廷俊名廷杰

① 关于刘荃等"八学士"移民的问题，详见刘永连、李薇：《〈竹谏先生逸集〉与宋"八学士"东迁》，《暨南史学》第八辑，2013年。

第五章 定居高丽的宋朝移民

续表

序号	姓名	移民时间	籍贯	在宋身份/官职	在高丽官职	备注
36	章忱	肃宗七年（1102）	不详	进士		赐别头及第
37	陈养 陈高、俞坦	睿宗元年（1106）		郎将 译语人		投化人
38	女乐2人	睿宗五年（1110）	明州（宁波）	乐人		御乾德殿召见宋明州所归女乐二人
39	将堉	睿宗六年（1111）		大将军		
40	胡宗旦	睿宗六年（1111）	福州	上舍生	左右卫录事、权知翰林院宝文阁待制、起居舍人	游两浙，从商船赴高丽
41	慎安之	睿宗六年（1111）	开封		兵部尚书、三司使判阁门事	慎佾之子；善医药，晓汉语，凡移南北朝文牒多出其手
42	林完	睿宗七年（1112）	漳州	进士	国子司业知制诰	别赐乙科
43	52人	睿宗十一年（1116）				汉五十二人来
44	6人	睿宗十二年（1117）				汉六人自辽来投

续表

序号	姓名	移民时间	籍贯	在宋身份/官职	在高丽官职	备注
45	3人	睿宗十二年（1117）				汉三人自辽来投
46	6人	睿宗十二年（1117）四月十日				汉六人自辽来投
47	3人	睿宗十二年（1117）				汉三人来投
48	郭镜	仁宗元年（1123）	关西弘农（河南灵宝）		文科金紫大夫、门下侍中平章事、苞山君、正懿公	玄风郭氏始祖；玄孙基正之九世孙佑贤分籍善山，为善山郭氏始祖
49	杜道济、祝延祚	仁宗二年（1124）	明州（宁波）			随商船至
50	牟庆	仁宗四年（1126）	关西弘农（河南灵宝）	吏部尚书、大司马、大将军	牟平君	参与平定李资谦之乱，被授予一等功；金兵侵入宋京，归路断绝，遂留高丽；咸平牟氏始祖
51	郑臣保	北宋亡后	浙江	员外郎		浮海东来高丽，定居瑞山看月岛，终身不仕；瑞山郑氏始祖
52	边吕		陇西（甘肃）			汴宋之亡，浮海东来，居取城（今黄州）；黄州边氏始祖

第五章 定居高丽的宋朝移民

续表

序号	姓名	移民时间	籍贯	在宋身份/官职	在高丽官职	备注
53	80人	仁宗十年（1132）	定海（浙江）			定海县言，民亡入高丽者约八十人，愿奉表还国
54	夔中立	仁宗十年（1132）		乐人	乐官	
55	鞠梁	仁宗十一年（1133）		吏部尚书		潭阳鞠氏始祖
56	夏钦	仁宗十一年（1133）		都督		大丘夏氏始祖；来居东国，始籍大丘
57	赵彦	仁宗十三年（1135）				侨人，献计制炮机
58	张喆	毅宗二年（1148）				和李深、智之用逆谋①
59	秋磕	南宋绍兴年间（1131—1162）				南宋名臣，绍兴年间赴高丽；子秋篁、孙秋适及后代秋震、秋雷、秋濡、秋橘均在高丽出任官职
60	王逢辰	明宗十四年（1184）		进士	别赐乙科	
61	韩锐	熙宗二年（1206）		兵部尚书	金光禄大夫、门下侍中、平章事，封谷山府院君	

① 《高丽史节要》卷11毅宗二年十月条记载，"李深、智之用与宋人张喆同谋，深变名称东方昕，通书宋太师秦桧，以为若以伐金为名假道高丽，我为内应，则高丽可图也，之用以其书及柳公植家藏高丽地图，附宋商彭寅以献桧，至是，宋都纲林大有得书及图来告，囚喆、深、之用于狱鞠之，皆伏，深及之用死狱中，喆伏诛，其妻皆配远岛。"

233

续表

序号	姓名	移民时间	籍贯	在宋身份/官职	在高丽官职	备注
62	朱潜① 等 10 人	南宋嘉定十七年（1224）		浙江乌程县令（今吴兴县）	曾授其门下侍郎，但坚辞不就	目睹南宋危势而权臣主和误国，愤然携两男一女及门人七学士浮海而东；新安朱氏始祖
63	宾于光（一作字光）	南宋末年		翰林士	寿城君（达城古称，达城即大丘）	孔子门生宾牟贾后裔；南宋亡，携带密阁藏书东去，高丽王待之甚厚；为达城宾民始祖
64	郑仁卿	南宋末年			赞襄烈公	父郑臣保为宋员外郎，宋亡后携家浮海东去
65	刘坚规	不详				父刘荃为宋兵部尚书，后入丽
66	鱼化仁	南宋	冯翊（陕西大荔）			南宋时避乱东来高丽，初居江陵后迁咸从县，又迁于晋州；咸从鱼氏始祖
67	陈宠厚	不详		虎贲卫大将军、神虎卫大将军		其先辈陈琇高丽时归化，隐居；为骊阳陈氏始祖
68	田盛	不详				善书札

① 朱潜为朱熹曾孙，他的两个儿子为朱余、朱徐。朱余后改名朱余庆，生三子，为朱悦、朱忻、朱悗。朱悦又生三子，为朱印长、朱印远、朱印还。朱氏后裔世代繁衍，形成一个庞大的家族，朱潜也成为新安朱氏的始祖。另朱潜门人七学士为：叶公济、赵昶、陈祖舜、周世显、刘应奎、杜行香、陶成河。有关朱潜赴高丽时间的考证，详见杨青：《清溪先生东渡高丽初考》，载杭州大学韩国研究所编《韩国研究》第3辑，杭州出版社1993年版，第103页。

续表

序号	姓名	移民时间	籍贯	在宋身份/官职	在高丽官职	备注
69	余善才	不详		谏官	授食邑（宜宁）	避祸东来，食邑宜宁，因以为籍
70	萧上达	不详		进士		好相人

资料来源：本表格制作时主要依据《高丽史》，朝鲜科学院古典研究出版委员会1957年整理本；《高丽史节要》，首尔亚细亚文化社1973年版；金龙善：《高丽墓志铭集成》，韩国翰林大学出版部1993年版；《增补文献备考》卷62，韩国明文堂1959年版；崔德教、李胜羽编：《韩国姓氏大观》，韩国创造社1971年版。并参考［韩］朴玉杰：《高丽时代的归化人研究》，博士学位论文，成均馆大学，1987年，第16—17页；牟元珪：《高丽时期的中国"投化人"》，《韩国研究论丛》第3辑，1997年，第288—299页；杨昭全：《中国—朝鲜·韩国文化交流史》，昆仑出版社2004年版，第826—873页；李廷青：《中国人入仕高丽朝考论》，《韩国研究论丛》第23辑，2011年，第291—307页；李梅花：《10—13世纪宋丽日文化交流研究》，华龄出版社2005年版，第80—82页。

表中共列举了70次移民事例，涉及人数330余名。除见于记载的这些移民事例，史书漏载的还有很多。比如从高丽光宗（949—975）到穆宗（997—1009）的四代王期间，才有8次移民事例，这可能与《高丽史》对高丽前期移民记载的疏略有关。进入高丽的宋移民不像使节团或是商人船队那样，大规模集体移民的情况基本不存在，所以对移民人数的估算比较困难，但从表格统计的情况看，数百人的规模应该是有的。

二 宋移民相关事项分析

在以上70例移民事例中，移民人数为单个人的有47次，所占比例为67%；人数为10人及以下的有18次，所占比例为26%；人数为10人以上的仅有5次，所占比例为7%。可见这一时期宋人移民高丽的方式，大多是以个体或者是个体家庭为单位进行。这与同时期渤海遗民、契丹人或者是女真人，以群体为单位进行的迁移方式不一样。

(一) 移民个体原因分析

因为个体迁移占多数,所以迁移的原因也因个体情况的不同而呈现复杂化和多样化的特点。以有明确记载的事例为对象进行分析,可将宋人移民高丽的个体原因分成以下几种情况。

第一,因意外原因留在高丽。如956年双冀是因病留在高丽,病愈后被引荐给高丽王,因得到重用而留下;1004年兵部尚书杜庆宁在上任途中因风浪漂至高丽的宫池县,高丽政府向宋请留杜庆宁,宋同意后杜庆宁留下;1126年牟庆参与高丽平定李资谦叛乱的战争,被授予一等功,但返回时因归路被金人切断而留在高丽。

第二,因政治避难而移民高丽。如显宗时迁入高丽的宋太祖长子魏王的第三子,就是在魏王被害后逃至高丽,还有宋太祖第二子岐王的后人赵天赫可能也是为了躲避政治迫害而奔赴高丽。文宗三十六年移民高丽的刘荃等八学士是因反对青苗法,遭到贬谪而东迁的。郑臣保、边昌是在北宋灭亡之际迁入高丽。朱潜是朱熹曾孙,他目睹南宋危势而权臣主和误国,于1224年愤然携家眷、门人东移高丽。宾于光是在南宋灭亡后,携带密阁藏书东移高丽。郑仁卿也是在南宋灭亡后,携家人浮海东去高丽。鱼化仁是南宋时因避祸东来高丽。谏官余善才也是因避祸东来高丽。

第三,搭乘商舶等主动移民高丽。如光宗时泉州人蔡仁范随持礼使至高丽;1005年温州文士周伫随商舶赴高丽;1061年慎修随海舶东来;1091年泉州文士刘载随商船来;1111年福州人胡宗旦从商船赴高丽。1124年杜道济、祝延祚二人随商船至高丽,不过他们留居高丽是经过了宋政府的允许,《高丽史节要》仁宗二年条载:"到本国不还,明州再移文取索,国家上表请留,至是诚等来传明州,奉圣旨牒云杜道济等,许令任便居住。"[①]

第四,因高丽政府强留或诱仕而留下。如960年大学士池宗海本是作为使节出使高丽,但居留不归,很可能是受到了高丽政府的

[①] [朝鲜] 金宗瑞等:《高丽史节要》,仁宗二年,首尔亚细亚文化社1973年版,第226页。

强留或诱仕。1059年泉州商人萧宗明和黄文景以及医人江朝东本打算还宋，但因高丽政府"制许留之"而留下。1091年"善书札"的田盛和"有武艺"的陈养，也因宣宗下旨"敦请留止，且加职秩，以劝来者"，留在高丽。

第五，追随前人、先辈迁入高丽。如959年迁入高丽的双哲，是956年因病留在高丽的双冀之子。1111年赴高丽的开封人慎安之，是1068年赴高丽的宋进士慎修的后人。

第六，由辽、女真逃至高丽。宋北方领土被辽和女真强占，不少不堪忍受辽统治的宋人趁机来到高丽。如1052年咸州人（今辽宁开原）高士文，"自东女真来投"；睿宗十二年（1117）一月、二月、四月、六月，连续有宋人从辽境逃至高丽。

两宋与高丽没有爆发过任何形式的战争，也没有陷入真正的敌对状态，因此在两国间不存在强制性迁移，这与迁入高丽的契丹人、女真人等有明显不同。辽于993年、1010年、1014年先后与高丽爆发了三场旷日持久的战争，金也在建国初期与高丽发生过军事冲突，一些官兵被作为战俘迁入高丽，同时战乱也迫使很多辽、金的平民迁入高丽。而宋人移民中除高丽朝廷"强留"以及意外留在高丽的少数人外，其他多属自愿移民。这些人移民高丽的目的是寻求个人发展，而不仅仅是为了基本的生存。正因如此，宋人移民中较少有集团式迁移，或者是以户、村、家族等为单位的大规模迁移。当然这些移民可以由宋顺利地进入高丽与宋政府的态度也有关。因为大多数是个人的迁移行为，涉及人数不多，所以在宋丽关系正常时期，宋人移民高丽并未引起宋政府的专门干预。但是在宋丽关系紧张期，移民就不那么容易了，这也是南宋以后赴高丽移民逐渐减少并直至消失的原因。还有对于一些原本有身份和社会地位的宋人，以及迁移人数较多的情况，如果宋政府提出遣归，高丽政府也会积极配合。

（二）移民时间分布

整体上看，宋人移民高丽的时间分布受国际局势和高丽国内政治环境两方面的影响。宋人移民高丽的浪潮出现在北宋，南宋以后移民现象逐渐减少直至几乎消失。自约相当于北宋建国时期的光宗

(949—975)起,至约相当于南宋灭亡时期的元宗(1260—1274)止,按照高丽王的在位时间,可以把宋人移居高丽的时间分为五个时期。

表17　　　　　　　　宋人移民高丽时期分布表

序号	时期	次数	人数	年数	人数所占比重
1	光宗—穆宗(949—1009)	8	8	60	2.4%
2	显宗—文宗(1009—1083)	22	122	75	37%
3	顺宗—仁宗(1083—1146)	26	178	64	53.9%
4	毅宗—神宗(1146—1204)	3	3	59	0.9%
5	熙宗—元宗(1204—1274)	5	14	71	4.3%
6	赴高丽时间不详者	5	5	不详	1.5%
总计		69	330	329	100%

资料来源:表格数据依据表16"定居高丽宋人移民统计表"统计得出。

表17显示第2、3时期是宋人移民高丽的高峰期,这两个时期移民人数占总人数的90.9%。也就是说在宋丽并存的三百余年间,宋人移民高丽集中在从高丽显宗到仁宗(1009—1146)的一百余年间,其余时间宋人移民高丽的人数很少。尽管以上数字是对有记载的部分移民事例分析所得结论,但事实上这种移民时间的分布与当时的国际局势也是吻合的。

首先是光宗到穆宗时期(949—1009)。这一时期相当于宋初五十年,是宋人移民高丽的初始阶段,人数不多。原因有几点:第一,这一时期宋商还未大规模赴高丽贸易,《高丽史》中明确记载的宋商首次赴高丽时间是1012年,也就说这一时期普通宋人对高丽的了解还很少。尽管这时也有高丽商人来宋贸易,但他们传递的信息比后来宋商带回的信息要少很多。还有最关键的一点,当时宋人没有便利的商船可以搭附。第二,宋知识分子阶层对国家的政治状况还处于较满意的阶段。这一时期北宋刚刚立国,相对于后来而言无论是国内情况还是周边局势都比较良好，冗官现象也没有那么严重。所以这一时期的文人还没有远赴海东以寻求个人发展的心态。第三，高丽国内状况不佳。高丽新的政治结构于983年成宗在位时开始形成，直到1076年文宗在位时才真正完成。高丽初期王权衰弱，不仅在政治、军事上不能总揽大局，在社会、文化和经济等方面同样如此，高丽王尚未展开积极招募宋人的举措。

其次是从显宗到仁宗的这一百余年间（1009—1146）。在这一时期，宋人移民高丽的现象变得十分常见，而且这一时期也是宋商赴高丽贸易的活跃期。原因有几点：第一，这一时期宋启动联丽制辽战略，对高丽采取了招徕与厚待的策略，不仅鼓励商人赴高丽贸易，而且对与高丽的交流及人员往来方面也持积极态度，为宋人移民高丽提供了有利的外部环境。第二，宋在内政、外交方面开始陷入困境，文人阶层对宋国家状况十分忧虑，不满情绪滋生，而且入仕之路更为崎岖。尤其是北宋灭亡后，许多文士为了避难选择移民高丽。第三，高丽经过第一阶段的休养生息后开始出现繁荣局面。特别是文宗在位期间（1046—1083）高丽在各方面得到了长足发展，且与宋朝保持着频繁的贸易往来。以文宗为代表的高丽国王为加快和推动高丽的发展，开始向宋人打出招贤纳士的大旗并开出一系列诱仕条件，目的就是吸引宋人移民高丽。第四，宋商的带动。这一时期是宋商赴高丽贸易的活跃期，宋商船只在宋丽海道上频繁穿梭往来，为宋移民进入高丽提供了交通上的便利，史料表明大批移民正是搭乘宋商的船只才得以东渡高丽。

最后是毅宗到元宗（1146—1274）时期。这一时期宋人移民高丽的现象急剧减少，直至几乎消失。原因在于这一时期的国际局势发生巨大变化，宋人移民高丽的基本条件不再具备。第一，高丽国内贵族统治集团连续发生冲突。仁宗时发生的李资谦之乱被平定后，接着毅宗时期又出现妙清之乱。高丽在政治上进入多事之秋，外部有女真不断施压，内部又爆发武臣的叛乱（1170），政权从文臣手中转至武臣手中。社会发生剧烈变动，武臣之间的权力斗争和起义接连不断，在这种局势下宋人肯定不会盲目移居高丽。第二，宋丽关系走向低潮。宋金和战不定,而金与高丽关系又日益密切,这使宋朝对高丽充满了怀疑与防范。为防止高丽人充当金的奸细潜入宋,宋对高丽基本采取了关闭政策,宋人前往高丽受限,与此同时宋商的活动也陷入低潮。

从宋人移民高丽的时间分布看,虽然宋人移民高丽大多数是与政府无关的个人行为,但不能否认的是国际局势仍是影响移民行为的关键因素。毕竟国家间的移民行为与国内民众的流动不同,国际局势和外交关系一旦紧张,这种跨国的移民活动就很难完成。契丹的盛衰、高丽社会的发展、女真的勃兴以及高丽与宋、辽、金的关系等都是影响宋人移民高丽的客观存在。

(三) 宋移民的身份和籍贯

中国古代对外来人士一直采取比较开放的政策,尤其是唐以来,外来学子可以在华求学、入仕,外来人才也有机会获得提拔和重用。高丽在各方面一直仿效中国,对外来贤能之士采取了积极接纳和提拔的策略,正所谓"他山之石谅符于我用,合浦之珠休拟于言旋"[①]。在移民高丽的宋人中不乏各类身份的贤能之士,下面以有身份记载的50名移民为对象进行统计。

表18　　　　　　　　　宋移民身份统计表

身份	官员	文士/进士	商人	僧人	乐人	医人	译语人	其他
人数	15	22	3	2	3	1	2	2
所占比例	30%	44%	6%	4%	6%	2%	4%	4%

资料来源:表格数据依据表16"定居高丽宋人移民统计表"统计得出。

迁入高丽的50名宋移民中,拥有官职和文士、进士身份的人占74%,商人移民占6%,其余20%是拥有一技之长、包括僧人在内的各种技艺人,他们也是高丽政府需要的专门人才。这种以官员

[①] 《高丽史》卷7《文宗世家》,第103页。

第五章 定居高丽的宋朝移民

和文士为主的身份结构，很明显与高丽政府对宋文人的招贤纳士有关。高丽政府之所以积极招募这些人，根本原因是他们具备推动高丽社会各方面发展的能力。高丽政府专门出台了一系列"优待政策"，这对宋朝那些不得志的文士和仕途艰难的官僚来说无疑具有很大的诱惑力。

宋移民中的不少人在一进入高丽时就明确表达了自己的某些具体意愿，如"乞为郡县"、"愿为州县"、"请附籍赐朱记"、"请效边功"等，这与同时期迁入高丽的其他移民有很大不同。当时进入高丽的渤海、契丹或者是女真移民，他们中的绝大多数都是一般的贫民、难民。渤海遗民进入高丽与渤海的灭亡、渤海光复军与辽战争失败以及辽实行强制的移居政策和暴政等直接相关。女真的情况也类似，成宗四年（985）韩国华到高丽说服高丽王出兵，当时就有女真两千余人投奔到高丽。"乃以女真避兵来奔两千余众，资给而归之……，亦有授以官秩，尚在当国，其职位高者……"①，对来投的女真人，高丽予以安置并授予其中原本就有官职的10余人职位。辽在十世纪末期后开始暴露各种问题，国土的防守、水旱灾害以及沉重的军役等也导致一部分契丹人逃至高丽。对于这些移民高丽不像对宋人那样是主动招徕，而只是予以接收，不过对于其中有技能者也积极任用。如《宣和奉使高丽图经》载，"亦闻契丹降虏数万人，其工技十有一，择其精巧者，留于王府，比年器服益工，第浮伪颇多，不复前日纯质耳"②。在契丹工匠的帮助下，高丽的手工业技术日益进步，特别是丝织业最能代表契丹移民的这种技术贡献。

伴随移民高丽宋人的增多，高丽政府对宋移民开始提出要求，前提是这些人必须能够为高丽所用。高丽文宗二十七年（1073）太仆卿金良鉴出使宋朝时表求"医药、画塑之工，以教国人，诏罗拯募愿行者"③，可见当时高丽对于拥有一技之长的"技工"十分需求，

---

① 《宋史》卷487《高丽传》，第14039页。
② 《宣和奉使高丽图经》卷19，民庶工技条，第40页。
③ 《宋史》卷487《高丽传》，第14046页。

并通过宋商广泛招募。文宗三十五年（1081）西女真漫豆等十七人挈家来投，礼宾省上奏曰："旧制，本国边民曾被蕃贼所掠，怀王自来者，与宋人有才艺者外，若黑水女真，并不许入……"①，这里提到宋人时明确要求必须"有才艺"才行。

移民中除了官员、文士和各类技艺人外，商人也占了一定比重。在宋丽海道上奔波的宋商扮演着十分重要的角色，他们既从事商业活动，又在特殊时期担当两国的文化交流和政治联络。其中有很多大商人凭借雄厚的财力，直接与高丽王室进行贸易，他们因此受到了高丽政府的特别重视。很多移民高丽的宋商看中的就是能够凭借与王室的特殊关系，在高丽拥有较高的社会地位。如商人萧宗明移民高丽后获得阁门祗候一职，商人黄忻也选择携家人一起移民高丽。两宋海外贸易十分发达，宋商基本上垄断了东亚区域内的海上贸易，高丽王室经常要通过宋商获取海外商品和传递消息，故商人移民在高丽也备受器重。

总之，进入高丽的宋朝移民其人员结构是以文人、官员和各类技艺人为主，在身份上具有精英性的特征。与因避难、战争、逃荒等客观因素进入高丽的移民不同，他们在高丽的生存资本是其本身具备的能力和技能。

除身份特征外，移民的籍贯是另一个值得关注的问题，统计如下。

表19　　　　　　　　　宋移民籍贯地统计表

地区	长江以南									长江以北					
籍贯	泉州	闽	福州	漳州	温州	两浙	明州	定海	扬州	契丹汉儿	咸州	开封	关西弘农灵宝	陇西	冯翊
人数	7	1	1	1	1	61	3	80	1	1	1	2	2	1	1

资料来源：表格数据依据表16"定居高丽宋人移民统计表"统计得出。

---

① 《高丽史》卷9《文宗世家》，第138页。

第五章　定居高丽的宋朝移民

移民高丽的宋人中有籍贯记载的移民并不多，从其籍贯地的分布看，有如下三个显著特征。

第一，从地区上看移民籍贯分布比较广泛。涉及西北、东北和东南三大地域，西北如陇西（今甘肃）、东北如咸州（今辽宁），东南地区比较集中的省份是浙江和福建。

第二，东南地区出身的宋人占压倒性优势。仅浙江和福建两省就涉及了8个地区，有145人之多。特别是浙江的定海，一次就有80人迁移高丽，这在宋人移民高丽的事例中比较少见。而且这次迁移也引起了宋政府的关注，"定海县言，民亡入高丽者约八十人，愿奉表还国"①。两次人数较多的迁移都是浙江籍，一次60人，一次80人，其次是福建籍。

第三，移民籍贯分布与宋商籍贯分布基本一致，这与沿海地区天然的港口优势有关。这些港口不仅是宋与高丽进行海外贸易的窗口，也是宋人获取高丽相关信息的重要渠道。相对于其他地区而言，东南沿海的宋人与高丽的接触更为频繁、便捷，这也是移民多出于此的地缘因素。

因陆路受阻，所以宋人移民高丽基本是走海路，移民中有不少北方籍宋人也是先从北方迁至南方，然后再东渡高丽。当然也有极少数宋人是从陆路进入高丽，比如在契丹或是女真控制下的汉人，他们不堪忍受辽、金的高压统治而奔赴高丽的情况也时有发生。文宗四年（1050）来投高丽的"契丹汉儿"和文宗六年（1052）自东女真来投的"没蕃咸州人"可能就是这种移民事例。总之，进入高丽的宋朝移民在籍贯上的基本特征是以东南沿海地区为主，特别是浙江和福建籍，而且他们都是利用海路进入高丽；北方籍宋人人数较少，他们抵达高丽的方式一部分是利用海路，一部分是利用陆路。

---

① 《宋史》卷487《高丽传》，第14051页。

第三节　高丽对移民的政策及宋移民贡献

高丽的移民政策包括两个方面：一是高丽在接收宋移民时采取了什么样的政策；二是宋移民进入高丽后，高丽政府如何对待。简言之，就是高丽政府对移民的接收与管理两个问题。

一　高丽对移民的接收

同时期进入高丽的移民不仅有宋人，而且还有大量的渤海遗民、契丹人及女真人等，他们以群体为单位迁移人数众多，远远超过宋移民。据统计，"高丽前期（918—1170）女真人投归高丽的事例有52次，人数多达44226人；契丹人投归的事例有54次，人数多达1432人；渤海遗民投归事例有38次，人数竟达到122686人"①。这些动辄上千、上万甚至是十几万的移民数量显然是宋移民无法相提并论的。面对这个庞大的移民群体，高丽政府在移民的接收、入仕、婚姻、救恤及遣还等方面做出了详细规定，而且体现了"因人而异"的特点。具体来说，高丽政府在对宋移民的接收与对契丹、女真等移民的接收政策上是有差异的。对宋移民高丽政府是"主动接收"，对契丹、女真和渤海遗民等高丽政府是"被动接收"，这是高丽移民接收政策的两种基本做法。这两类移民虽然都被高丽政府接纳，但过程和性质却不一样，而且他们对高丽产生的影响和做出的贡献也不一样。从高丽内部来看，当时政府之所以如此积极地敞开国门接纳所有移民，有其目的所在。

（一）增强国力

从高丽太祖到穆宗（918—1009）这段时期，高丽政府接纳了大量渤海遗民，这样做的直接目的就是扩大版图、增强国力。高丽着手修复了以前高句丽的都城平壤，企图恢复高句丽昔日疆域。太

---

① ［韩］朴玉杰：《高丽时代的归化人研究》，博士学位论文，韩国成均馆大学，1987年，第37页。

祖时期高丽的边界线已经向北扩张到清川江,并且后来的国王继续了这一北进政策。而女真初期对高丽的朝贡,也显示了此时高丽国力的增强。

(二)推动社会发展

高丽在统一后三国的基础上建立,初期王权孱弱,不能有效控制地方。再加上经历了长时间的战争,国力十分衰弱,一旦外敌入侵将很难应付。对高丽而言在增强外部国防力量的同时,内部政治体制的建设和完善也十分重要。渤海遗民和契丹、女真等移民的大量接收虽然有利于增强边防国力,但要完成对这些大量外来人口的管理,还需要政府更有效的治理才行。高丽初期对建国有功的大臣多是武将出身,不具备文治能力。并且如果分权给他们会是对中央集权体制的巨大挑战,这也是高丽仿宋推行"文尊武卑"的原因,目的就是压制武臣。

宋丽建交后,由于受辽牵制,高丽向北宋派遣留学生仅限于宋丽建交初期和1071年复交至1126年北宋灭亡的这两段时期。留学生人数稀少,完全无法与新罗时代入唐的留学生数量相比,而且在宋宾贡及第的留学生中愿意返回高丽效力的寥寥无几。除了王儒(本名朴儒)、金岳、崔凝以及有留学经验的崔彦㧑、张儒等少数人物外,当时高丽内部能够担当文翰职位的人才严重缺乏。高丽太祖在位时在开城和平壤都设立了学校,注重对人才的培养,但直到992年成宗设立国子监后才算真正为高丽的教育制度奠下根基,高丽中前期人才一直供不应求。

为确保能有一定数量的文官来治理国家,高丽把目光投向宋。宋官员、文人和各类拥有特殊才能的技艺人,都成为高丽政府积极招募和诱仕的对象,高丽企图以此来缓解人才严重不足的问题。因此对于来到高丽的宋人,一旦发现是可用之才,高丽政府就会开出各种优厚条件挽留,有时甚至是强行留下。从一些本因意外情况滞留高丽,最后却定居高丽的情况看,高丽政府在对这些宋人的挽留上肯定下了不少功夫。《高丽史节要》卷2记载:

> 时（光宗十六年，965）王礼重投化唐人，择取臣僚第宅及女与之。一日，弼奏曰："臣居第稍宽，愿以献焉。"王问其故，对曰："今投化唐人择官而仕，择屋而处，世臣故家，反多失所，臣诚愚，为子孙计，宰相居第非渠所能有也，及臣之存，请取之。臣以俸禄之余，更营小第，庶无后悔。"王怒，后感悟，称善，自后不复夺臣僚第宅。①

高丽光宗（949—975）十分看重投化高丽的唐人②，为笼络人心留住他们，常予以高官厚禄、给予各种赏赐，有时为了赏赐现成的居所宅邸，竟然强行剥夺当朝官员的住宅。这种做法在臣僚中引起很大不满，人人自危。徐弼作为宰相大胆表达了对此种做法的不满，他以主动出让宅邸的方式讽刺光宗强行剥夺臣僚屋所的过分行为。进言后光宗大怒，后来认真权衡后，光宗还是认可了徐弼的提议，停止了这种荒唐的做法。这条史料不仅反映了高丽政府对宋移民的优待，而且反映出当时宋移民在高丽具有较高的社会地位。或许这些特殊的高规格待遇，正是打动宋文士甚至是官僚定居高丽的真正原因。

（三）充实人口、振兴经济

高丽建国前经历了很长一段时期的战争，人口和农耕地的损失很大。高丽在这一时期实行如此开放的移民政策，增加劳动力也是其目的之一。可以说对宋移民的招募与诱仕，解决的主要是管理层人才缺乏的问题；而对大量普通移民的接收，则主要是为了解决社会中下层劳动力不足的问题。特别是到高丽后期，由于频繁与蒙古人作战，高丽人口急剧减少。所以高丽后期对移民的大量接收主要是为了充实人口。到迁都江华前的高宗十九年（1232），当时仅开

---

① ［朝鲜］金宗瑞等：《高丽史节要》卷2，光宗十六年七月，首尔亚细亚文化社1973年版，第38页。
② "唐人"实指宋人，只是当时的高丽人仍在沿用旧时称呼，就像宋人有时也把高丽人称新罗人一样。

京人口就有10万户口,"崔瑀会宰枢于其第,议迁都时国家升平既久,京都户至十万"①。

二 高丽对移民的管理

高丽对移民的管理,实际上是如何把外来移民变成高丽人的过程,在这个过程中,高丽政府对移民的态度和管理政策是关键。移民只有在得到了基本的生存条件后,才能正式在高丽定居,否则再迁往别处或者是归国的可能性都是存在的。

(一) 对宋移民的考核

因高丽政府对宋人开出了比一般移民优厚很多的条件,再加上宋内部出现问题,十一世纪后宋人移民高丽越来越多。从高丽显宗到仁宗的一百余年间(1009—1146),仅有明确记载的移民事例中涉及的就达到了300余人。为管理和合理任用这些不断到来的宋移民,高丽政府制订了一些条例、法规,其中考核环节对宋移民来说是至关重要的。

起初高丽对宋人的政策比较宽松,只要有才能或曾在宋朝及第、做官,一般都会被授予官职。宋移民不经过考试就被直接任命为官的情况多有出现。如高丽光宗时的移民蔡仁范,"光宗爱其才,赐其官告一通,拜为礼宾省郎中"②;穆宗时"温州人周伫随商船来,学士蔡忠顺知其有才,密奏留之,遂授以礼宾省注簿,后不数月除拾遗,掌制诰"③。在赴高丽的宋人移民中,周伫是最早显达者。他以温州文士的身份于1005年随商舶来到高丽,其文才被学士蔡忠顺发现后密奏留下,初授礼宾注簿,数月后升至拾遗。显宗避契丹南行时周伫扈从有功,被赐食邑300户,终官至礼部尚书。他有文才,文聘辞命多出其手,因此高丽王对他重用有加。文宗时来高丽的宋进士张廷、卢寅也是如此,均因"有文才"被文宗授予

---

① [朝鲜] 金宗瑞等:《高丽史节要》卷2,高宗十九年六月,首尔亚细亚文化社1973年版,第419页。
② 《高丽墓志铭集成》,《蔡仁范墓志铭》,第13—15页。
③ 《高丽史》卷94《周伫传》,第88页。

秘书省校书郎。

　　后来随着宋移民人数的增多，为了检验移民是否具有真才实学，高丽政府规定移民必须经过考试，合格后才能入仕，否则不能委以官职。"文宗十年（1056）以前未行考取之法，十年以后始行考取，肃宗以前考试时特设宾科，让宋人投归者赴试，考中者赐别头及第，从肃宗时代考取时间不定，考试场所定为殿中，王召见直接考试，及第者及考取者的初授官职大部分是校书郎、阁门承旨、殿前承旨、世子师傅、宝文阁待制等文学之职。"① 从宋移民的考核是由高丽王直接主持的情况看，高丽十分重视对宋移民的选拔。一旦通过考试，宋移民就可以获得官职，并且多数人都能仕途坦荡，在初授官职后可得到较快的升迁。如文宗朝随海舶前来的慎修，他不仅有学识、精医术而且还在高丽科举考试中登第，进入官场后"累至守司徒、左仆射、参知政事"②；宣宗时泉州人刘载随商船来，宣宗"试以文艺，喜见于色，初命参监门卫军事"③；肃宗六年（1101）宋人"邵珪、陆廷俊、刘伋来投，王召试于文德殿，并授八品官，赐廷俊名廷杰"④；次年四月肃宗在乾德殿试新科进士时，一并招试了来投的宋进士章忱，赐其"别头乙科及第"，然后六月份章忱就被授予"将仕郎、礼宾注簿同正"⑤；睿宗九年（1114）宋进士林完也获得"别赐乙科"，并且累迁至"枢密院使、判秘书省事"⑥。当然宋移民中也有不能通过高丽考核者。如文宗三十五年（1081），"宋人杨震随商船而来，自称举子，屡试不中，请依所告遣还本国"⑦。

　　除国王亲试外，对于有特殊技艺的移民，高丽政府亦组织相关

---

① ［韩］金渭显：《宋丽关系与宋代文化在高丽传播及其影响》，载《韩中关系史研究论丛》，香港社会科学出版社有限公司2004年版，第135页。
② 《高丽史》卷97《慎安之传》，第129页。
③ 《高丽墓志铭集成》，《刘载墓志铭》，第48页。
④ 《高丽史》卷11《肃宗世家》，第166页。
⑤ 同上书，第169页。
⑥ 《高丽墓志铭集成》，《林光墓志铭》，第131页。
⑦ 《高丽史》卷9《文宗世家》，第138页。

职能部门进行考试。如宋人张琬来投高丽时自称精通遁甲三奇法、六壬占，于是文宗命掌天文历数、测候刻漏之事的书云观对其进行考试，后"授以太史监候"①。文宗十五年（1061），高丽"以宋进士陈渭为秘书省校书郎，萧鼎、萧迁为阁门承旨，叶盛为殿前承旨。渭有文艺，鼎等三人晓音律"②。宣宗八年（1091），宋人田盛和陈养居留高丽期间，被宣宗闻知二人"善书札、有武艺"，因此宣宗下旨"敦请留止，且加职秩，以劝来者"③。

（二）编户、赐予姓名和社会经济待遇

编户主要是针对渤海遗民和逃难避祸而来的女真、契丹等人，对他们进行编户就是接纳为高丽正式百姓的意思。如高丽靖宗四年（1038）五月，"东界兵马使报……女真虽是异类，然既归化，名载版籍，与编氓同"④；文宗六年（1052）一月丙寅，"东女真正甫马波等男女四十八人，请入定州关外为编户，赐田宅，处之内地"⑤。

除编户外，高丽政府对女真、契丹等移民还赐予姓名，如文宗二十七年（1073）七月，"制曰，黑水译语加西老，谕东蕃为州县，可授监门卫散员，赐名高孟"⑥；文宗三十二年（1078），"东女真麻里害等二十三人来朝，改名赐职"⑦。对于宋移民，也有个别赐名的事例，如肃宗六年（1101），"宋人邵珪、陆廷俊、刘伋来投。王召试于文德殿，并授八品官，赐廷俊名廷杰"⑧。宋移民中很大一部分人具有文才或是特殊技艺，他们以"人才引进"的方式来到高丽，因此只要是有真才实学，高丽政府一般都会授予官

---

① 《高丽史》卷8《文宗世家》，第113页。
② 同上书，第117页。
③ 《高丽史》卷10《宣宗世家》，第151页。
④ 《高丽史》卷84《刑法志》，第700页。
⑤ ［朝鲜］金宗瑞等：《高丽史节要》卷4，文宗六年一月丙寅，首尔亚细亚文化社1973年版，第127页。
⑥ 《高丽史》卷9《文宗世家》，第129页。
⑦ 同上书，第134页。
⑧ 《高丽史》卷11《肃宗世家》，第166页。

职,并把他们编入管理层,也就是进入高丽的官僚阶层。

高丽对移民的管理除了包括对一部分人进行官职和爵位的授予外,还有赐予田宅、衣物等经济上的措施。如显宗四年(1013),"宋闽人戴翼来投,授儒林郎守宫令,赐衣物、田庄"①;德宗即位年(1031)"命有司,赐诸国来投人衣服、绵絮"②;靖宗五年(1039)十二月大寒,高丽有司又奉制赐予外国移民棉布,"有司量其老幼,各赐棉布,以免冻馁"③;睿宗元年(1106),"御重光殿西楼,召投化郎将宋人陈养、译语陈高、俞坦试阅兵手,各赐物"④。

关于分配给移民的"投化田",虽然没有直接的史料记载,但从主导高丽末期田制改革的赵浚的一段言论中可找到证据。"投化田,向国之人,食之终身,身殁则还,公受官职有口分田者,不许。"⑤ 按照规定,凡是正式被接收的移民都可以获得高丽政府给予的田地,有终身使用权,但死去后要归还政府,"投化田"不能继承。而且对于那些因有官职而已经获得职田的移民,规定不能再接受"投化田",这部分移民主要指的是宋人。不过到高丽后期由于田地不足,对授予"投化田"的限制增多,且伴随田制的松懈,"投化田"也在逐渐减少,相对于田宅,高丽对移民衣、物等的赐予更常见。

(三) 对犯法者的处理

《高丽史》刑法志中对盗窃犯的处罚规定里,明确提到了针对外来移民的处罚,《高丽史》卷85记载:

> 应犯窃盗满五贯处死;不满五贯脊杖二十配三年;不满三贯脊杖二十配二年;不满二贯脊杖十八配一年;一贯以下,量

---

① 《高丽史》卷4《显宗世家》,第56页。
② 《高丽史》卷5《德宗世家》,第75页。
③ 《高丽史》卷6《靖宗世家》,第87页。
④ 《高丽史》卷12《睿宗世家》,第181页。
⑤ 《高丽史》卷78《食货志》,第592页。

罪科决，女免配；盗窃一匹杖六十，二匹八十，三匹九十，四匹一百，五匹徒一年，十匹一年半，十五匹二年，二十匹二年半，二十五匹三年……；诸投化人犯盗，配南界水路，不通州县。①

对触犯法律的移民，《高丽史》规定的流放地是"南界水路"，也就是半岛南部的诸小岛。之所以把犯法的移民流放到国境最远处的海岛，很可能是怕他们逃走。忠烈王（1274—1308）以后，元曾流放了很多犯人到南部海岛。史料虽然规定了移民的专门流配地，但不是说对所有的盗窃犯都是这样惩罚。一般情况下，移民犯罪与高丽人采用的是同样的量刑标准，只有达到流配的等级才会流配，不过相对于高丽人而言，移民的流放地更为偏远。

宋移民中也有触犯法律者，如高丽文宗二十五年（1071）五月宪司奏："宋人礼宾省注簿周沆，本以文艺见用，今犯赃，请收职田，遣还制可。"② 周沆犯了贪污罪，高丽依据法律没收了他的职田，并直接将其遣还归宋。高丽政府对周沆的惩罚是按照既定法律执行的，并非特例。《高丽史》卷84记载："官吏临监自盗及临监内受财枉法者，徒杖勿论，收职田归乡。"③ 可见高丽政府对获罪宋移民的处罚，与本土高丽人的惩罚标准是一样的。不过在特殊情况下，也有对移民犯罪进行特别处理的事例，《高丽史》卷84记载：

> 靖宗四年五月，东界兵马使报，威鸡州住女真仇屯高刀化二人，与其都领将军开老争财，乘开老醉，殴杀之。侍中徐讷等议曰："女真虽是异类，然既归化，名载版籍，与编氓同，固当遵率邦宪，今因争财产殴杀其长，罪不可原，请论如法。"内史侍郎黄周亮等议曰："此辈虽归化，为我藩篱，然人面兽

---

① 《高丽史》卷85《刑法志》，第710—711页。
② 《高丽史》卷8《文宗世家》，第125页。
③ 《高丽史》卷84《刑法志》，第688页。

心，不识事理，不惯风教，不可加刑，且律文云，诸化外人同类自相犯者，各依本俗法，况其邻里老长，已依本俗法，出犯人两家财物输开老家以赎其罪，何更论断。"王从周亮等议论。①

对于发生在女真移民内部的因争财产而杀人事件，侍中徐讷认为应该按照高丽法律对犯人进行惩处，因为他们已经"名载版籍，与编氓同"。但内史侍郎黄周亮等却以"诸化外人同类自相犯者，各依本俗法"为由，认为对这些女真人的惩罚不宜按照高丽法律，而应该按照女真人的习俗，最后高丽王采纳了黄周亮的建议。这是对移民犯罪没有依据高丽法律进行处罚的事例之一，推测原因有两点：一是这次犯罪是发生在女真人内部，属于同类人互犯，不涉及其他人；二是事件性质十分恶劣，高丽认为这是女真人"人面兽心"、"不识事理"、"不惯风教"、文明开化低下导致的，一定程度上体现了高丽对女真人的蔑视。

(四) 移民的引渡和遣还

虽然当时高丽并没有制定针对移民引渡、遣归的法律条文，但在一般情况下，如果宋政府下诏要求，高丽政府都会按要求遣还，只要"有陈牒来诉者"，高丽均"取以归"。如绍兴二年（1132）定海县上奏："民亡入高丽者约八十人，愿奉表还国。"② 如遇特殊情况，宋丽两国可以进一步协商，如宣和六年（1124）明州杜道济、祝延祚随商船到高丽不还，明州移文取索，但高丽上表请留。最后在双方的协商下，宋徽宗批示："杜道济等，许令任便居住。"③ "由于宋人滞留高丽有诸多原因，若宋使赴高丽时投诉则取以归，对于逃入高丽者，只要有宋帝之诏即可刷还。"④

---

① 《高丽史》卷84《刑法志》，第700页。
② 《宋史》卷487《高丽传》，第14051页。
③ 《高丽史》卷15《仁宗世家》，第221页。
④ ［韩］金渭显：《宋丽关系与宋代文化在高丽传播及其影响》，载《韩中关系史研究论丛》，香港社会科学出版社有限公司2004年版，第136页。

第五章 定居高丽的宋朝移民

除非由宋政府出面，一般情况下宋人投归高丽籍后是不能自由往返的，若要返回，必须经过高丽政府许可才行。如文宗九年（1055）宋都纲黄忻欲遣长子归宋，就是首先提出申请，然后报礼宾省，最后由国王批示。《高丽史》卷7记载：

> 礼宾省奏宋都纲黄忻状称："臣携儿蒲安、世安来投，而有母年八十二在本国，悲恋不已，请遣还长男蒲安供养。"文宗曰："越鸟巢南枝，况于人乎？"遂准其归宋。①

1055年宋都纲黄忻带领两个儿子蒲安、世安来到高丽定居，但是宋还有82岁老母悲恋不已，黄忻不得已向高丽政府提出由长男蒲安回宋供养老母的请求。文宗为黄忻的孝心感动，允许其长子归宋。后来，高丽政府针对移民的"探亲"问题，明确做了法律规定，"宣宗二年（1085）六月制，异国投化官吏，父母在本国身死，自闻丧日，依制给假"②，可见高丽政府对移民的照顾还是比较人性化的。

除以上对普通移民的遣还外，《高丽国礼宾省对南宋牒》中还记载了被蒙古掳获的南宋人升甫、马儿、智就三人逃往高丽，以及被高丽政府遣还归宋的情况。《高丽国礼宾省对南宋牒》是高丽发给南宋庆元府③的外交文书，虽然文书原本并未保存下来，但文书内容却被转载于南宋梅应发等人编纂的《开庆四明续志》卷8《收刺丽国送还人》④中。此次牒文的发送方是高丽礼宾省，礼宾省是高丽掌管宾客宴享的正三品机构，也是高丽办理涉外事务的主要机构，并承担着接收归附高丽的宋移民的任务。不仅如此，礼宾省还是高丽职能机构中为宋移民提供职位较多的部门，如周伫就曾被授

---

① 《高丽史》卷7《文宗世家》，第108页。
② 《高丽史》卷64《礼志》五服制度，第365页。
③ 庆元府原称明州，宋绍熙五年（1194）改名，明州是宋与高丽海商活动的重要口岸，即今天浙江宁波。
④ （宋）梅应发：《开庆四明续志》，载《宋元方志丛刊》卷6，中华书局1990年标点本，第6013页。

予礼宾注簿等。《收刺丽国送还人》中不仅记载了南宋升甫、马儿和智就三人被蒙古掳掠后遭受役使的情况，还记载了他们于南宋宝祐五年（1257，高丽高宗四十四年）七月随蒙古军队入侵高丽，并乘蒙古军队兵困马乏之时逃匿深山，最后被高丽收容的经历。后来，三人于南宋开庆元年（1259）搭乘宋纲首范彦华的商船回到了宋。高丽礼宾省这次遣返的升甫等三人，身份与普通的宋移民不同，他们是被蒙古人掳掠后意外来到高丽的。对于这种情况，高丽政府不但负责安置和体恤，而且主动向宋政府发文，积极配合完成三人的遣返。

（五）移民在高丽的居住地和婚姻状况

高丽政府对外来移民居住地的安排十分灵活，依据移民的出身民族、人数多少及原本的社会地位等具体情况，进行合理安排。宋人移民高丽后，主要生活在开京及其周围，"留居开城的宋人平常达数百人，开城面积不大，所以在任何地方都会碰到宋人，这数百宋人中有商人、官员等等"[1]。宋人移民中除了一部分人是因为任有某种官职而居住在开京外，还有很多从事贸易的商人，他们聚集在开京周围进行商业活动。渤海、女真和契丹移民与宋移民不同，高丽政府对他们居住地的安排采取了集中安置的办法，当然这与他们迁入的移民数量众多有关。如显宗二十一年（1030），"契丹奚哥渤海民五百余人来投，处之江南州郡"[2]；德宗即位年（1031），"女真将军阿豆闲等三百四十户来投，勒留嘉铁二州之地，然阿豆闲本东蕃子项史之族，宜遣置东蕃"[3]；睿宗十二年（1117），"王至南京，契丹投化人散居南京圻内者，奏契丹歌舞杂戏以迎驾，王驻跸观之"[4]。

从史料来看，对宋人移民及其他数十人以下的小移民团体，高

---

[1] ［韩］金渭显：《宋丽关系与宋代文化在高丽的传播及其影响》，载《韩中关系史研究论丛》，香港社会科学出版社有限公司2004年版，133页。
[2] 《高丽史》卷5《显宗世家》，第73页。
[3] 《高丽史》卷5《德宗世家》，第74页。
[4] 《高丽史》卷14《睿宗世家》，第210页。

第五章　定居高丽的宋朝移民

丽政府采取的是灵活安置的办法；而对于数十人以上的大移民团体，高丽政府则是有计划进行集中安置。对于那些大规模的移民聚落，高丽还会别赐州县来进行安置，这些州县皆隶属于归顺州。归顺州最初是中原统治者用来羁縻周边少数民族的一种手段，当少数民族来投或者请求内附之时，统治者就在边疆置州县安排这些归化人。归顺州有一定的自治权，首领仍由原来的渠帅担当。"高丽借鉴了这种做法，开始在本国设置归顺州以安置迁入的移民，归顺州的设置进一步加强了移民的集团部落生活。"① 但这种集中的部落式安排主要针对的是渤海、契丹和女真等人群，宋移民由于人数少且大多是高丽主动引进的精英或者是商人，因此他们的居住地一般就是京城开京及其周边地区。

宋人移民高丽后，不管在宋的婚姻状况如何，一般都会在高丽另立家室，因为宋政府禁止妇女出境。所以宋移民在高丽与当地女子结婚的情况比较常见，这从现存的移民墓志铭中可清楚地看到。如光宗时移民高丽的泉州人蔡仁范，他先是娶崔氏，生有一男，后又再娶张氏，生有三男、两女。② 仁宗时移民的宋漳州人林光，原名林完，他在高丽也先后娶了两位名门之女，"公初娶阁门副使刘文志之女，生女二人、男一人，……公再娶祗候徐亿女，生女一人"③。宋商徐德彦也曾娶高丽女为妻，但徐德彦所娶之女，后来不知何故又嫁给宋有仁为妻，"（宋有仁）初娶宋商徐德彦之妻，妻本贱者，货财巨万，以白金四十斤赂宦官者求用事……"④，推测徐德彦曾经娶过的高丽女应是拥有万贯家私的富商之女。正因如此，在韩国的族谱和姓氏谱中出现了许多始祖为归化宋人的情况。如"白川赵氏始祖赵之遴、林川赵氏始祖赵天赫、忠州池氏始祖池宗海、海州吴氏始祖吴仁裕、杜陵杜氏始祖

---

① 卢敏：《宋、辽、金时期迁入高丽的中国移民》，《华人华侨历史研究》2007年第4期。
② 《高丽墓志铭集成》，《蔡仁范墓志铭》，第14页。
③ 《高丽墓志铭集成》，《林光墓志铭》，第132页。
④ 《高丽史》卷128《宋有仁传》，第615页。

杜庆宁、咸平牟氏始祖牟庆、玄风郭氏始祖郭镜、达城宾氏始祖宾于光等,都是移民的后裔"①。很多移民由于在高丽拥有官职,社会地位较高,他们所娶之妻大都出身名门望族,且普遍存在三妻四妾的情况。

三 宋移民对高丽的贡献及影响

宋移民作为一个精英群体,在政治、经济、文化、军事等各方面都对高丽社会的发展做出了积极贡献。他们来到高丽后,供职于高丽政府的各个部门,是高丽社会进步的重要推动力量,其中有些人的主张、建议等甚至影响了整个高丽时代及后来的王朝。

(一)入仕及政治贡献

宋移民活跃在高丽官场,在高丽担任高低不等的各级官吏,积极参与高丽的政治生活和整体建设。凭借自身的特殊背景,宋移民在高丽与同时代的宋、辽、金等外交事务中发挥了重要作用,他们中有不少人担任的是文翰或者外交等方面的官职,并且从他们快速的晋升历程看,这些宋移民功劳巨大。下面对有较完整记载的宋移民官职变迁情况进行统计。

表20　　　　　　　　　宋移民官职变迁表

序号	姓名	任职经历
1	双冀	元甫翰林院学士(光宗七年956)→翰林院学士知贡举(光宗九年958)→知贡举(光宗十一年960)
2	周伫	礼宾省注簿(穆宗八年1005)→礼部侍郎中枢院学士(显宗二年1011)→修撰官(显宗四年1013)→右常侍(显宗九年1018)→翰林学士(显宗十二年1021)→礼部尚书(显宗十三年1022)

---

① 牟元珪:《高丽时期的中国"投化人"》,载《韩国研究论丛》第3辑,1997年,第289—291页。

第五章 定居高丽的宋朝移民

续表

序号	姓名	任职经历
3	卢寅	秘书省校书郎（文宗十四年1060）→起居舍人知贡举（文宗二十四年1070）→尚书右丞左谏议大夫（文宗二十五年1071）→殿中监（文宗二十七年1073）→左散骑常侍（文宗二十九年1075）→礼部尚书（文宗三十一年1077）
4	刘载	千牛卫录事（宣宗时期）→太子侍读（肃宗三年1098）→右谏议大夫（肃宗七年1102）→礼部侍郎同知贡举、左谏议大夫（肃宗九年1104）→左散骑常侍（睿宗四年1109）→礼部、吏部尚书（睿宗七年1112）→尚书右仆射文德殿学士（睿宗八年1113）→守司空尚书左仆射（睿宗十三年1118）
5	胡宗旦	左右卫录事（睿宗初）→权知直翰院（睿宗六年1111）→右拾遗知制诰→起居郎（睿宗十二年1117）→宝文阁待制（睿宗十五年1120）→起居舍人（仁宗时期）
6	慎佾	侍御史（文宗二十九年1075）→守司空左仆射参知政事（肃宗六年1101）
7	慎安之	充当赴宋使臣（睿宗四年1109）→知水州事→兵部尚书→三司使判阁门事
8	林完	文科及第监门卫录事（睿宗九年1114）→礼宾注簿（睿宗十三年1118）→右正言（仁宗元年1123）→礼部员外郎（仁宗七年1129）→国子司业知制诰（仁宗十二年1134）→中书舍人（仁宗十四年1136）→礼部侍郎→户部、礼部尚书→知枢密院士（毅宗元年1147）→判秘书省事（毅宗二年1148）→守司空左仆射（毅宗四年1150）
9	刘志诚	内园丞→礼宾注簿→阁门祗候副使引进使→知阁门事→判阁门事→礼宾少卿→礼部侍郎→礼宾卿→礼部、工部尚书→尚书右仆射（靖宗五年1039）

资料来源：本表格制作时主要依据《高丽史》，朝鲜科学院古典研究出版委员会1957年整理本；《高丽史节要》，首尔亚细亚文化社1973年版；金龙善：《高丽墓志铭集成》，韩国翰林大学出版部1993年版。并参考［韩］朴玉杰：《高丽时代的归化人研究》，博士学位论文，韩国成均馆大学，1987年，第114页。

表20中共列举了九名宋移民官员,他们在高丽的任职经历有较为完整的记录。

通过分析他们的职位变迁和晋升历程,可以管窥当时宋移民在高丽的入仕情况。并且从他们供职的部门可以了解当时宋移民为高丽政府效力的主要方向,进一步揭示宋移民为高丽所做的贡献。

首先从担任的职位及所属部门来看。大部分宋人移民担当的都是文职,如翰林院学士、礼宾主簿、礼部侍郎、修撰官、校书郎、知贡举、太子侍读、起居郎等;所属的部门较多,如秘书省、翰林院、宝文阁、礼部、枢密院、国子监等。宋移民担当的官职大多是高丽较为重要的职位,职能集中在有关外交、宾客、宴享、朝会、祭享、礼仪以及学校和科举之政等,很明显这是因为高丽王看重宋移民具有较高的文化水准。

宋移民任职的部门绝大多数属中央级别,其中有相当一部分宋人供职于与国王直接相关的部门,如中枢院、守宫署、御史台等,这也是移民聚集在开京的原因。高丽王之所以对宋移民委以重任,与对移民的信任有关。与那些在高丽国内拥有盘根错节关系的贵族官僚相比,没有根基的移民官员反而成为高丽王更为信任的对象。如宋移民林完在高丽仁宗时任国子司业知制诰,他曾上书抨击权贵"挟权怙势,剥削诛求"的蛮横行为,并且规劝仁宗废止"劳民动众,百姓怨咨"的奢侈工程,建议"惩罚奸邪,进用贤才,虽戚里之亲而无功者不妄赏,左右之爱而有罪者必加罚"[①]。林完是外来移民,相对于高丽本土官员而言,他更易向高丽王大胆进言、发表政见,并且高丽王对这些移民官员提出的建议十分重视,这既是移民官员在高丽官场的天然优势,也是其价值所在。除中央官职外,也有担任地方官职的情况,如慎安之就曾"知水州事",但后来他很快便升迁至兵部尚书和三司使判阁门事。慎安之事睿、仁两朝,"为政清肃,吏畏民怀。容仪秀美,性度宽宏,临事廉平,善医药,

---

① 《高丽史》卷98《林完传》,第147—149页。

晓汉语，凡移南北朝文牒多出其手"①。

其次从晋升速度和官历来看。表格的统计中较为明显地反映了一个问题。那就是这些宋人移民一旦入仕，都能获得较快的升迁。如周伫1005年担任礼宾省注簿以来，分别在1011年、1013年、1018年和1021年连续四次得到晋升，直至1022年升至礼部尚书。周伫在显宗避契丹南幸之时扈从有功，"由是大显，骤迁礼部侍郎，中枢院直学士，历内史舍人、秘书监右常侍，拜翰林学士，承旨崇文辅国功臣，左散骑常侍、上柱国，寻进礼部尚书……交聘辞命多出其手，恩遇无比"②。刘载亦是如此，宣宗时期他最初的官职是千牛卫录事，后来在1098年、1102年、1104年、1109年、1112年、1113年和1118年连续升迁，最后官至守司空尚书左仆射，他基本上是每两三年就会有一次官职变化，可谓是官员中仕途坦荡的代表。宋移民官职的升迁与他们所做的贡献成正比，丰富的官历明确反映了这一点。

除对高丽政府内部的贡献外，移民在起草对外文书或者是制定对宋、辽、金的外交策略等方面亦发挥了重要作用。总之，宋移民在高丽政府的运作、管理、完善以及外交等方面均贡献巨大，这既是高丽政府重用他们的结果也是高丽政府重用他们的原因。

（二）其他方面的贡献

定居高丽的宋移民，除了一部分人入仕外，还有商人和其他身份的移民，如各类"技工"等，他们亦对高丽社会的发展做出了积极贡献。

首先，在文化制度建设上最为突出的是为高丽创设科举制度的双冀。双冀是后周使节，时任武胜军节使巡官，他随册封使薛文遇来高丽，并因病滞留，病愈后又被引荐给高丽光宗。光宗对双冀十分器重，委以重任，甚至引起当朝官员非议，"光宗爱其才表，请为僚属，遂擢用，骤迁元甫翰林学士，未逾岁，授以文柄，时议以

---

① 《高丽史》卷97《慎安之传》，第129页。
② 《高丽史》卷94《周伫传》，第88页。

为过重"①。光宗九年（958），双冀向高丽王建议仿中国实施科举制度，"光宗用双冀言，以科举选士，自此文风始兴"②。此后，双冀又"屡典贡举，奖励后学"③。可以说双冀为高丽的文化事业和人才选拔，做出了里程碑式的贡献。

其次，移民在经济上亦发挥了重要的桥梁和辅助作用，特别是商人出身的移民。他们聚集在开城及其周边从事商业活动，不仅满足了高丽王室对奢侈品的需求，而且在一定程度上也满足了高丽中产阶层及一般民众对宋各类物品的需求。他们一方面熟知宋朝各类商品，另一方面也了解高丽对宋商品种类的具体需求，因此可以说是在宋与高丽之间搭起了一座十分便利的桥梁。如文宗时期移民高丽的宋都纲黄忻，他具备丰富的商业组织能力，所以他在高丽很有可能是负责管理高丽与宋之间的贸易。滞留并定居高丽的商人移民，正是凭借这样的优势在高丽争取到了较高的社会地位，并且也受到了高丽王的重视。与在高丽入仕的文人一样，商人移民同样在高丽找到了自己的生存之道，这也是商人不断滞留、定居高丽的原因。

再次，宋移民在各类技艺方面贡献巨大，如音乐、医药、历法、占卜、武艺等。据《高丽史节要》记载，移民赵彦在高丽平定妙清之乱的战争中，曾"献计制炮机，置土山上，其制高大，飞石重数百斤，城楼糜碎，继投火球焚之，贼不敢近"④。赵彦设计的火炮在战争中发挥了巨大威力，对高丽的国防建设有重大意义。文宗十一年（1057）移民高丽的宋人张琬擅长历术、占卜，他移民高丽后自然也把这类卜术技艺带至高丽。

医药方面，高丽"俗不知医，自王俣来请医，后始有通其术

---

① 《高丽史》卷93《双冀传》，第71页。
② 《高丽史》卷73《选举志》一，第494页。
③ 《高丽史》卷93《双冀传》，第71页。
④ ［朝鲜］金宗瑞等：《高丽史节要》卷10，仁宗十三年，首尔亚细亚文化社1973年版，第265页。

者"①。高丽多次派人向宋求医，对于进入高丽的宋医人更是想尽办法挽留。如文宗十三年（1059）秋八月戊辰，"宋医人江朝东等将还，制许留朝东等三人"②。慎修"尤精医术"，其子慎安之"擅医药"，慎安之还在睿宗四年（1109）六月作为使节与金商祐、韩缴如一同出使过宋朝。慎氏父子在高丽皆身居高位，有力推动了高丽医药事业的发展。音乐方面，高丽本"声乐甚下，无金石之音"③。文宗十五年（1061）六月，精通音律的移民萧鼎、萧迁、叶盛等被任命为官。后来高丽又多次向宋朝奏请乐工、乐器，如睿宗五年（1110）六月四日，"御乾德殿召见宋明州所归女乐二人"④。

由于天然的语言优势，宋移民中有不少人充当高丽的译语人，如宋译语人陈高、俞坦等。南宋灭亡后，时任翰林学士的宾于光为避难曾携带密阁藏书东去高丽，他是孔子门生宾牟贾的后裔。宾于光到高丽后受到了高丽王的优待，自此定居高丽并成为达成宾氏的始祖。他所携带的藏书达17000卷之多，目录虽已无从得知，但因出自密阁，推测一定是很有价值的一批书籍，为高丽的书籍和文化事业贡献巨大。

凡是主动迁入高丽的宋移民，一般在高丽的活动都十分活跃。文人积极入仕，商人通过商业活动不断积累财富，各类技艺人也都为了在高丽获得更好的生存环境而努力发挥各自的特长。但值得注意的是，有一类宋移民是因为避难而迁入高丽，他们虽定居高丽，但一直保持隐居状态，并未参与到高丽的政治生活中。如浙江籍员外郎郑臣保在北宋灭亡后被迫移民高丽，他定居瑞山看月岛，终身不仕，后成为瑞山郑氏始祖。宋时著名理学家朱熹之曾孙朱潜也避居高丽，为新安朱氏的始祖。高丽王曾授其门下侍郎一职，但他始终坚辞不就，隐居乡里，躬耕读书。后来朱潜之孙朱悦因擅长写作

---

① 《宋史》卷487《高丽传》，第14054页。
② 《高丽史》卷8《文宗世家》，第116页。
③ 《宋史》卷487《高丽传》，第14054页。
④ 《高丽史》卷13《睿宗世家》，第192页。

曾出任高丽翰林学士。对高丽而言，不仅是移民本身为高丽做出了积极贡献，这些移民的后裔也都成为高丽的栋梁之材。还有骊阳陈氏的始祖陈琇，在移民高丽后也选择隐居。

（三）移民对韩姓氏的影响

光宗九年（958）高丽采纳双冀建议设立科举制后，高丽政府才以政令形式允许平民百姓使用姓氏。文宗九年（1055）十月，"内史门下奏：氏族不付者勿令赴举"[1]，法律规定无姓氏的人无科举资格，于是姓的使用逐渐扩大到庶民阶层。"这一法令的颁布是韩国姓氏发展史上的一个转折点，对姓氏的普及起了重要的推动作用，自高丽中期以后姓氏才在韩国普遍使用开来。"[2] 高丽中前期正是宋人移民高丽的集中期，伴随移民的进入，移民姓氏也在高丽生根发芽。因为移民姓氏进入高丽时恰是姓氏在高丽普遍使用之始，所以不难想象移民姓氏对高丽姓氏所产生的深远影响。《朝鲜氏族统谱》凡例记载：

> 凡有文字，然后姓氏乃出焉，是以朝鲜素无文字，其自中国而来，姓氏亦随文字沿袭中国。记云：半万殷人渡辽水。其后中国人东来，氏族亦复不少。其姓氏之源流莫详乎？中国之文献可征矣。[3]

宋移民姓氏在高丽的流传情况，宋代文献中无迹可寻，但在高丽时期的史书、地志、文集、族谱等资料中留下了一些相关的记载。韩国现存的各种历史文献和族谱具体记述了各时期中国移民的姓名、事迹、移民时间、籍贯、世系源流、现今人口等内容，牟元珪在《韩国姓氏源流考》一文中对此做了较为详细的考证。他认为，"韩国人除采用汉字姓氏之外，大部分姓氏都直接来自于历史

---

[1] 《高丽史》卷73《选举志》一，第495页。
[2] 牟元珪：《韩国姓氏源流考》，载黄时鉴编《韩国传统文化·历史卷》，学苑出版社2000年版，第6页。
[3] 杨昭全：《中国—朝鲜·韩国文化交流史》，昆仑出版社2004年版，第1317页。

第五章 定居高丽的宋朝移民

上的中国归化人,其中不少归化姓氏世系相当显赫"①。下面对成为某地姓氏始祖的移民事例,进行统计。

表21　　　　　　　　宋移民姓氏统计表

序号	始祖	乡贯姓氏	移民原因	移民时间	备注
1	赵之遴	白川赵氏	避祸	高丽显宗朝（1009—1031）	宋太祖长子魏王德昭之子
2	赵天赫	林川赵氏	避乱	不详	宋太祖第二子岐王德芳之后,进士
3	池宗海	忠州池氏	出使高丽,居留不归	光宗十一年（960）	大学士
4	吴仁裕	海州吴氏	不详	成宗三年（984）	宋学士
5	杜庆宁	杜陵杜氏	被贬官职,上任途中遇风浪意外漂至高丽	宋真宗初年（997—?）	本兵部尚书,左迁苏州刺史
6	慎修	居昌慎氏	不详	高丽文宗朝（1046—1083）	开封人,有学识、精医术
7	郭镜	玄风郭氏	不详	高丽仁宗元年（1123）	初名若鲁,河南灵宝人
8	牟庆	咸平牟氏	参与平定李子谦之乱,金兵侵入宋境,归路断绝	高丽仁宗四年（1126）	河南灵宝人,吏部尚书、大司马、大将军
9	鞠梁	潭阳鞠氏	不详	高丽仁宗朝（1122—1146）	

---

① 牟元珪:《韩国姓氏源流考》,载黄时鉴编《韩国传统文化·历史卷》,学苑出版社2000年版,第6页。

续表

序号	始祖	乡贯姓氏	移民原因	移民时间	备注
10	陈宠厚	骊阳陈氏	不详		宋朝右尹陈琇后代，参与平定李子谦之乱有功
11	边吕	黄州边氏	避难	宋亡后	本子姓，殷微仲之后，字子边，子孙乃以边为氏
12	郑臣保	瑞山郑氏	避难	宋亡后	浙江人，宋朝员外郎，入高丽后终身不仕
13	鱼化仁	咸从鱼氏	避难	南宋时	陕西大荔人
14	朱潜	新安朱氏	避难	南宋嘉定甲申（1224）	朱熹曾孙
15	宾于光	达城宾氏	避难	南宋亡后	孔子门人宾牟贾后裔，携带密阁藏书17000卷入高丽

资料来源：本表格制作时主要依据金龙善：《高丽墓志铭集成》，韩国翰林大学出版部1993年版；《增补文献备考》，韩国明文堂1959年版；崔德教、李胜羽编：《韩国姓氏大观》，韩国创造社1971年版；《间珲万姓大同谱》，《北京图书馆藏家谱丛刊民族卷》第100册，北京图书馆出版社2003年版。并参考牟元珪：《高丽时期的中国"投化人"》，载《韩国研究论丛》第3辑，1997年，第288—199页。

除上述十五个具有代表性的移民姓氏外，还有善山郭氏、海美郭氏、长渊边氏、宜宁余氏、分村叶氏、固城李氏、居村章氏、平壤赵氏、达城夏氏和牙山胡氏等。分析以上成为某个地区姓氏始祖的移民，可发现有如下两个特征：

第一，身份特殊。这些流传下来的移民姓氏多系名人之后，如赵匡胤后裔、朱熹后裔等。另外这些姓氏的始祖大都身居高位，如大学士、吏部尚书、员外郎等，总之从身份上来看都非普通人。正因具有特殊的身份或是较强的影响力，他们的姓氏才得以被传承下来,并成为某一地区姓氏的始祖。在这个过程中,强大的家族势力和影响力是基本保证。

第二,移居高丽大多是非自愿。上述十五个移民事例中除原因不详者,有九人都是为了避难或者是因某种客观原因而不得不定居高丽。也就是说,他们中的大部分人并非是自愿移民高丽,这亦与他们特殊的身份有关。他们在宋朝都是有身份的官员或名人后裔,如果不是因为国破家亡或是躲避政治迫害,不会选择移民高丽。

"中国历朝迁入朝鲜半岛的姓氏共计193个,除同姓重复者外,实有151姓,迁往高丽的宋移民姓氏也有20余个。"[①] 这些数字只是对有记载的移民姓氏的统计,在实际的历史进程中,移民朝鲜半岛的中国人带去的姓氏绝对远远超过这个数字。

第四节 墓志铭所见宋移民事例

墓志铭是关于移民的第一手资料,客观地反映了墓主人的一生,具有很高的史料价值。韩国翰林大学校亚细亚文化研究所金龙善教授主编了《高丽墓志铭集成》一书,翰林大学出版部1993年出版。书中共收录了306篇高丽人的墓志铭,其中有4篇是宋代移民,分别是蔡仁范、林光、刘载和刘志诚。下面分别对这四位移民的墓志铭进行释读,一方面可以了解当事人移民高丽的相关情况,另一方面可以管窥整个宋移民群体。

一 移民高丽的泉州人蔡仁范

蔡仁范是高丽初期宋朝移民的杰出代表,在高丽身居高位,但《高丽史》没有为其立传。在有新史料出现前,《蔡仁范墓志铭》[②]

[①] 牟元珪:《韩国姓氏源流考》,载黄时鉴编《韩国传统文化·历史卷》,学苑出版社2000年版,第14页。
[②] 《蔡仁范墓志铭》现存韩国首尔国立中央博物馆,编号为:新七八八四,墓志铭的年代为高丽显宗十五年(1024)。

是目前唯一关于蔡仁范的文字记载。墓志铭的内容并非是蔡仁范卒世后立即所写,而是在二十余年后其后人为蔡仁范迁葬时所作。墓志呈长方形,大小为73×107厘米×10.5厘米,重230千克。墓志右上角字迹残缺,全文共计663字(66字残缺)。

(一)《蔡仁范墓志铭》录文

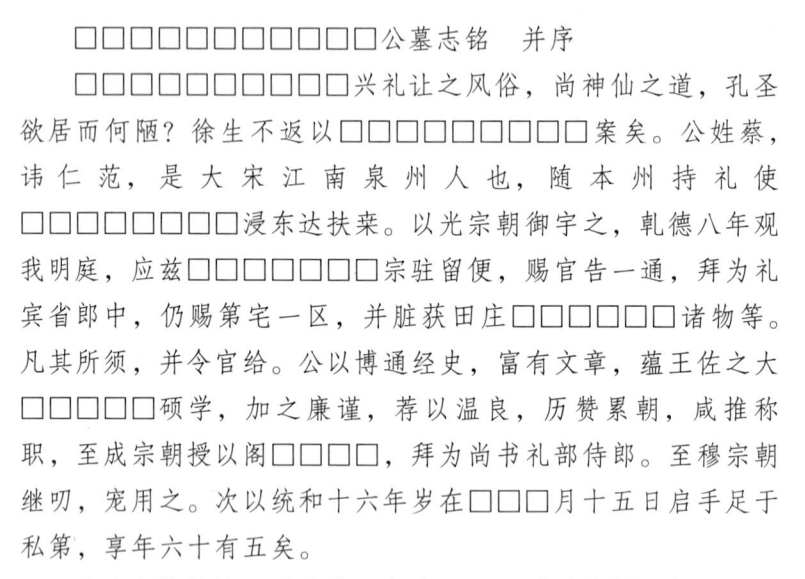

□□□□□□□□□公墓志铭　并序
□□□□□□□□□兴礼让之风俗,尚神仙之道,孔圣欲居而何陋?徐生不返以□□□□□□□□案矣。公姓蔡,讳仁范,是大宋江南泉州人也,随本州持礼使□□□□□□□□浸东达扶桑。以光宗朝御宇之,乾德八年观我明庭,应兹□□□□□□宗驻留便,赐官告一通,拜为礼宾省郎中,仍赐第宅一区,并脏获田庄□□□□□诸物等。凡其所须,并令官给。公以博通经史,富有文章,蕴王佐之大□□□□□硕学,加之廉谨,荐以温良,历赞累朝,咸推称职,至成宗朝授以阁□□□□,拜为尚书礼部侍郎。至穆宗朝继叨,宠用之。次以统和十六年岁在□□□月十五日启手足于私第,享年六十有五矣。

此迹睿情是悼,遂赠为礼部尚□□,赗赠尤厚,择以是月□晨,葬于五冠山也。初有闺室崔氏,封为清和郡大夫人,先公而卒,所生有一男,官为内史侍郎同内史门下平章事监修国史。公后所娶张氏,亦封为清州郡君,所生有三男,孟为阁门祗候,仲为军器主簿,季为出家依止佛住寺大德沙门。复有二女,并适人,从礼。理家可箴,享年不永,近岁俱亡,然有嗣子兄弟姊妹所生男女诸孙等,甚亦繁盛,亦各入仕为官也。公泊于,今上缵登宝位之年,便加恩宠,赠尚书右仆射焉。今者,惟嗣子相国与诸舍弟等。以其先茔之处松楸,则拂汉磨霄虽云拱矣,丘垄则襟山带水,有所阙焉,待以利年,仍更卜兆,莫不山包四秀,地带三阳,眠牛偃卧以呈祥,白鹤回翔而荐吉,乃营马鬣且异虎坟,俭匪阙仪,丰无越礼。粤以太平四年岁在甲子十一月十二日,迁葬于法云山东麓,礼也!素车白马,执绋执绋者岂可胜数乎。呜呼!积善之徵,殁而弥著,饰终之礼,魂而可知。恐年纪寖遥,丘陵迁变。俾刊贞石宾于玄扃。

谨为铭曰:伯夷遗址,箕子故开,风传木铎,境壓蓬山,仲尼何陋,徐福不还,哲人君子,实所跻攀,禀气嵩华,降灵中夏,越彼大洋,宾于王者,时遇文明,道光儒雅,秩小宗伯,奄归泉下,善庆有徵,嗣子持衡,勋高致主,劲草推诚,恳切追远,累茵感情,欲修玄寢,穆卜新茔,龙耳巉岩兮牛岗峭崱,营兹马鬣兮崇彼兆域,安广礼成兮哀荣情极,陵谷迁变兮永光厥德。

太平四年岁在阏逢阉茂辜月十有二日。坚。①

(二) 蔡仁范生平

志文记载蔡仁范卒世的时间是辽统和十六年②(998),享年六十五岁,可推断其生年是934年,正值中国五代十国(907—979)时期。蔡仁范是江南泉州人,泉州在当时隶属于十国中的闽国(909—945),945年南唐进攻闽国,闽国灭亡,之后泉州隶属于南唐(937—975)。所以蔡仁范出生时是五代十国时期的闽国人,之后不久又成了南唐人,而他移民高丽时北宋已经建立,故志文记载他是"大宋江南泉州人"。

蔡仁范移民高丽的时间是"乹(乾)德八年"。"乾德"是宋太祖(960—976)的第二个年号,共有六年(963—968),并没有"乾德八年",此处的"乾德八年"实指"开宝三年"(970)。"开宝"(968—976)是宋太祖的第三个年号,如果没有"开宝"年号的话,970年即为"乾德八年"。志文上"乾德八年"应为误载,

---

① 《高丽墓志铭集成》,《蔡仁范墓志铭》,第13—15页。
② 宋太宗雍熙三年(986)宋辽战争结束后,辽迅速把矛头转向高丽,淳化四年(993)辽大举进攻高丽并大获全胜,辽实现了迫使高丽臣服的意图,高丽于统和十二年(994)"始行契丹统和年号"。(可参阅《高丽史》卷3,成宗十三年春二月)

虽然高丽一直奉行宋年号，但宋初年号更换较频繁，推测蔡仁范去世时高丽使用的还是宋太祖的第二个年号，故志文中出现了"乾德八年"。志文记载了他的官职、婚姻、家族后代等情况，未提及他移民前在宋的科举或入仕情况，推测他进入高丽时的身份应该是普通文人。

通过以上梳理基本可以了解蔡仁范的生平：他生于934年，卒于998年，享年六十五岁，泉州人。宋开宝三年（高丽光宗二十一年，970）移民高丽，移民时三十七岁，移民前在宋尚未考取功名或是取得官职，移民前婚姻状况不详。

（三）蔡仁范移民原因分析

首先是高丽政府对宋文士的积极招募和诱仕。为网罗人才高丽政府开出了诸多优厚条件，并通过商人传达信息，希望招徕更多的宋人。蔡仁范是"大宋泉州人"，泉州自新罗时代起就与朝鲜半岛交往密切。闽王昶（935—939）和闽王曦（939—944）登基后，新罗曾两度派遣使者来到福建，并向闽王赠献宝剑。所以泉州与高丽的贸易自五代时起就十分兴盛，泉州历任统治者也都积极推行"招来海中蛮夷商贾"的政策。北宋初期高丽商人纷至沓来，在泉州找到了贸易市场，泉州出现了冠以"新罗"和"高丽"的村庄和地名。蔡仁范作为泉州人，他对高丽的了解应该多于其他地区的宋人。墓志铭虽然没有提及他移民高丽的具体原因，但从他一进入高丽便得到高丽赐官及种种优待来看，他移民高丽前对高丽王积极招募宋文人的政策应该是了解的，这或许正是他主动移民高丽的原因之一。

蔡仁范"博通经史，富有文章"，因此他一到高丽便得到了重用。高丽王封他为礼宾省郎中，并赐予田宅和诸多物品，"凡其所须，并令官给"，凡是他需要的高丽政府都尽量满足。与后来移民需通过高丽政府考核才能获得官职不同，蔡仁范没有经过考核便被直接录用。蔡仁范进入高丽的时间是在宋初，当时宋人移民高丽的事例尚不多且高丽政府急需人才，这种背景下移民的蔡仁范一到高丽便享受到了十分优厚的待遇，不足为奇。

其次是当时宋廷内部文士面临的处境颇为艰难。北宋自开国起就形成了重文轻武的社会风气，宋政府任命了大量文官，冗官现象十分严重。冗官多出头难，竞争十分激烈。对这些文士而言，与其庸碌一生不如另辟蹊径，而移民高丽就是选择之一。蔡仁范虽然"博通经史，富有文章"，但他移民高丽前在宋未科举及第，更无一官半职，所以他主动移民高丽的目的应该是为了寻求仕途上的发展，毕竟入仕是中国古代文人普遍具有的情结。同时宋周边面临的窘境和压力，也使持有传统华夷观的宋文人心灰意冷。在他们眼中契丹与女真都是文化落后的蛮夷，内心十分抵触，他们想改变现状但又无力承担富国强兵的重任。高丽虽属东夷，但与中国有深厚的文化渊源。朝鲜半岛自新罗时代起就被唐视为礼仪之邦和君子之国，甚至早在春秋时代的孔子也发出过欲居东夷的感慨。所以蔡仁范墓志铭以"孔子尚欲居东夷"来比拟蔡仁范移民高丽的可行性。在宋人眼中高丽被认为是与宋一样拥有礼仪教化的国家，因此对他们而言，移民高丽不仅不会违背儒家的伦理规范，而且是实现人生价值的明智选择。高丽的文化水准低于宋，竞争力小，在宋接受过教育的文人很容易在高丽出人头地，甚至是入仕和升迁。蔡仁范就是这些勇于改变命运的宋文人的杰出代表，毕竟移民他国需要很大的勇气，特别是在古代。

（四）蔡仁范在高丽的活动

首先是入仕情况。蔡仁范以文职身份一直供职于高丽的重要职能部门，从他卒世时间判断，他在高丽历经了光宗（949—975）、景宗（975—981）、成宗（981—997）、穆宗（997—1009）四朝。一直辅佐高丽王左右，可谓是移民官员中的元老级人物，深受高丽王的信任和重用。光宗朝时蔡仁范被拜为"礼宾省郎中"；由于"廉谨"在景宗朝时被继续重用；成宗朝时又被拜为"尚书礼部侍郎"；穆宗朝时也继续受到高丽王的青睐。蔡仁范在高丽的仕途如此坦荡，一方面是因为高丽崇尚和仰慕先进的宋文化，另一方面还有高丽内部的原因。高丽社会打破了新罗时期骨品制对人身份的限制，建立了新的以儒家政治理念为指导的官制体系。建国之初高丽需要重新构建一个为国王服务的官僚系统，因此这一时期的高丽急需管理人才。与高丽本土官员相比，移民官员没有那些盘根错节的复杂关系，对于高丽王来说这些移民反而更值得信任。蔡仁范作为"博通经史，富有文章"的移民官员，刚好符合上述高丽王重用的基本条件。

其次是婚姻状况。蔡仁范移民高丽时年龄在三十岁上下，按照年龄判断他在宋应该已经成家。但宋政府禁止妇女出境，所以一般情况下宋人移民高丽后都会在高丽另立家室。蔡仁范亦是如此，他来到高丽后曾两度娶妻生子，家系庞大。第一任妻子崔氏先于蔡仁范而卒，被封为清和郡大夫人，生有一男，为内史侍郎同内史门下平章事监修国史。第二任妻子张氏被封为清州郡夫人，生有三男两女。三男之中，长子为阁门祗候，次子为军器主簿，三子出家为僧住寺大德沙门。两女也都婚嫁，子嗣繁盛，并都入仕为官。蔡仁范的两任妻子去世后均得到了封号，可见当时他在高丽的社会地位是较高的。铭文显示蔡仁范的子孙后代也都入仕为官，在朝廷担当重要官职，可见蔡氏一门在当时的高丽也称得上是名门显贵。

最后是卒后的待遇。蔡仁范死后得到了厚葬，并获得追赠官职。墓志铭开头曰："兴礼让之风，尚神仙之道，孔圣欲居而何陋，徐生不返以案矣。"蔡仁范在高丽入仕并生活了二三十年，因移民不能自由返国，故推测蔡仁范移民后没有再返回过宋。蔡仁范供职高丽期间历经了四代王，从其死后得到厚葬的规格判断，他肯定为高丽朝廷做出了很大贡献。蔡仁范移民高丽时宋丽之间尚是正常的封贡关系，但伴随辽的崛起及宋辽对峙局面的出现，宋丽关系逐渐开始发生变化。淳化四年（993）辽大举进攻高丽，并最终实现了迫使高丽臣服的意图，辽统和十二年（994）高丽行辽年号。因此蔡仁范墓志铭上所载其卒世的时间是"辽统和十六年"，即998年。

显宗十五年（1024），即蔡仁范卒世二十七年后，蔡仁范的后人对他进行了迁葬，从五冠山①迁至法云山②。迁葬的原因很可能跟当时高丽盛行风水地理说有关，讲究"藏风得水"，这样的风水五行平衡，有利于后人。蔡仁范后人因先茔"丘垄则襟山带水，有所阙焉"，故"待以利年，仍更卜兆"，在占卜时间后选择迁至风水更好的法云山东麓。

图3　蔡仁范墓志铭

资料来源：[韩]国立中央博物馆：《高丽墓志铭文书历史再看》，2006年，第18—19页。

---

①　《新增东国舆地胜览》卷12《长湍镇·山川》记载："五冠山在府西三十里，山顶有五小峰，团圆如冠，因名。"府西指的是长湍府，"长湍都护府，东至朔宁郡界五十里，至麻田郡界三十六里，至积城县界五十一里，南至坡州界四十五里，至开城府界三十七里，北至黄海道牛峰县界十三里，距京都一百四十七里。……［高丽］文宗十六年直隶开城府"。（朝鲜科学院1959年版，第373—374页）高丽著名的灵通寺就在五冠山下，《海东绎史》卷32《释志·寺刹》，"长湍府五冠山下有灵通寺，洞府深邃，山势周遭流水缦回……"（首尔景仁文化社1990年版，第502页）

②　法云山位于京畿道高丽王城开京以东。法云山有佛日寺，《高丽史》卷2记载光宗二年"创大奉恩寺于城南，创佛日寺于东郊"，墓志铭文中也记载"城东法云山"、"京东法云山"，这里的"城"、"京"均指高丽都城开京。

二 移民高丽的漳州人林光

林光原名林完,《高丽史》卷98有《林完传》,此外《高丽史节要》中也有对林光的部分记载。《林完传》记载了他向高丽王上书的内容,体现了林完正直不阿、敢于谏言的忠臣形象。《林光墓志铭》①相对于《林完传》而言内容更加丰富,不仅记载了林光在高丽入仕的相关情况,而且对其生平等也有记载。

(一)《林光墓志铭》录文

故光禄大夫　守司空尚书左仆射　判秘书省事林公墓志铭并序

文林郎权知监察御史　金莘夫　撰

公讳光,字彦实,初名完,西宋漳州人,宣和壬辰随商舶到京求仕,中甲午年春场别赐乙科囗第,直授监门卫录事。戊戌岁拜詹事府注簿,俄改礼宾注簿兼宝文阁校勘,又改国子博士。癸卯岁擢授右正言知制诰,明年改为左。时仁朝初即政,富于春秋,外家擅朝,忠臣义士相继诛窜,公再上疏请引见儒臣讲论经义,则闻见博而聪明不蔽。时又有敬天、崇福两寺之役,朝野骚然,公极论其弊,以为丁男壮士太半属浮屠,而膏田夏屋尽为所有,兵农日灭服事夷狄,甚为朝廷痛惜之。同列右正言石君倚廷劾外家,被谪远郡,闻者皆服栗,恐祸生不测,公独上书理冤,书奏皆不省,俄迁右司谏、又拜礼部员外、工礼部郎中、国子司业直宝文阁待制,皆兼知制诰,丙辰七月拜中书舍人。

初,妖僧妙清来自西京,妄徵符谶,讹误时政,识者虽或知其非,而谄附权贵,势难动摇,无敢言其是非者。公上疏切谏,比宋上皇林零素之事,以戒之,请斩妙清头以答天谴。初

---

① 《林光墓志铭》现存韩国首尔国立中央博物馆,编号:本一○四八八,年代是高丽毅宗六年(金天德四年,1152)。

虽不报，而至是西贼既平，朝廷追美其达谶，故有是命。俄迁礼部侍郎宝文阁学士，连拜国子祭酒、知都省事国子监大司成、户礼部尚书、集贤殿学士、大子宾客。丁卯岁擢为知枢密院事，明年迁枢密院使，判秘书省事。

庚午夏，公颇有疾，告暇弥月，台官以为宥密之班非养病之地，上不得已，改授守司空左仆射判秘书省事。绍兴壬申六月二十八日薨于私第，享年六十有五岁，以其年十月二十四日葬于贞州炭村山之南麓。

公生于戊辰，告老当在于丙子，然曾告有司加年五岁以求隐退，适当壬申，盖知寿禄之期在是年也。公天资正直至诚，待物平居不营产业，唯以考阅经史为务，虽当捐馆之夕，未尝言及家世后事，淡然而化。公主己未年国子监试，庚申年礼部试同知贡举，皆称得人。

公初娶阁门副使刘文志之女，生女二人、男一人，长女适直长同正朴赫文、次未嫁，皆先公卒，男师龙今为都齐库判官；公再娶祗候徐億女，生女一人，适注簿同正李龟寿云。

铭曰：生于西，卒于东。无他肠，有孤忠。岁月久，山谷裂。石可朽，名不灭。①

（二）林光生平及移民时间

林光原名林完，字彦实，宋漳州人。他进入高丽的时间是"宣和壬辰"，"宣和"为宋徽宗年号，但查"宣和"年间并没有按照干支纪年的"壬辰"年。林光在高丽及第的时间是"甲午年春场"，按照干支纪年推算"甲午年"应是高丽睿宗九年，即1114年。同时《高丽史节要》睿宗九年四月条也记载，"赐白曒等三十八人明经，三人及第，又别赐宋进士林完及第"，因此可以断定林光在高丽及第的时间是高丽睿宗九年（1114）。那么林光移民的时间肯定是在这之前，按干支纪年推算，"壬辰"年是1112年，时间

---

① 《高丽墓志铭集成》，《林光墓志铭》，第131—133页。

刚好是在林光及第前的两年，十分吻合。但1112年是宋政和二年，不是"宣和"，且当时高丽奉行的是辽年号，即辽"天庆"二年，而不是宋年号。因此判断墓志铭上出现的"宣和壬辰"有误，一是因为"宣和"年和"壬辰"无法对应；二是当时高丽奉行的是辽"天庆"年号，即便因为林光是宋人而用宋年号，也应该是"政和壬辰"，而不是"宣和壬辰"。

林光在高丽考中的是"别赐乙科"，这是高丽仿宋建立的专门针对外国人的宾贡科考试。除林光外其他宋人也参加了类似的考核，如肃宗七年（1102）宋进士章忱被赐"别头乙科及第"，并赐红牌鞍马；明宗十四年（1184）宋进士王逢辰被赐"别赐乙科"等。无论"别赐"还是"别试"，都是区别对待的结果，因为考核的对象是外来移民。林光移民高丽的时间是1112年，比前述蔡仁范的移民时间晚40年左右。蔡仁范移民高丽时未经考核便被授官，而林光却必须要通过考核后才能被授以官职。原因是高丽文宗十年（1056）以前并没有实行针对移民的考核，后来随着移民人数的不断增加，高丽政府为"辨别真伪"才实行了考核。林光具有真才实学顺利考中了高丽的"别赐乙科"，因此很快便被委任官职，授监门卫录事。

林光移民高丽的方式是搭乘商船，与蔡仁范是跟随使节船只进入高丽的情况不同。蔡仁范移民高丽时是在宋初，此时宋商的商业活动尚未全面展开，高丽显宗三年（1012）宋商人陆世宁以海道来献方物，才开启宋商赴高丽贸易之始。林完移民高丽时正值宋丽关系的密切期。宋徽宗（1100—1126）上台后继承了神宗时（1067—1085）的高丽政策，对高丽予以特殊眷顾。从睿宗六年（1111）至睿宗十三年（1118），高丽共派出五批使臣至宋，宋朝在这期间也提高了高丽使团的接待规格，升其为国信使，礼在夏国之上。伴随官方关系的密切，宋丽民间贸易也进入繁盛期，大量宋商往返于宋丽之间，从1012年到1124年的113年间宋商赴高丽的次数高达104次（详见本书第三章）。可见，林光移民高丽时的政治环境还是比较融洽的，在这种时代背景下，林光搭乘商船进入高丽十分正常。

第五章 定居高丽的宋朝移民

林光卒世的时间是"绍兴壬申六月二十八日",即南宋绍兴二十二年(1152),享年六十五岁,据此可推知他的生年是宋元祐三年,即 1088 年。墓志铭记载"公生于戊辰",查干支纪年可知"戊辰"年正是 1088 年,所以可以确定林光的生年是 1088 年。林光"告老当在丙子",丙子年是高丽毅宗九年,即 1156 年。但他为了提前告老,"曾告有司加年五岁以求隐退",所以林光实际告老时间是 1151 年,也就是他卒世的前一年,因此墓志铭记载"适当壬申盖知寿禄之期在是年也"。林光生于 1088 年,移民高丽的时间是 1112 年,当时年龄是二十四岁。墓志铭并未提及他在宋的科举和入仕情况,不过从他年纪尚轻和搭乘商船主动移民的情况看,他进入高丽前的身份应该就是普通的文士。与蔡仁范一样,林光也是赴高丽寻求入仕的宋文人之一。

(三)入仕情况

林光来到高丽的第三年,顺利在高丽"别赐乙科"及第,之后便被委以官职,开始了他在高丽的入仕生涯。《林光墓志铭》共计 800 余字,其中有 600 余字都是叙述他在高丽的为官经历,《高丽史》卷 98《林完传》的记载亦是如此,基本以他在官场的言行为主线。可见作为移民官员,入仕占据了林光在高丽生活及活动的主要部分。

首先,林光的官历十分复杂,这与他"积极参政"的态度有关。林光移民高丽时只有二十四岁,初在高丽为官时也只有二十七岁,年龄上正值人生的黄金时期。他移民的目的本来就是求仕,因此在高丽获得官职后他便全身投入,墓志铭上出现的多处关于他向高丽王进谏的记载完全证明了这一点。从个人角度来看,林光积极参政不仅是为了经营仕途,更是为了最大限度实现他的人生价值和抱负,或许这正是他千里迢迢远赴高丽的初衷。毕竟在交通尚欠发达的古代,远涉重洋、移民他国需要很大的勇气和决心。

林光在高丽经历了复杂的官职变迁,他主要担任的官职有:监门卫录事,詹事府注簿,礼宾注簿兼宝文阁校勘,国子博士,右、左正言知制诰,右司谏,礼部员外郎,礼部郎中,国子司业直宝文

275

阁待制皆兼知制诰，中书舍人，礼部侍郎宝文阁学士，国子祭酒知都省事，国子监大司成，户礼部尚书集贤殿学士，知枢密院事，枢密院使判秘书省事，守司空左仆射判秘书省事，共计17个职位。林光的入仕生涯始于甲午年及第后的"监门卫录事"，时间是睿宗九年（1114）；止于"庚午夏"因疾病高丽王不得已改授的"守司空左仆射判秘书省事"，时间是毅宗四年（1150），入仕时间长达37年。37年间林光前后担任了17个职位，官历丰富、变动频繁，不仅是在移民官员中，即便是在高丽整个官僚阶层，林光也应该称得上是佼佼者。

其次，林光敢于直言进谏，任职期间发表了丰富言论。《林光传》记载："仁宗置书籍所于寿昌宫侧，完与金富轼等诸儒臣更直备顾问。"①金富轼是高丽时期有名的文臣，高丽王命林光与他一起做"顾问"，足见对林光的重视。由宋朝一名难以出头的普通文士华丽变身为高丽王朝的重臣，对林光而言心理上肯定发生了巨大变化。在这来之不易的、可以实现人生抱负的机会面前，林光肯定会全身心投入，以报效对他有知遇之恩的高丽王。依据墓志铭和《林完传》的记载，可以把林光向高丽王进谏的言论归结为三个方面：

第一，为高丽王施政积极出谋划策。高丽王因国家灾变之事较多而下诏广纳臣言，林光上疏曰："臣尝谓进言非难，而听其言者为难，听言非难，而行其言者尤为难，故曰忠臣之事君也，言切直……"②劝诫高丽王在施政时不仅要"听"，行动上也要一致才行，并肯定高丽王下诏求言的行为乃"万事之福也"。墓志铭记载当时的高丽官场情况并不乐观，由于"外家擅朝"，"忠臣义士相继诛窜"。"外家擅朝"指的是"李资谦叛乱"③。仁宗（1122—

---

① 《高丽史》卷98《林完传》，第148页。
② 同上。
③ 1126年发生的以李资谦为首的贵族叛乱。1122年睿宗去世后，李资谦凭借强大的实力将仁宗（1122—1146）扶上王位。之后李资谦垄断了仁宗初期政治，对仁宗也颇为不屑。仁宗身边的内侍金粲和安甫麟等人欲除去李资谦，约定先从李资谦亲家拓俊京及其弟拓俊臣下手，由此引发了李资谦的叛乱。后来由于李资谦和拓俊京之间渐生嫌隙以及拓俊京在叛乱一事上心生悔意，李资谦叛乱最终以失败告终。

1146）和毅宗（1146—1170）时期是高丽贵族文化的顶峰期，豪族利用荫叙制把持官位、扩大私有土地，世袭大家族之间的权力平衡因为个别家族的强大被打破，李资谦叛乱就是高丽贵族秩序紊乱的第一个事件。李资谦先后将其数个女儿嫁给睿宗、仁宗，利用这种重复联姻来确保家族对权力的垄断，其亲属和党羽也都飞黄腾达，而那些妨碍他的人一律会被他铲除殆尽。随着权力的强化，李资谦甚至萌生了废黜仁宗、僭取王位的野心。林光当时所处的高丽官场正是这样一种局面，人人自危，为求自保多数官员都选择明哲保身。在这种情况下，林完仍敢于公然上疏并要求"请引见儒臣讲论经义"，勇气十分可嘉。

面对当时"敬天、崇福两寺之役，朝野骚然"的局面，林完亦极力痛斥其弊端，并为"丁男壮士太半属浮屠，而膏田夏屋尽为所有，兵农日灭，服事夷狄"的局面，感到痛心疾首。面对各种难题、问题，林光总能大胆地指出弊端，直击要害并给出具体的解决方案，为高丽王积极出谋划策。

第二，多次指出高丽的"不正之风"。面对同朝官员被贬的不合理现象，其他官员皆求自保，"闻者皆服栗，恐祸生不测"。只有林光敢站出来为其申诉，"公独上书理冤"。林光还以高丽文宗为榜样，间接指出仁宗的不当做法，"文宗之遗风余烈距今未远，……其躬行节俭、进用贤才，名器不假于匪人，威权不移于近呢，虽戚里之亲无功者不妄赏，左右之爱而有罪者必加罚"，提醒高丽王施政时要坚持基本原则、不能随心所欲。"威权不移于近呢"暗指仁宗对李资谦权力的放纵。对当朝的奢侈和歪风邪气，林光也犀利痛斥，"近代以来，一切反是，凡百执事倍于前，骄侈日滋，廉耻道丧，挟权恃势剥削诛求，加之以重敛劳役……"①。从林光进言的几次记载不难看出，相比其他胆小怕事、只求自保、趋炎附势的官员而言，林光是一位在关键时刻能不顾个人安危、敢于直言进谏的忠臣。

---

① 《高丽史》卷98《林完传》，第148—149页。

第三，痛斥妙清之乱，建议高丽王"威斩妙清之首"。妙清通晓阴阳之术，常以诡诞不经之说惑众，并曾建议仁宗由上京（开城）迁都西京（平壤），但最终因朝臣反对而未实现。当时高丽的不少官员都深信其说，甚至称妙清为圣人，以致许多官员都不敢议论妙清的是非。这种情况下，林光不仅自身认清了妙清的真面目，而且大胆向高丽王进言，"公上疏切谏比宋上皇林零素之事以戒之，请斩妙清头以答天谴，……"。《林完传》也记载了林光关于妙清的言论，"臣观妙清，惟事奸诈，欺君罔上，与宋朝林灵素无异也"。林光把妙清比作宋朝的林灵素①。林光为高丽王分析事实，并发出"覆车之辙，岂可蹈乎"的感慨，同时向高丽王直言斩杀妙清的建议，"陛下岂可惜一奸臣，而违天意乎，愿陛下奋乾刚之威，斩妙清之首，上以答天"。妙清之乱的事实证明了林光的政治眼光，朝廷最终也认可了他这种超前的"达谶"，在平定"妙清之乱"后，朝廷追美其"达谶"。

林光不仅参政，而且积极议政、广发言论，在当时高丽朝廷内部产生了很大影响。因此正史《高丽史》专门为林光立传，高丽一朝官员众多，毕竟也只有其中的一部分杰出官员可以在正史中列传。

（四）生活情况及其他

林光"壬辰年"（1112）进入高丽，绍兴"壬申"（1152）六月卒世，在高丽整整生活了四十年，这四十年间有三十七年都在做官，可以说是为高丽朝廷效力终生。正因如此，年老时的林光身体状况每况愈下，他本应是在"丙子年"（1156）告老，但由于身体原因不得不"告有司加年五岁以求隐退"。林光卒世的前两年身体状况就已十分糟糕，为了让他安心养病，高丽王不得不为林光改授官职。尽管这样的身体状况已无力再为朝廷继续效力，但高丽王却不同意让其告老，而只是改授官职，因为在高丽王眼中林光仍是不

---

① 林灵素，宋朝道士，温州人。宋徽宗（1100—1126）时，他勾结蔡京、童贯之辈奸臣，排斥异己，尽情享乐，使政治更趋腐化，他还干预政治，"妄议迁都，妖惑圣听，改除释教，毁谤大臣"，引起儒生和朝臣的极力反对。

可或缺的当朝重臣。

林光在三十七年的为官生涯中，一直淡泊名利，从不为己谋私，"虽当捐馆之夕，未尝言及家世后事"。平生都在致力于研读经史，"公天资正直至诚，待物平居不营产业，唯以考阅经史为务"。林光不仅在高丽朝廷内部受同僚敬重，而且在当时文人、学子中间也人人称颂，"己未年国子监试，庚申年礼部试同知，贡举皆称得人"。林光移民高丽时只有二十四岁，对于他在宋的婚姻状况不得而知。在高丽定居的四十年里，林光曾两度娶妻，且都是当朝官员之女，"公初娶阁门副使刘文志之女，……公再娶祇候徐億女"。

林光卒世后，葬在贞州炭村山南麓。作为迁入高丽的宋移民中的一员，林光为高丽贡献了毕生精力，他不仅是移民官员中的杰出代表，也是当时高丽官员为官的典范。墓志铭末端的最后一句话，"生于西，卒于东。无他肠，有孤忠。岁月久，山谷裂。石可朽，名不灭"，或许是对他一生最好的总结。

三 移民高丽的泉州人刘载

除《刘载墓志铭》①外，《高丽史》卷97附有《刘载传》：

> 刘载，宋泉州人，宣宗时随商舶来试。以诗赋授千牛卫录事、参军。睿宗朝历左散骑常侍、吏礼部尚书。十三年以守司空尚书右仆射卒。载能文，性朴素，不事生产，虽偕商人来，自立朝不复相亲，时议多之。②

《高丽史节要》卷8也有关于刘载的记载：

> 三月，尚书右仆射刘载卒。载，宋泉州人，尝随商舶而

---

① 其碑所在地不详，碑文的年代是高丽睿宗十四年（1119）。
② 《高丽史》卷97《刘载传》，第128页。

来，性朴素，不事生产，又能文，时人多之。①

《高丽史》和《高丽史节要》对刘载的记载相对简略，只是交代了他的生平，而《刘载墓志铭》则记载了刘载移民高丽前后的状况和他在高丽的为官、生活经历等。下面以墓志铭为中心，进一步探明刘载的相关问题。

（一）《刘载墓志铭》录文

卒守司空尚书右仆射判工部事定懿公铭

公姓刘氏，讳载，字君济，大宋泉州温陵人也。自丱角好读书著名乡校，尝予人曰：君子以不家食吉，吾岂瓠爪（瓜）也哉？慨然拂衣至于海东，时宣宗大安五年也。

上知其来，试以文艺，喜见于色。初命忝监门卫军事，肃宗即位，超拜右史兼三字东宫侍读。既而掌南省礼闱，得士百余人，其所荐拔擢，占上第者多矣。甲申春，自礼部侍郎谏议大夫同知贡举选士，获三十余人，皆一时英彦，至今馆翰多出门下。故时人咸曰：公之知人，鉴若神明。后进儒生，多以此称美之。天性纯直，不事矜饰，风雨不渝，岁寒一节。致位文昌相，守司空，遽有知止之心，援经请老，优游里巷。享年六十七岁，于戊戌三月十五日顺受而逝去。

今主上闻之，震悼。赗赠金榖，赐谥为定懿公，勅百官会葬。己亥三月二十六日改葬于北山之阳。长男通事舍人及次男主簿升、卿，泣请仆纪其行状。仆出公门下，不敢固辞，勉为之志。

其铭曰：展也刘公，来自皇宋。文章礼乐，惟公一新。作辅文昌，善终而逝。遗文尚在，学者有师。铭以纪德，永示无极。

---

① ［朝鲜］金宗瑞等：《高丽史节要》卷8，睿宗十三年三月，首尔亚细亚文化社1973年版，第216页。

己亥三月二十六日，门人尹伊锡述，进士林谦书。①

（二）生平及移民高丽原因

刘载字君济，宋泉州温陵人。卒世的时间是高丽睿宗十三年三月，即1118年，享年六十七岁，可以推算他的生年是1051年。刘载移民高丽的时间是高丽宣宗大安五年，即1089年，当时的年龄是三十八岁。刘载移民高丽时正值宋哲宗时期（1085—1100），经过前一阶段宋神宗（1067—1085）的经营，宋丽关系已经十分密切。因为宋神宗重新启动搁置了二十余年的"联丽制辽"方案，在对待高丽的问题上采取了积极主动的方针。哲宗（1085—1100）即位后，由于内部新旧党争激烈，整个哲宗时期宋没有派使臣出使高丽，但高丽却于哲宗时期频频来朝。这一时期宋丽民间贸易也进入繁盛期，赴高丽贸易的宋商船只络绎不绝。与蔡仁范一样，刘载也是泉州人，籍贯上的优势为他移民提供了可能。泉州的海外贸易早在宋太宗时已初具规模。元祐四年（1089）泉商徐戬载高丽僧寿介等来到杭州，后来他们要返回高丽时，宋地方官将他们送至明州，但明州没有船只赴高丽，最后不得不又将他们送至泉州，搭附泉商的船归国，因为"泉州多有海舶入高丽往来买卖"②。可见，当时泉州商人在对丽贸易中十分活跃，刘载也是搭乘泉商的船只移民高丽。作为泉州人，推测刘载早已从宋商那里获得了诸多关于高丽的信息。刘载移民时已经三十八岁，与前两位移民相比年纪大很多，若非对高丽有相当的了解，他不会在人到中年之时还冒险移民高丽。

墓志铭记载刘载移民高丽的具体原因是"君子以不家食吉"，不难推测刘载远涉重洋、移民高丽的动机如前两位移民一样，即求仕。刘载认为真正的君子并非隐士，他赴高丽就是为了完成他认为的君子应有的抱负。刘载移民时间比前述林光早20余年，但面临

---

① 《高丽墓志铭集成》，《刘载墓志铭》，第48—49页。
② （宋）苏轼：《苏轼文集》卷30《奏议》，乞令高丽僧从泉州归国状，孔凡礼点校，中华书局1986年标点本，第859页。

的窘境和林光差不多。由于宋廷"重文轻武",任命了大量文官,冗官现象十分严重,普通的官员或文士处境颇为艰难。在这种情况下,一般的文士即便拥有真才实学也很难出人头地。38岁的刘载移民前一无所有,既并未取得功名,更无一官半职,因此才"慨然拂衣至于海东"。

(三)入仕及在高丽的生活

高丽文宗十年(1056)起,开始对前来的移民进行考核。刘载来到高丽后顺利通过了考核,因此很快便被委以官职。并且从高丽王"喜形于色"的情况看,刘载的才能已得到了高丽王的认可。

刘载在高丽为官期间仕途坦荡,先后担任忝监门卫军事、右史兼三字东宫侍读、礼部侍郎谏议大夫同知贡举、文昌相守司空等职位,受到了高丽王的重用。其从政生涯中,最出色的政绩就是为高丽人才的选拔做出了积极贡献。他推荐的人才多数都能科举登第,"掌南省礼闱得士百余人,其所荐拔擢占上第者多矣"。刘载在担任谏议大夫期间,他主持贡举时登第的人才都十分优秀,"获三十余人,皆一时英彦,至今馆翰多出门下"。当时之人都对刘载称赞有加,所谓"公之知人,鉴若神明",充分肯定了他在人才选拔方面的独具慧眼,"后进儒生多以此称美之"。

关于刘载的官职,《刘载传》和《刘载墓志铭》记载有较大差异。《刘载传》记载为千牛卫录事参军、左散骑常侍、吏礼部尚书、守司空尚书右仆射;《刘载墓志铭》记载为忝监门卫军事、右史兼三字东宫侍读、礼部侍郎谏议大夫同知贡举、文昌相守司空。原因可能有两点:一是《刘载传》记载简单,只有数十字,可能只记载了他担当的主要官职,并非全部;二是《刘载墓志铭》的铭文是为刘载改葬时而作,可能亦不全面。

刘载天性纯直,为官期间淡泊名利。他卒世后,高丽王赐谥号"定懿公","赙赠金谷",葬礼的规格也很高,高丽王"勅百官会葬"。己亥三月二十六日,即刘载卒世后的第二年(1119),其家人为其改葬于北山之阳。刘载移民高丽时已经38岁,推测他在宋应该有家室。关于他在高丽的婚姻状况,墓志铭没有提及,但从其墓志铭上关于"长男"、"次男"的记载可知,刘载移民后在高丽亦娶妻生子。而且长子是通事舍人,次子是主簿升卿,均为当朝官员,可见刘载家族在当时仍然十分兴盛。

四　移民高丽的扬州人刘志诚

目前关于刘志诚的文字记载,仅见于墓志铭,《高丽史》及其他史书未见记载。与前述蔡仁范、刘载一样,《刘志诚墓志铭》[①] 也是其后人为他改葬时所作。墓志呈长方形,大小为33厘米×56厘米×2.3厘米,重10.7千克,全文共计263字。志文具体内容如下:

(一)《林光墓志铭》录文

> 故中散大夫尚书右仆射判阁门事轻车都尉谥质良彭城刘公改葬墓志文
>
> 公讳志诚,大宋扬州人也。迁仕我朝,阶至将士郎、登仕郎、儒林郎,超授朝散大夫、朝议大夫、中散大夫至内菌丞、礼宾主簿、阁门祗候、通事舍人、阁门副使、阁门使、引进使、礼宾少卿、礼部侍郎、礼宾卿、礼部尚书、工部尚书、尚书右仆射。职至翰林茶酒副使、知阁门事、判阁门事、勋至轻车都尉。以重熙八年岁,在己卯夏六月二十四日,启手足于私第之正寝,生年六十有八。
>
> 上闻之,震悼,辍视朝一日,赙赠加等,命有司监视丧事,赠谥曰质良。即以其年秋七月七日,具卤簿鼓吹,归葬于城东法云山西南之茔,久(礼)也。
>
> 其嗣子将仕郎礼宾注簿同正行千牛卫录事悉军事炫,取重熙十四年乙酉十月九日辛酉,奉移灵骨,改葬于奇秀之地。顺也,所异垂后之令名,与沉珉而不朽者矣,谨记。[②]

[①]《刘志诚墓志铭》现存首尔中央博物馆,编号为:新五八一八。墓志铭的年代是高丽靖宗十一年(1045)。

[②]《高丽墓志铭集成》,《刘志诚墓志铭》,第15—16页。

(二) 生平及移民背景

刘志诚是扬州人，卒世时间是重熙八年，即1039年。"重熙"是辽年号，因为高丽于宋乾兴元年（1022）开始，已经停用宋年号而行辽年号。刘志诚卒世时享年68岁，可推算其生年是971年，比蔡仁范晚37年，比林光和刘载分别早了117年和80年。如果按照20—35岁之间移民来推算，刘志诚移民高丽时正值宋真宗（997—1022）在位，即991年至1006年前后，这一时期宋对高丽的政策正处于一个转折期。

雍熙三年（986）宋太宗为收复幽蓟之地，发动了第二次对辽战争，并遣监察御史韩国华赍诏至高丽要求高丽出兵。但高丽王一直"迁延不发兵"，宋的第二次北伐以惨败告终。之后宋便开始调整对辽战略，渐渐放弃了对辽的主动。宋辽战争结束后辽迅速把矛头转向高丽，淳化四年（993）大举进攻高丽并大获全胜，高丽不得不臣服于辽。辽实现了迫使高丽臣服的意图后，很快对宋发动了新一轮的进攻，辽统和十七年（999）九月侵入宋境，宋辽双方互有胜负，十二月辽撤回北方。景德元年（1004）辽再次南下攻宋，宋真宗畏敌，与辽签订澶渊之盟。宋对辽作战屡遭败绩，宋在失去东亚军事强国地位的同时亦对自身的实力有了初步清醒的认识。澶渊之盟后宋对高丽的态度发生转变，对高丽与辽的纠葛避而远之，对高丽基本采取不干涉的策略。辽统和二十八年（1010），辽圣宗以康肇政变[①]为借口亲征高丽，这次征伐断断续续近十年。其间高丽一直努力争取宋的援助，但宋不愿再插手高丽与辽的战争。宋天圣八年（1030）高丽遣御事民官侍郎元颖等293人奉表入宋，之后便断绝对宋朝贡长达40余年。因此《刘志诚墓志铭》中对其卒世

---

① 发生于高丽穆宗在位（1009年）时的一次宫廷政变。穆宗无嗣，唯恐大权旁落外姓人手上。1009年正月壬申，高丽文官金致阳火烧高丽王宫，并企图杀死穆宗篡位。穆宗传康肇救驾，康肇是高丽北方的戍边守将，他到开城后立刻处死了金致阳及其支持者。但与康肇为敌的大臣们散布谣言说康肇要谋反篡位。穆宗得知后开始策划杀死康肇。康肇于是下令其部下杀死所有与他为敌的人，包括穆宗。刺杀穆宗后，康肇立大良院君（穆宗叔父）王询为王，即高丽显宗。

时间的记载，使用的是辽年号。刘志诚正是在这样一个时代背景下移民高丽的。

刘志诚进入高丽时，约在高丽成宗（981—997）后期至穆宗（997—1009）前期之间的这段时间。关于他移民高丽的具体时间及原因，墓志铭没有记载。但从"迁仕我朝"四个字来看，刘志诚移民前在宋似乎是有官职的，否则不能称为"迁仕"。

（三）入仕情况

刘志诚在高丽的入仕生涯经历了复杂的官历。墓志铭记载他曾担任将士郎、登仕郎、儒林郎，朝散太夫、朝议太夫、中散太夫、内薗丞、礼宾注簿、阁门祗候、通事舍人、阁门副使、阁门使引进使、礼宾少卿、礼部侍郎、礼宾卿、礼部尚书、工部尚书、尚书右仆射、翰林茶酒副使、知阁门事、判阁门事、轻车都尉。前后涉及22个职位，数量十分惊人。虽然无法得知刘志诚移民高丽的具体时间，但从他丰富的任职经历看他在高丽定居的时间应该很长。前述1112年移民高丽的林光，他在高丽定居40年，为官37年，先后担任过17个职位，跟刘志诚的官历相似。

刘志诚卒世后，高丽王不仅"震悼"，而且辍朝一日，并命有司监视丧事，赠谥号"质良"。从这种待遇来看，在当时应该算是高规格了。并且从高丽王因刘志诚卒世而辍朝的情况看，刘志诚生前肯定是得到了高丽王的认可和重用，君臣之间关系良好。高丽从文宗十年（1056）起才开始对移民进行正式考核，因为从这时开始移民人数逐渐增多。而刘志诚移民高丽的时间最晚也在1006年左右，当时选择移民高丽的宋人应该还不是很多，正因如此，高丽王对宋人移民十分重视。1000年以前，高丽政府共向宋派出了五名留学生，即金行成、康戬、崔罕、王彬、金成绩，他们都考取了宾贡进士，但最后真正返回高丽的仅有崔罕一人而已，其余四人均以各种借口留宋未归，所以此时的高丽政府正是人才匮乏之际。

图 4　刘志诚墓志铭

资料来源：［韩］国立中央博物馆：《高丽墓志铭文书历史再看》，2006 年，第 20—21 页。

　　刘志诚移民高丽前在宋也有官职，那么他决定移民高丽的原因是不是与仕途的艰难有关？宋政府重文轻武，建国之初就任命了大量文官，冗官现象十分严重，仁宗朝时的官员数量已经达到了建国初的五倍。官员队伍极度膨胀，官吏守选、待阙时间大大延长，众多中小官员因待阙时间长而生活得窘迫不堪。刘志诚或许就是这众多中小官员中的一员。

　　关于刘志诚的婚姻状况，墓志铭提到了其"嗣子"，这说明他移民高丽后曾在高丽娶妻生子。重熙十四年乙酉，也就是刘志诚卒世六年后的 1045 年，其后代将其改葬于"奇秀之地"。刘志诚作为较早移民高丽的宋人，为高丽政府做出了积极贡献，他死后也得到了高丽王给予的高规格厚葬。

五 移民事例总结

通过对以上四位宋移民墓志的解读可以发现,虽然他们是在不同时期移民高丽,但却在移民背景、身份、移民动机、入仕经历等方面存在诸多共同点。这些共同点就是他们所代表的移民高丽的宋文人所具备的共同特性。

第一是和平性。从蔡仁范、林光、刘载、刘志诚的墓志铭来看,他们的移民行为都是在自愿的前提下完成的,是一种主动的个人行为,没有受到诸如战争等暴力手段的强迫,也没有受到宋政府的干涉。宋人移民高丽与传统意义上因战争、灾害、灾难等因素造成的"被迫性"移民完全不同。这说明适宜的时代背景是宋移民行为完成的先决条件,他们四人移民的时间全部是在北宋,这一点足以证明。因为从整体上看,宋人移民高丽的浪潮出现在北宋,南宋以后由于国际局势和宋丽关系的制约移民现象逐渐减少直至消失。国家间的移民行为与国内民众的流动不同,国际局势和外交关系一旦紧张,这种跨国的移民活动就很难完成。

第二是海洋性。由于陆路受阻,宋移民与其他往来人员一样,通过海路进入高丽。海洋性决定了地域性,他们四人分别是泉州人、漳州人、泉州人、扬州人,四人的籍贯地全部是东南沿海,除刘志诚外其余三人都是福建籍。这基本反映了进入高丽的宋人移民的籍贯分布特点。泉州本身与高丽有很深的渊源,北宋时期泉州海商在宋丽外交及海上交通贸易中所作出的贡献,绝不是一时突发而起。正因如此,泉州人比其他任何一个地方的宋人都更加了解高丽,只有了解高丽才能获悉高丽王的募人政策,也才会选择移民之路。海洋性还决定了他们进入高丽的方式,除蔡仁范是搭乘使节船只外,其余三人都是搭乘宋商船只进入高丽。

第三是稳定性。宋移民进入高丽后,无论入仕、经商还是从事其他职业,他们在高丽的生活状况都比较稳定,宋丽之间没有因为移民而产生任何冲突。并且因为本身具备的优势,宋移民都能在高丽受到较好的待遇,特别是官员和大商人,他们在高丽都具有一定的社会地位。这也是宋人移民聚集在京城开京的原因。此外，从蔡仁范四人移民高丽后都未曾返回宋，并卒于高丽的情况看，他们对在高丽的移民生活是比较满意的。

由于处境优越，这些宋移民都会在高丽娶妻生子。以蔡仁范为代表的四人墓志铭中，都提到了他们在高丽的婚姻状况，如蔡仁范和林光都是两度娶妻，家系庞大，后代也都担有官职。不仅是他们，所有进入高丽的宋移民，他们的后代即"移民二代"常因熟悉汉语、擅长诗文等受到高丽政府的重用。还有一个现象值得注意：这四人的墓志铭有三人的墓志铭都是迁葬时所作，除林光外，蔡仁范、刘载、刘志诚三人死后均被迁葬。迁葬的目的是为了寻求更好的"奇秀之地"，这从侧面反映了他们家族仍然兴盛的事实。

第四是精英性。蔡仁范、林光、刘载、刘志诚四人的身份都是文士，刘志诚移民前可能还担有官职。他们四人移民高丽的直接动机都是"求仕"。这一方面与宋内部冗官严重、文人处境艰难有关，另一方面也与高丽政府的积极招募有关。可以说，他们既是宋冗官现象的牺牲品，也是高丽募人政策的受益者。这些欲改变现状的文士进入高丽后，只要是具有真才实学，一般都能顺利入仕并得到高丽王的重用。以蔡仁范为代表的四人在高丽官场都表现得十分积极，对他们这些在宋不得志的文人而言，对于这个来之不易的入仕机会当然是十分珍惜并全力以赴。仕途坦荡、升迁快、贡献巨大，是他们在高丽入仕生涯的共同点。与他们四人一样，很多有才能的宋移民活跃在高丽官场，在高丽担任高低不等的各级官吏，在高丽政府的运作、管理、完善以及外交等方面作出了巨大贡献。

进入高丽的宋移民具有和平性、海洋性、稳定性、精英性的基本特征。他们与因避难、战争、逃荒等客观因素进入高丽的移民不同，他们在高丽的生存资本是其本身具备的能力和技能。凭借这些能力和技能，他们活跃在高丽社会的各个方面，为推动高丽社会的发展做出了许多实际贡献。以蔡仁范为代表的四人，他们死后均以高规格厚葬，不仅获得了高丽王的追赠而且得到了当时普通高丽人的认可和正面评价，他们正是移民高丽的宋文人在高丽入仕及生活的一个缩影。

结语：重读宋丽关系

宋与高丽关系是古代中国与朝鲜半岛关系的转型期，双方由传统的一元朝贡关系转变为复杂的多元朝贡关系。分裂的政治格局决定了这一时期宋丽关系的"特殊性"，而最能反映这一"特殊性"的对象就是双方的往来人员。通过对往来人员的考察不仅可以诠释这种"特殊性"，更为重读宋丽关系提供了新的视角。

一 宋丽关系改变了古代中国与朝鲜半岛传统的交往模式

宋与高丽的交往改变了古代中国与朝鲜半岛交往的传统模式，开启中国与朝鲜半岛交往的新篇章。宋代以前，中国与朝鲜半岛的友好交往主要表现为中国对朝鲜半岛的认可与接纳。为吸收中国的先进文物，朝鲜半岛各种人员纷至沓来、络绎不绝，中国以兼容并蓄之风积极接纳来自朝鲜半岛的人、物，对中国而言，这种交往模式是一种"迎进来"的模式。进入宋代，这种"迎进来"的交往模式发生改变，逐渐被"走出去"的交往模式所取代。这一模式发生改变的基本标志是宋与高丽之间往来人员的流向。

以唐为例，唐与新罗的交往是中国与朝鲜半岛交往史上的盛世，这一时期大量的使节、留学生、移民及各类人员纷纷入唐。山东等地出现了众多的"新罗村"、"新罗坊"。以张保皋为首的新罗船队控制着唐与新罗之间的海外贸易。唐对新罗人、物的积极接纳使这种"迎进来"的交往模式达到顶峰。宋代国际局势发生变化，辽、金先后崛起，宋与高丽的往来不能在完全自由的情况下进行。尽管高丽人对宋文化的渴求度不亚于新罗人对唐文化的渴求，但高丽人却不能像新罗人吸收唐文化那样自由活动，宋对高丽也无法像唐对新罗一样"迎进来"。在这种情况下，以商人、移民和僧人为代表的宋人纷纷"走出去"。宋商取代高丽商成为宋丽贸易的主角，官员、文士、各类技艺人等怀着各自不同的目的选择移民高丽。

"迎进来"模式下中国与朝鲜半岛的交往，中方是被动接受者；而"走出去"模式下双方的交往，中方是主动发起者。就十至十三世纪的宋丽关系而言，尽管宋代丧失了掌控东亚政局的能力，宋与高丽的官方往来时断时续，宋对高丽使节的派遣没有体现出主动性，有时甚至是连被动接受也无法完成。但这不影响这一时期宋丽民间往来的热情，宋商和宋移民就是这一时期异军突起的两大人群。如果说唐与新罗关系是古代中国与朝鲜半岛"迎进来"交往模式的终点，那么宋与高丽关系就是古代中国与朝鲜半岛"走出去"模式的起点。

值得一提的是，这一时期宋商的活动已完全具备"国际性"了。这一时期宋商主导的宋朝对外贸易，主要往来对象不只是高丽，还有日本。宋朝与日本的贸易往来以民间贸易为主，伴随贸易关系的发展，双方朝廷之间才有了书信联系，这与唐时日本遣唐使络绎不绝的盛况有很大区别。宋朝为建立以其为主导的东亚华夷秩序，曾多次借宋商之手拉近与日本的关系，试图让日本先进贡，然后进行册封。北宋九帝，共167年间，"除太祖、英宗、钦宗三帝（共20年）与日本无任何方式的联系外，其余六帝或以皇帝致天皇名义，或以明州致大宰府名义，与日本进行过联系"[①]。由于宋、日没有外交关系，宋朝皇帝时常让宋商携带"国书"充当国使，利用他们的经济活动达到其政治目的，试图和日本建立外交关系。但

---

① 张声振、郭洪茂：《中日关系史》（第一卷），社会科学文献出版社2006年版，第229页。

结语：重读宋丽关系

宋政府对日本的书信中往往带有"赐"、"回赐"、"事大"等字样，这是日本政府极力回避的事情。日本对与宋朝的"名分"问题十分敏感，为避免和宋朝建立正式国家关系，他们往往会拖延回复国书，并且不直接派遣官员，而是委托宋商传递回复宋朝的国书，最终双方也未建立正式的外交关系。"从日方的角度来看，其实有可能是想刻意地回避与宋建立国家的关系。"①

北宋时期，日本正值藤原氏掌权，对外采取消极闭关、禁止日本商人出海，但宋朝对海外贸易持积极态度，大量宋商赴日贸易。出于对商品的基本需求，日本允许宋商登岸，并给予优待。北宋160余年间，宋商船赴日次数约为70次。②

南宋建立后，日本国内政局也发生重大变化，宋日贸易向前推进一大步。仁安二年（1167），平清盛掌权，平清盛武士出身，与对"名分"十分敏感的旧贵族不一样，他更看重对宋贸易中的利润。因此他解除了不准日商出国贸易的禁令，积极开展对南宋的贸易，日商赴南宋贸易者越来越多。

这一时期的宋商不仅在宋与高丽、宋与日本间穿梭往来，甚至也涉足高丽与日本的交往。史料记载，高丽曾委托宋商王则贞将高丽国牒带至日本大宰府，目的是向日本请求能治疗风疾的医师，从姓名上看王则贞并非日本人，他很可能是长期驻扎在日本的宋商。另一次是在990年，高丽曾委托宋商周文德和杨仁绍作为使者向日本摄津国腾尾寺献宝物，并且当时周文德还有另一项秘密任务，就是替高丽国王到日本求名医治疗他妻子的白发。其实日本和高丽两国一直都有政府间的正式来往，而且相互传递国书，即便如此还会利用宋商从中传递消息、转交物品，可见宋商在当时东亚海域的活动能力是十分强大的。"日本和其他周边国家保持着正式的外交关系，却一直不愿和宋朝建立外交关系，说明日本政府对宋朝在政治

---

① 赵莹波：《宋日贸易研究——以在日宋商为中心》，博士学位论文，南京大学，2012年，第96页。
② ［日］木宫泰彦：《日中文化交流史》，胡锡年译，商务印书馆1980年版，第238—243页。

上一直是敬而远之，保持距离，避免被宋朝纳入不平整的政治体系，但同时又保持有自己的政治小圈子。"①

宋商向高丽输出的商品中还有香药、沉香、犀角、象牙等西南亚的商品，当时宋朝与这些国家之间的对外贸易很活跃。大食、占城、阇婆、三佛齐等国的大批商人经常往来于广州、泉州、明州等宋东南沿海地区，运来大量的当地特色商品。为谋利，宋商会把这些商品转运至高丽贩卖，从事中转贸易，为不同地区的商品交换牵线搭桥。有时大食等国的商人也直接搭乘宋商船到高丽进行交易，运来水银、龙齿、占城香、天苏木等特产，换取高丽诸如"金帛"之类的商品。从国际视野的角度看，宋商不仅是宋商品的输出者，也是高丽、日本及其他国家商品的批发商、贩卖商和中间商，宋商的活动为不同地区间的经济交流做出了实际贡献。

二 宋丽交往深度和广度进一步升级

宋丽关系中，双方民间交往的深度和广度从横向看已超过当时的官方交往，从纵向看亦超过前代。

首先是官方使节。在宋丽并存的三百二十余年间，高丽向宋遣使次数总计达69次，宋向高丽遣使42次。每次出使团队的成员，史书上能留下记载的只是少数人。实际规模远远大于史书所载，数人、数十人甚至数百人的规模也是有的。通过对使节交聘目的、官阶、家族出身、个人学识、品行道德等诸多方面考察可知，官方使节整体表现出的特征紧随宋丽关系的沉浮而动态变化。

高丽派到宋朝的使节大都是出身、学识、人品、外交能力等各种条件兼备的人物。他们在宋期间与宋文人士大夫广泛接触，得到了宋皇帝的认可和嘉奖。这些使节不仅圆满地完成了出使任务，而且还以渊博的学识和独特的个人魅力给人留下深刻的印象。宋对赴

---

① 赵莹波：《宋日贸易研究——以在日宋商为中心》，博士学位论文，南京大学，2012年，第98页。

结语：重读宋丽关系

高丽使节的选拔，则随着宋丽关系的演变有所调整。特别是神宗（1067—1085）和徽宗（1100—1126）时期，宋为"联丽制辽"，从外交上大幅提升高丽的地位，外交礼仪、接待规格以及使节的品阶也相应提高，直至徽宗时将其升为国信。宋朝使节作为来自先进中原文化的代表，在以渊博的学识、雍容的气派、高雅的举止展现泱泱大国风范的同时，还肩负着教化高丽的使命。不过从整体来看，高丽向宋派出的使节官职要明显高于宋向高丽所遣使节，这与宋丽之间的上下位阶关系相对应。宋丽间的使节交聘处在分裂的政治格局下，与大一统时代不同，双方的交聘行为具有明显的不稳定性，对其交聘目的的判定也应选择一种动态的视角。

其次是民间商人。宋与高丽官方关系时断时续，但双方的商业活动和经济往来却能保持不间断，因此有学者认为在宋丽关系中经济关系比政治关系占更大比重。与唐代是新罗商人主动来中国沿海地区进行贸易不同，宋丽贸易一个最显著的特点是大量宋商前往高丽。宋商群体是宋丽往来人员中人数最多的群体，对这一群体的研究包括人数、次数的估算，来航时间分析、商人籍贯、姓氏及婚姻状况等个人事项的考察等。商人作为民间阶层，他们的活动不像使节那样直接受政府的派遣和支配。在宋丽官方交往正常期，活跃的商业行为密切了双方关系，是官方交流的有利补充；而在宋丽官方交往断绝期，正是由于商人的存在才使得宋丽间并没有出现真正意义上的断交，据统计宋商出航高丽的高潮就是出现在宋丽官方断交期。

赴高丽贸易的宋商群体，可看作血缘、业缘与地缘三种纽带的结合体，表现为共同的姓氏或家族、以海上贸易为共同的职业及相同的籍贯或出身。宋商活动的范围不仅限于两国海上商品贸易，他们还灵活自主地承担了一部分政治任务，成为宋丽间隐形的使节，此外宋商的船只还为各阶层人员的往来提供了便利的搭乘工具。《高丽史》把"唐家以为君子之国，宋朝以为文物礼乐之邦"作为高丽的荣耀写入史册，在为宋丽交流而奔走的形形色色的人员中，商人功不可没。

再次是留学生和求法僧。与使节、商人群体相比，入宋的高丽留学生和求法僧在人数上相对偏少。入宋的高丽留学生从种类上分为"官派生"和"自费生"两种，对于自费留学的这部分学生因史无详载无从探讨。但就高丽政府派出的这些"官派生"而言，具有三大特征：一是人数少，宋代明确见于史书记载的高丽官派留学生仅有十一人，无论人数、次数还是规模都远逊于唐代；二是质量优，从高丽留学生在宋学习和及第的表现看，这些学生都是高丽青年学子中的"优等生"；三是及第后归国意愿不强，比起返回高丽这些留学生更愿意在宋入仕。

求法僧情况与留学生相似，五代以后至北宋（960—1127）中叶高丽僧侣的入宋求法活动陷入低潮，人数骤减至几十人。北宋后半叶和整个南宋时期（1127—1279）则几乎绝迹。宋与高丽的佛教交流较之唐与新罗的佛教交流大为减弱。高丽僧入宋求法所到寺院遍及浙江、福建、安徽、江苏、河南五省，特别是浙江，留下高丽僧人足迹的寺院有二十一座之多。他们不仅将宋佛教的义学思想和主要宗派传到高丽，同时也对宋佛教的义理建设和宗派建设发挥过重大作用。高丽王子义天是这一时期高丽求法僧的杰出代表，他的求法活动带动了宋丽佛教典籍的大流通。

最后是移民。两宋时期正值高丽中前期，与以往两国移民流动都是以朝鲜半岛移民流向中国大陆居多的情况不同，这一时期宋人移民高丽展现出高调态势。不过到高丽后期，宋人移民高丽的现象就几乎消失了，直到元朝建立后才又有移民进入高丽，这与当时东亚地区国际局势的变动有关。

高丽仰慕宋朝的先进文化，为满足社会发展需求，高丽政府一方面努力与宋官方保持和谐关系，另一方面对有才能和技艺的宋人进行大肆招募。进入高丽的宋移民具有和平性、海洋性、稳定性和精英性的基本特征。籍贯以东南沿海地区为主，特别是浙江籍和福建籍。这些宋移民与因避难、战争、逃荒等客观因素进入高丽的移民不同，他们在高丽的生存资本是其本身具备的能力和技能。蔡仁范、林光、刘载、刘志诚四人的墓志铭内容有力地表明了这一点。

凭借这些能力和技能，宋移民活跃在高丽社会的各个方面，为推动高丽社会的发展做出了许多实际贡献，其中有些移民的主张和建议甚至影响了整个高丽时代及后来的王朝。

整体上看，宋与高丽的往来人员在数量、种类、来往次数、交涉深度等方面均已超过前代，由他们所经营的宋丽关系在深度和广度上进一步升级。

三 宋丽关系对以后中国与朝鲜半岛关系的影响

宋代上承汉、唐下启明、清，是中国历史上一个划时代的坐标点，如果说唐朝标志着一个时代的结束，那么宋朝则标志着一个新时代的开端。当代史学大师陈寅恪先生指出："华夏民族之文化，历数千载之演进，造极于赵宋之世。"[①] 宋代的这种"开端性"亦体现在其对外关系上。在"走出去"模式带动下的宋丽关系，其交流的深度和广度已经超越前代，并对后来中国与朝鲜半岛的关系产生了一定影响，体现在以下几个方面：

第一是交通，宋代使中国与朝鲜半岛的交通真正进入了"海洋时代"。虽然宋丽之间的海上航线早在唐代时就已经出现，唐与新罗的往来也主要是利用海路，但进入宋代后这种海上交通发生了翻天覆地的变化。表现为三点：第一，陆路被废弃，海上航行成为唯一的交通方式；第二，在原来北方航线的基础上，南方航线逐渐开发并最终取代北方航线；第三，宋人驾驭海洋的能力大幅提升，快速且大规模的海上航行成为现实。宋代从中国东南沿海到高丽，如果利用季风只需数日即可到达。海上交通上的便利为宋丽之间大规模的人员往来提供了基本前提。

第二是海上贸易，古代中国商人大规模赴朝鲜半岛贸易始于宋商。宋商不仅垄断了这一时期的宋丽海上贸易，而且使贸易规模扩

---

① 陈寅恪：《邓广铭〈宋史职官志考证〉序》，载《金明馆丛稿二编》，生活·读书·新知三联书店2001年版，第277页。

大了很多，为元、明、清与朝鲜半岛的海上贸易奠定了坚实的基础。元朝建立后，大量元商亦频繁赴高丽贸易，而当时的高丽人仍沿用旧称把元商称为宋商，足见宋商在中国与朝鲜半岛贸易史上的地位。决定宋丽海上贸易发达的主要因素有两个：一是特殊的国际政治环境，由于辽金之扰，宋丽官方贸易受挫的同时民间贸易繁盛；二是宋代社会经济环境的改变，即宋经济重心的南移。

第三是移民，中国古代移民在朝鲜的具体活动，史书记载较详者自宋代开始。宋之前，中国古代移民在朝鲜最著名的莫过于帮助高丽建立科举制的后周人双冀。但是宋代以后，至元、明、清，历代都有中国文人、武将和名人的后裔移民朝鲜半岛。由于史料所限，中国对朝鲜半岛移民史的个案研究最早从宋代开始。宋之前进入朝鲜半岛的中国移民，其移民行为基本都是客观因素导致；而进入宋代后，因个人或主观因素移民朝鲜半岛的事例开始大量出现，这部分移民具有的个体性和自主性是前代没有的。

第四是留学生，朝鲜半岛向中国派遣留学生自宋代开始进入低潮。朝鲜半岛学生来华求学始自百济、新罗时期，新罗时期学生入华达到顶峰。宋代沿袭唐代，接纳高丽留学生并在科举考试中特设宾贡科，但规模已大不如从前；元代虽然没有宾贡科，但在征东行省［高丽］设立乡试考试，高丽学子中试后可以参加在元的会试，因此亦有少量高丽留学生；进入明代，初期允许高丽乡试中第者赴明，但没多久就开始拒绝高丽学生来明学习，而李朝时期仅有一名学生入明学习；清代干脆就不接纳李朝留学生。这其中的原因十分复杂，但从整体看唐代是留学生入华抛物线的顶点，宋代开始下滑。对朝鲜半岛留学生的接纳是"迎进来"交往模式下的产物，随着交往模式的转变，其最终消失不见。

宋代特殊的国际格局、发达的海外贸易和繁盛的中外文化交流，成就了宋丽关系在古代中国与朝鲜半岛交往史上的特殊地位。使节、商人、移民、留学生、求法僧，这五大人群在宋丽间不断流动。虽然目的不同，但在实际的交流中身份可以互换、交流可以交叉进行，从而使整个交流的内容变得更加丰富和充实。如商人、求法僧、留学生等可以扮演"兼职使节"在宋丽间传递信息;使节携带朝贡物品亦是宋丽官方贸易的执行者;移民像一个个携带"宋属性"的信息因子由宋进入高丽;商人在进行贸易的同时充当各阶层的"兼职渡海人"。

  十至十三世纪往来于宋丽之间的各色人群,组成了一幅生动的宋丽关系图。在这张图上:商人在繁忙的码头匆忙装卸货物,汗流浃背;使节手持文书与节钺,举止高雅地在豪华的宫殿里移交国书;移民收拾行囊,在高丽王的热情招募中远赴高丽期待开启人生新篇章;留学生满腹经纶作诗唱和,以宾贡进士的身份荣归故里;求法僧携带经卷游历名山古刹,在求师问道中发出"山川异域、风月同天"之慨。这些动态的人群,向我们展示了一幅鲜活而立体的宋丽关系图。

参考文献

一 古籍文献

[1]（宋）包恢：《敝帚稿略》，景印文渊阁四库全书，台北商务印书馆1983年影印本。

[2]（宋）蔡绦：《铁围山丛谈》，载《宋元笔记小说大观》，上海古籍出版社2001年标点本。

[3]（明）陈邦瞻：《宋史纪事本末》，中华书局1977年标点本。

[4]（清）陈元龙：《格致镜原》，景印文渊阁四库全书，台北商务印书馆1983年影印本。

[5]（宋）范镇：《东斋记事》，汝沛点校，中华书局1980年标点本。

[6]（宋）方凤：《夷俗考》，上海古籍出版社，1988年标点本。

[7]（明）黄淮、杨士奇：《历代名臣奏议》，上海古籍出版社1989年标点本。

[8]（宋）江少虞：《宋朝事实类苑》，上海古籍出版社1981年标点本。

[9]（宋）孔文仲、孔武仲、孔平仲：《清江三孔集》，北京线装书局2004年标点本。

[10]（宋）李心传：《建炎以来系年要录》，中华书局1956年点校本。

[11]（宋）李纲：《梁溪集》，景印文渊阁四库全书，台北商务印书馆1983年影印本。

[12]（宋）廖刚：《高峰文集》，景印文渊阁四库全书，台北商务印书馆1983年影印本。

[13]（宋）楼钥：《攻愧集》，景印文渊阁四库全书，台北商务印书馆1983年影印本。

[14]（宋）刘祁：《归潜志》，元明史料笔记丛刊，台北商务印书馆1983年标点本。

[15]（宋）黎靖德：《朱子语类》，中华书局1986年标点本。

[16]（后晋）刘昫：《旧唐书》，中华书局1975年标点本。

[17]（宋）刘一止：《苕溪集》，北京线装书局2004年标点本。

[18]（宋）刘宰：《漫塘文集》，北京线装书局2004年标点本。

[19]（宋）刘攽：《彭城集》，中华书局1985年标点本。

[20]（宋）李焘：《续资治通鉴长编》，中华书局1985年标点本。

[21]（元）马端临：《文献通考》，浙江古籍出版社2000年点校本。

[22]（宋）欧阳修：《新五代史》，中华书局1974年标点本。

[23]（宋）庞元英：《文昌杂录》，《全宋笔记》（第二编），大象出版社2012年标点本。

[24]（宋）潜说友：《咸淳临安志》，《宋元方志丛刊》（四），中华书局1990年标点本。

[25]（宋）苏轼：《苏轼文集》，孔凡礼点校，中华书局1986年标点本。

[26]（宋）苏辙：《栾城集》，中华书局1990年标点本。

[27]（宋）司马光：《资治通鉴》，中华书局1956年标点本。

[28]（宋）沈括：《梦溪笔谈》，胡道静校证本，上海古籍出版社1987年标点本。

[29]（宋）沈与求：《沈忠敏公龟溪集》，上海书店1994年标点本。

[30]（宋）陶谷：《清异录》，《宋元笔记小说大观》，上海古籍出版社2001年标点本。

[31]（元）脱脱等：《宋史》，中华书局1985年标点本。

[32]（宋）王称：《东都事略》，齐鲁书社 2000 年标点本。

[33]（宋）王辟之：《渑水燕谈录》，载《宋元笔记小说大观》，上海古籍出版社 2001 年标点本。

[34]（宋）王安石：《王荆公文集笺注》，巴蜀书社 2004 年标点本。

[35]（宋）王溥：《唐会要》，上海古籍出版社 2006 年标点本。

[36]（宋）王应麟：《玉海》，江苏古籍出版社 1987 年整理本。

[37]（宋）王明清：《投辖录》，朱菊如、汪新森校，上海古籍出版社 2012 年标点本。

[38]（宋）吴自牧：《梦粱录》，浙江人民出版社 1984 年标点本。

[39]（宋）熊克：《中兴小纪》，福建人民出版社 1985 年标点本。

[40]（宋）徐梦莘：《三朝北盟会编》，上海古籍出版社 1987 年标点本。

[41]（宋）徐兢：《宣和奉使高丽图经》，朴庆辉标注，吉林文史出版社 1991 年标点本。

[42]（清）徐松：《宋会要辑稿》，中华书局 1957 年整理本。

[43]（宋）杨亿：《杨文公谈苑》，李裕民点校，上海古籍出版社 1993 年标点本。

[44]（宋）杨彦龄：《杨公笔录》，《全宋笔记》（第一编），大象出版社 2012 年标点本。

[45]（宋）杨万里：《诚斋集》，景印文渊阁四库全书，台北商务印书馆 1983 年影印本。

[46]（宋）叶梦得：《石林燕语》，中华书局 1984 年标点本。

[47]（宋）叶梦得：《石林诗话》，逯铭昕校注，人民文学出版社 2011 年标点本。

[48]（宋）尹洙：《河南先生文集》，上海书店 1989 年标点本。

[49]（宋）张世南：《游宦纪闻》，中华书局 1981 年标点本。

[50]（宋）张方平：《乐全集》，景印文渊阁四库全书，台北商务印书馆 1983 年影印本。

[51]（宋）曾巩：《曾巩集》，陈杏珍、晁继国点校，中华书局

1984年标点本。

[52]（宋）朱彧：《萍洲可谈》，上海古籍出版社1985年标点本。

[53]（宋）赞宁：《宋高僧传》，范祥雍点校，中华书局1987年标点本。

[54]（宋）赵彦卫：《云麓漫抄》，傅根清点校，中华书局1996年标点本。

[55]（宋）曾敏行：《独醒杂志》，载《宋元笔记小说大观》，上海古籍出版社2001年标点本。

[56]（宋）张端义：《贵耳集》，李保民校点，上海古籍出版社2012年标点本。

[57]（宋）张邦基：《墨庄漫录》，丁如明点校，上海古籍出版社2012年标点本。

[58][朝鲜]韩致奫：《海东绎史》，景仁文化社1990年版。

[59][朝鲜]金宗瑞等：《高丽史节要》，首尔亚细亚文化社1973年版。

[60][高丽]金富轼：《三国史记》，韩国新华社1983年版。

[61][高丽]义天：《高丽大觉国师文集》，黄纯艳点校，甘肃人民出版社2007年版。

[62][高丽]一然：《三国遗事》，权锡焕、陈蒲清译，岳麓书社2009年版。

[63][朝鲜]郑麟趾：《高丽史》，朝鲜科学院古典研究出版委员会1957年整理本。

二 专著/论文集/汇编

[1]陈高华、吴泰：《宋元时期的海外贸易》，天津人民出版社1981年版。

[2]陈景富：《中朝佛教关系一千年》，宗教文化出版社1999年版。

[3]陈尚胜：《中韩交流三千年》，中华书局1997年版。

［4］陈尚胜：《中韩关系史论》，齐鲁书社 1997 年版。
［5］陈尚胜：《登州港与中韩交流国际学术研讨会论文集》，山东大学出版社 2005 年版。
［6］方豪：《中西交通史》，岳麓书社 1987 年版。
［7］付百臣：《中朝历代朝贡制度研究》，吉林人民出版社 2008 年版。
［8］黄纯艳：《宋代海外贸易》，社会科学文献出版社 2003 年版。
［9］黄有福、陈景富：《中朝佛教文化交流史》，中国社会科学出版社 1993 年版。
［10］黄有福、陈景富：《海东入华求法高僧传》，中国社会科学出版社 1994 年版。
［11］黄有福：《韩国文化研究》，黑龙江人民出版社 1995 年版。
［12］黄宽重：《南宋史研究集》，台北新文丰出版公司 1985 年版。
［13］黄时鉴：《韩国传统文化·历史卷》，学苑出版社 2000 年版。
［14］黄枝连：《东亚的礼仪世界：中国封建王朝与朝鲜半岛关系形态论》，中国人民大学出版社 1994 年版。
［15］姜孟山等主编：《中国正史中的朝鲜史料》，延边大学出版社 1996 年版。
［16］蒋非非、王小甫：《中韩关系史（古代卷）》，社会科学文献出版社 1997 年版。
［17］李金明、廖大珂：《中国古代海外贸易史》，广西人民出版社 1995 年版。
［18］李梅花：《10—13 世纪宋丽日文化交流研究》，华龄出版社 2005 年版。
［19］林天蔚、黄约瑟主编：《古代中韩日关系研究》，香港大学亚洲研究中心 1987 年版。
［20］刘永智：《中朝关系史研究》，中州古籍出版社 1995 年版。
［21］刘迎胜：《中韩历史文化交流论文集》第三辑，延边人民出版社 2007 年版。
［22］彭斐章：《中外图书交流史》，湖南教育出版社 1998 年版。

［23］朴真奭：《中朝经济文化交流史研究》，辽宁人民出版社 1984 年版。

［24］漆侠：《宋代经济史》，上海人民出版社 1988 年版。

［25］单兆英、寿杨宾：《登州古港史》，人民交通出版社 1994 年版。

［26］沈善洪：《中国江南社会与中韩文化交流》，杭州出版社 1997 年版。

［27］宋晞：《宋史研究论丛》第 5 辑，台北中国文化大学出版部 1999 年版。

［28］陶晋生：《宋辽关系史研究》，台北联经出版事业公司 1984 年版。

［29］王文楚：《古代交通地理丛考》，中华书局 1996 年版。

［30］王仪：《赵宋与王氏高丽及日本的关系》，台北中华书局 1980 年版。

［31］魏志江：《中韩关系史研究》，中山大学出版社 2006 年版。

［32］吴晓萍：《宋代外交制度研究》，安徽人民出版社 2006 年版。

［33］姚从吾：《姚从吾先生全集》，台北正中书局 1971 年版。

［34］杨昭全：《中朝关系史论文集》，世界知识出版社 1981 年版。

［35］杨通方：《中韩古代关系史论》，中国社会科学出版社 1996 年版。

［36］杨渭生：《宋丽关系史研究》，杭州大学出版社 1997 年版。

［37］杨渭生：《两宋文化史研究》，杭州大学出版社 1998 年版。

［38］杨渭生：《十至十四世纪中韩关系史料汇编》，学苑出版社 2001 年版。

［39］杨昭全、何彤梅：《中国—朝鲜·韩国关系史》，天津人民出版社 2001 年版。

［40］章巽：《中国航海科技史》，海洋出版社 1991 年版。

［41］郑判龙：《朝鲜学—韩国学与中国学》，中国社会科学出版社 1993 年版。

［42］朱云影：《中国文化对日韩越的影响》，广西师范大学出版社

2007年版。

［43］［日］小野玄妙:《佛教经典总论》,杨白衣译,台北新文丰出版公司1983年版。

［44］［韩］姜吉仲:《高丽与宋金外交经贸关系史》,台北文津出版有限公司2004年版。

［45］［韩］金庠基:《高丽时代史》,首尔东国文化社1961年版。

［46］［韩］金庠基:《东方文化交流史论丛》,首尔乙酉文化社1984年版。

［47］［韩］金龙善:《高丽墓志铭集成》,翰林大学校出版社1993年版。

［48］［韩］金昌淑:《高丽史对外关系史料集》,首尔民族社2001年版。

［49］［韩］金昌淑:《高丽史韩中关系史料集》,首尔民族社2001年版。

［50］［韩］李成茂:《高丽朝鲜两朝的科举制度》,张琏瑰译,北京大学出版社1993年版。

［51］［韩］李基白:《韩国史新论》,厉帆译,国际文化出版公司1994年版。

［52］［韩］李瑾明:《宋元时代的高丽史资料》,首尔新书院,2010年。

［53］［韩］卢启铉:《高丽外交史》,紫荆、全荣译,延边大学出版社2002年版。

［54］［韩］全海宗:《中韩关系史论集》,全善姬译,中国社会科学出版社1997年版。

［55］［韩］张东翼:《宋代丽史资料集录》,首尔大学出版部2000年版。

三 论文

(一) 期刊

［1］陈高华:《北宋时期前往高丽贸易的泉州舶商——兼论泉州市

舶司的设置》,《海交史研究》1980 年第 2 期。

[2] 陈荣富:《浙江和韩国的佛教文化交流》,《浙江社会科学》2000 年第 1 期。

[3] 陈景富:《中韩佛教交流源远流长》,《中国宗教》2006 年第 1 期。

[4] 程民生:《赵匡胤孙赵惟固与韩国的白川赵氏之源》,《寻根》1998 年第 5 期。

[5] 顾宏义:《宋朝与高丽佛教文化交流述略》,《西藏民族学院学报》1996 年第 3 期。

[6] 龚延明:《唐宋官制对高丽前期王朝官制之影响》,《中国史研究》1999 年第 3 期。

[7] 何适之:《论十二世纪初金与高丽的外交》,《江海学刊》1998 年第 4 期。

[8] 何劲松:《论韩国僧人在中国佛教史上的地位和作用》,《当代韩国》2002 年冬季号。

[9] 李玉昆:《〈宣和奉使高丽图经〉与宋代的海外交通》,《中国航海》1997 年第 1 期。

[10] 李裕民:《宋高丽关系史编年(一)》,《城市研究》1997 年第 6 期。

[11] 李梅花:《宋丽文化交流特点初探》,《延边大学学报》2002 年第 3 期。

[12] 李梅花:《宋丽使节往来与文化交流》,《东疆学刊》2007 年第 3 期。

[13] 李海涛:《高丽谛观与吴越佛教天台宗》,《延边大学学报》2013 年第 2 期。

[14] 林士民:《论宋元时期明州与高丽的友好交往》,《海交史研究》1995 年第 2 期。

[15] 刘强:《宋时高丽物品输入中国杂考》,《东南大学学报》2000 年第 3 期。

[16] 刘强:《韩国华出使高丽及其影响》,《文史哲》2000 年第 6 期。

［17］吕英亭：《高丽王朝与辽、宋政治关系之比较》，《东岳论丛》2004年第6期。

［18］芦敏：《从文化角度看北宋和高丽的关系——兼辽·丽关系作比较》，《南洋问题研究》2007年第2期。

［19］卢敏：《宋、辽、金时期迁入高丽的中国移民》，《华人华侨历史研究》2007年第4期。

［20］倪士毅、方如金：《宋代明州与高丽的贸易关系及其友好往来》，《杭州大学学报》1982年第12卷第2期。

［21］朴延华、李英子：《试论庆源李氏家族与高丽贵族政治的关系》，《东疆学刊》2006年第4期。

［22］祈庆富：《宋代奉使高丽考》，《中国史研究》1995年第2期。

［23］乔幼梅：《宋元时期高利贷资本的发展》，《中国社会科学》1988年第3期。

［24］漆侠：《宋太宗雍熙北伐》，《河北学刊》1992年第2期。

［25］漆侠：《宋太宗第一次伐辽——高梁河之战》，《河北大学学报》1991年第3期。

［26］孙建民、顾宏义：《宋朝高丽交聘考》，《信阳师范学院学报》1997年第1期。

［27］沈淑庆：《高丽与宋时期的宫廷乐舞艺术交流》，《南京艺术学院学报》2004年第1期。

［28］王巍、杜若：《中朝佛教文化交流大师高丽义天》，《延边大学学报》1994年第2期。

［29］吴熊和：《苏轼奉使高丽一事考》，《杭州大学学报》1995年第25卷第1期。

［30］吴玉亚、包伟民：《变动社会中的外交模式——从宋廷对高丽使臣接待制度看宋丽关系之流变》，《山东师范大学学报》2004年第1期。

［31］萧永坚：《试论侨民归化》，《华人华侨历史研究》1991年第4期。

[32] 杨渭生:《宋与高丽的典籍交流》,《浙江学刊》2002年第4期。

[33] 杨昭全:《北宋、辽时期的朝鲜华侨》,《华侨华人历史研究》1990年第2期。

[34] 叶恩典:《泉州与新罗—高丽关系文物史迹探源》,《海交史研究》2006年第2期。

[35] 赵永春:《试论"澶渊之盟"对宋辽关系的影响》,《社会科学辑刊》2008年第2期。

[36] 张伟:《略论明州在宋丽官方贸易中的地位》,《宁波大学学报》2000年第4期。

[37] 张跃:《论王安石与司马光义利观之差异》,《华中科技大学学报》2000年第4期。

[38] 张伯伟:《"宾贡"小考》,《古代文献研究》2003年第1期。

[39] 章宏伟:《10—14世纪中国与朝鲜半岛的汉文大藏经交流》,《古籍整理研究学刊》2009年第6期。

[40] 郑永振、霍嫣然:《高丽中期中央官学的变迁考察》,《延边大学学报》2012年第1期。

[41] 朱瑞熙:《宋代商人的社会地位及其历史作用》,《历史研究》1986年第2期。

[42] 朱瑞熙:《宋代官员礼品馈赠管理制度》,《学术月刊》2001年第2期。

[43] 周裕锴:《诗可以群:略谈元祐体诗歌的交际功性》,《社会科学研究》2001年第5期。

[44] [韩] 姜吉仲:《宋与高丽海上交通路线之演变及其原因》,《大陆杂志》1989年第78卷第6期。

[45] [韩] 柳富铉:《〈高丽藏〉的底本及雕造考》,《文献》2002年第4期。

[46] [韩] 沈载权:《交流与借鉴:宋与高丽枢密院之比较研究》,《江海学刊》2007年第3期。

(二) 集刊/论文集及专著析出论文

[47] 白承镐:《高丽海商与宋丽民间贸易》,载《朝鲜·韩国历史研究》2013 年第 1 期(总第 13 辑)。

[48] 晁中辰:《试论旅韩华侨华人历史分期》,载《韩国学论文集》,山东大学出版社 2000 年版。

[49] 陈丽华:《闽南海上走私探析》,载《第三届闽南文化学术研讨会论文集》,厦门鹭江出版社 2008 年版。

[50] 樊文礼:《宋代高丽宾贡进士杂考》,载黄时鉴主编《韩国传统文化·历史卷》,学苑出版社 2000 年版。

[51] 龚缨晏:《宝云义通:来自朝鲜半岛的天台宗祖师》,载《中国江南社会与中韩文化交流》,杭州出版社 1997 年版。

[52] 黄宽重:《高丽与宋金的关系》,载《南宋史研究集》,台湾新文丰出版社 1985 年版。

[53] 金文经:《七—十一世纪新罗与江南文化交流》,载《中国江南社会与中韩文化交流》,杭州出版社 1997 年版。

[54] 李廷青:《中国人入仕高丽朝考论》,载《韩国研究论丛》第 23 辑,2011 年。

[55] 李玉昆:《海上丝绸之路与宋元泉州海商》,载《"泉州港与海上丝绸之路"国际学术研讨会论文集》2002 年版。

[56] 牟元珪:《高丽时期的中国"投化人"》,载《韩国研究论丛》第 3 辑,1997 年。

[57] 牟元珪:《韩国姓氏源流考》,载黄时鉴编《韩国传统文化·历史卷》,学苑出版社 2000 年版。

[58] 朴真奭:《11—12 世纪宋与高丽的贸易往来》,载《郑判龙主编朝鲜学——韩国学与中国学》,中国社会科学出版社 1993 年版。

[59] 全善姬:《明州古方志所见宋丽交流史事札记》,载《中国江南社会与中韩文化交流》,杭州出版社 1997 年版。

[60] 宋晞:《论北宋与高丽间的文化贸易关系》,载《宋史研究论

丛》，台北中国文化大学1980年版。

［61］施存龙：《两宋时期明州为枢纽港的中朝航海》，载《宁波与海上丝绸之路》，科学出版社2007年版。

［62］王文楚：《两宋和高丽之海上航路初探》，载《古代交通地理丛考》，中华书局1996年版。

［63］徐连达：《10世纪中叶到11世纪初北宋与高丽王朝的友好关系》，载《韩国研究论丛》第1辑，1995年。

［64］姚礼群：《宋代明州对高丽漂流民的救援措施》，载《杨渭生编宋丽关系史研究》，杭州大学出版社1997年版。

［65］杨通方：《五代至蒙元时期中国与高丽的关系》，载北京大学韩国研究中心编《韩国学论文集》第2辑，1993年。

［66］杨渭生：《禅宗东传与智宗、坦然——宋与高丽佛教文化交流之一》，载《宋史研究论丛》第4辑，2003年。

［67］杨青：《清溪先生朱潜东渡高丽初考》，载《韩国研究》第3辑，1996年。

［68］赵炳林：《宋代与高丽交易法述略》，载刘迎胜主编《中韩历史文化交流论文集》2007年版。

［69］周彦文：《宋代以来中国书籍的外传与禁令》，载北京大学韩国研究中心编《韩国学论文集》第2辑，1993年。

［70］［韩］朴志君：《南宋末真德秀的对外认识和华夷观》，载《宋史研究论丛》第5辑，2005年。

［71］［韩］朴龙云：《高丽与宋朝交聘问题探讨》，载北京大学韩国学研究中心编《韩国学论文集》第4辑，社会科学文献出版社1995年版。

［72］［韩］朴玉杰：《宋代商人来航高丽与丽宋贸易政策》，载黄时鉴编《韩国传统文化·历史卷》，学苑出版社2000年版。

［73］［韩］姜吉仲：《南宋与高丽政治外交和贸易关系之考察》，载《韩中关系史研究论丛》，香港社会科学出版社有限公司2004年版。

［74］［韩］姜吉仲：《北宋与高丽间的贸易及文化交流关系》，载

《宋史研究论丛》第 9 辑，2008 年。

[75]［韩］金渭显：《宋丽关系与宋代文化在高丽传播及其影响》，载《韩中关系史研究论丛》，香港社会科学出版社有限公司 2004 年版。

[76]［韩］李瑾明：《南宋时期福建一带的海贼和地域社会》，载《宋史研究论丛》第 5 辑，2005 年。

[77]［韩］全海宗：《试论东洋古代史上"归化"的意义》，载《中韩关系史论集》，中国社会科学出版社 1997 年版。

[78]［韩］申採湜：《宋代官人的高丽观》，载林天蔚、黄约瑟主编《古代中韩日关系研究》，香港大学亚洲研究中心 1987 年版。

后　　记

　　我对古代中国与朝鲜半岛交流的学习和研究兴趣始于2005年，那年我考入陕西师范大学师从拜根兴教授攻读硕士，拜老师是国内第一位专攻新罗史的博士，在拜老师的教导下，我对古代中国与朝鲜半岛这一领域开始慢慢变得感兴趣，那时的岁月单纯而美好，泡图书馆查阅资料、学习的情景至今记忆犹新。

　　为了更好地掌握资料，在拜根兴教授的推荐下，我于2006年赴韩国金刚大学留学一年，并顺利获得了韩国语中级资格证。过了语言关，不仅开阔了我的研究视野，更重要的是让我感受到了学术研究的旨趣，也坚定了以这个领域作为我研究方向的信心。硕士毕业后，在高校工作了四年，2012年在小孩入幼儿园以后，终于鼓起勇气继续读博，博士也是追随拜根兴教授，感恩遇到良师，从2005年到2015年博士毕业，整整十年的师生情。

　　本书在博士论文的基础上，经过两年的修改、完善，终于成稿。成书之际，内心充满无限感恩，特别是对导师拜根兴教授一直以来的悉心指导表示诚挚谢意。从六年前的选题，到前几日拜托教授作序，拜教授都一如既往的热情、支持，让我很感动。攻读博士期间，参与了拜教授主持的国家社科基金重点项目"七至十世纪朝鲜半岛汉文石刻整理研究"，本书第五章关于宋代进入高丽的移民，引入了墓志个案研究，是与课题直接关联的研究成果，再一次感恩教授的学术指引。

　　本书资料搜集过程，得到了已故韩国东国大学金相铉教授的大力帮助，得知金教授过世的消息十分悲痛，如此地突然让人不愿接受。金教授过世前的一个月还为我寄来了一大堆的韩文书籍和资料，每每想到此处，内心都充满感激，本书的写作正是得益于这些资料。在此向已故的金相铉教授致以无限的敬意，金教授的学生郭磊博士也屡次为我提供帮助，感谢。还有当时在韩国学中央研究院读书的秦菲博士，虽然从未见面但却十分热心地把我需要的书籍全部扫描、发送过来，十分感激。

本书写作过程中还得到了陕西师范大学历史文化学院诸位教授的指导，在此表示诚挚的谢意。同时感谢中国社会科学出版社刘艳女士的悉心审稿，使得本书如期顺利出版。

最后，感谢我的工作单位江西理工大学资助出版。

王霞

2018 年 11 月 24 日